天野山金剛寺善本叢刊　第一期

第二巻　因縁・教化

後藤昭雄　監修
荒木　浩・近本謙介　編

勉誠出版

教兒傳

予幸雖傳花頂古風寡如三千之華難開適雖受
同宗餘耀台嶺而明之月逗頭所及管見聊注佛教之
由來頭欲勸少兒之幼心而已
夫世間有三種劫所謂一過去莊嚴劫此千佛出世始自
人中尊佛師子歩佛終至金剛王佛世二現在賢劫此
千佛出世三未來星宿劫此千佛出世始自王中王佛阿須輪

天台傳南岳心要　依止観略顕集

問諸法寂滅相不可以言宣有何不以而観
止観答一切諸法本是仏法今人意
鈍玄覧則難眼依他入假文則易故以
文示之須知文非文字即解脱離文
字求解脱無有是処也天台所著
傳南岳思大師四頌止観合二先略

備(カセ)威王(シ)花上去迷為衆生説有無(ムト)
受職(ミソノ)義衆僧受臣一句之偈增進菩提一色
一香無退轉　文

本云
寛元々年五月八日被書進仏洞草本之
所以一本書寫之寛元三年夏比
自仏洞御僧行門尊者及別書寫之
入愚本了　已上

聖徳太子傳記

夫聖徳太子ノ本地ヲ尋奉レハ救世観音ノ垂迹也然ハ爰多ノ身ヲ受テ衆生ヲ化度シ給ニ我朝ニ聖徳太子ト顕給シ先生ハ晨旦国衡州衡山ト云一所ニ恵思禅師ト申ケリ彼衡山ニ五岳アリ一ニハ般若峯二ニハ柱楷峯三ニハ瑟目峯四ニハ囑鵡峯五ニハ紫蓋峯也爰ニ恵思禅師ハ彼第一ノ般若峯ニ住給テ于時隋ノ文帝ノ大和八年丁未天竺ヨリ

子父母ノ屍ノ自舎ヨリ西南方ノ岸ニ石ノ底ニ下テ平路ニ二
親ノ墓ニ至ル父母ノ墓ニ生ル春ノ野ニ行テ採テ花ヲ行キテ
返ト云テ不知行方ヲ

此ス、ハ、世ノ伝中不知行方ニ下住テ墓所ニ長者参来テ
長善参来或母トカモ皆之如ク目依住人名之也

余目依不書也

叔名如子在依也
此仕依文在依

第二十三　早離速離二人父伝第五

我昔佛者天竺見多迦陀祇那部ニ般沙河ヲ国有一梵志
名長那梵志ト其婦名摩耶ト男子有二人男子名大
早離ト速離ト云ハ何乃此名小弥別母ニ故也　早
離ニ年五ツ速離歳二其母命終父長那梵志与

西羅ニ三國ノ御帰ノ北方后姫○北方后姫諸共ニ京ヘ上テ
登テ兄ノ左近兵衛ノ親ノ墓所ヘ参テ見ケレハ墓ノ
アタリニウハラ棘テ荒浅茅生ヒシケリ花ニツ折懸
ク昔ノ人ノ参リ花氣色ハ有レトモ登逢事ハナシ常
ク高野ヘノ志シ深座カハ何様サノ庄ヘテ上リ
近ク諸共ニ京ヨリハ[redacted]秋末ノ比ニ迷テ十一月始ニハ
高野山麓天野ヘ後ヨリ道指南ニ人ヲ頼テ登ル○
道ツカレト申シ折節ハ寒起ノ吹ハ行方北方風ノ心地
オホヘテ夫レシモリニクテ食惰ノ后姫ツ辞テ
三日ト申ニ大ニ死テハ○兄弟ノ子共ハ北方游枕

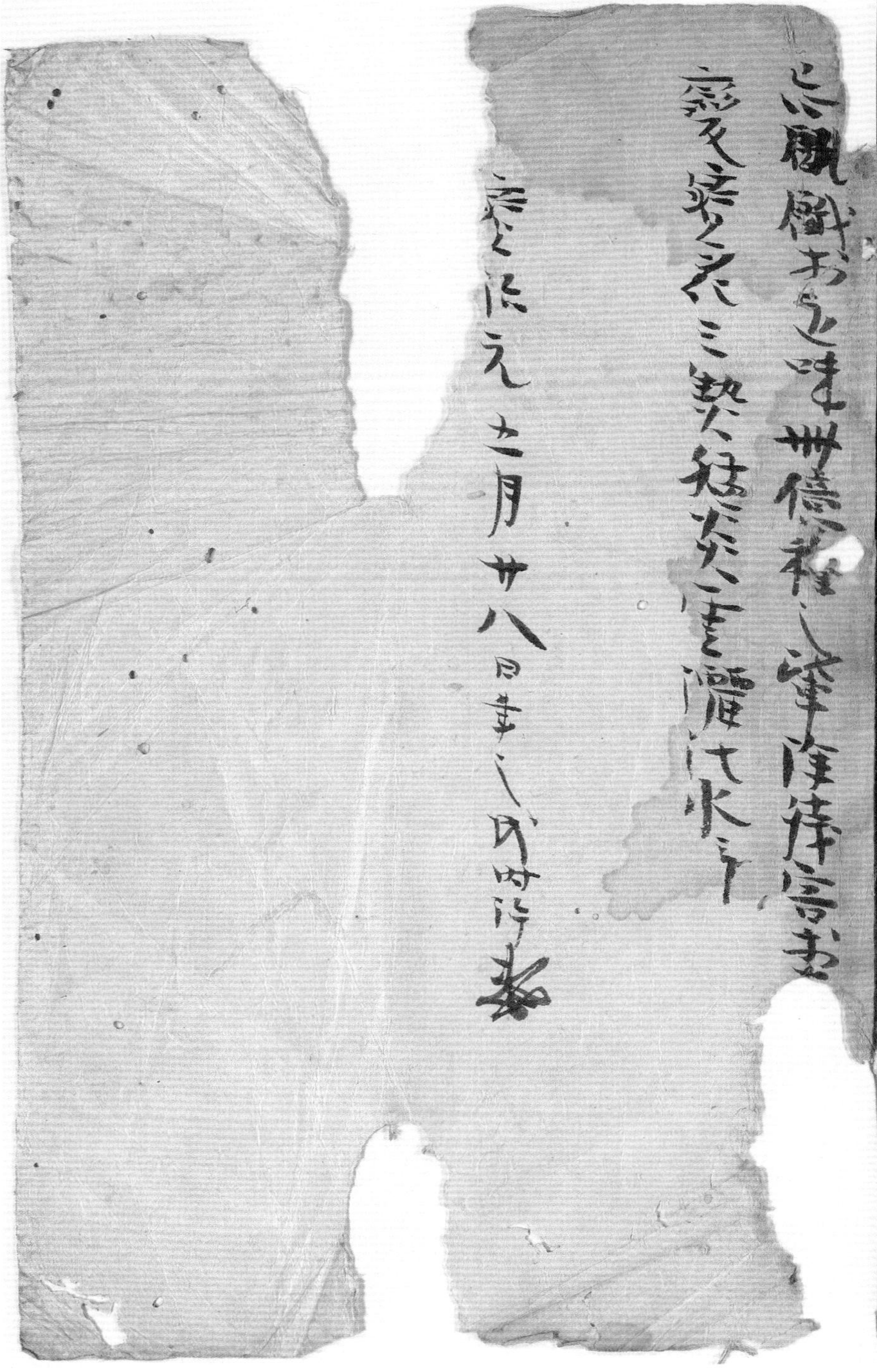

無名仏教摘句抄　裏表紙見返

華鳥集畢

元和貳年丙辰二月廿七日書之

右[illegible]辻堺東戸屋如[illegible]

主馬[illegible]

第二巻　目次

凡　例……(4)

影　印

教児伝（応永二十八年〔一四二一〕写）……三
天台伝南岳心要（正安元年〔一二九九〕写）……五一
聖徳太子伝記（南北朝時代写）……九九
佚名孝養説話集（室町時代初期写）……一五三
左近兵衛子女高野往生物語（室町時代後期写）……一七九
無名仏教摘句抄（宝治元年〔一二四七〕写）……一九三
花鳥集（永和二年〔一三七六〕写）……三一五

翻刻

教児伝……359
天台伝南岳心要……376
聖徳太子伝記……390
佚名孝養説話集……409
左近兵衛子女高野往生物語……423
無名仏教摘句抄……429
花鳥集……477

解題

第二巻「因縁・教化」概要……497
教児伝……502

天台伝南岳心要……512
聖徳太子伝記……517
佚名孝養説話集……524
左近兵衛子女高野往生物語……531
無名仏教摘句抄……538
花鳥集……552
後　記……海野圭介 557

凡例

一、本巻は、天野山金剛寺（大阪府河内長野市）所蔵の典籍のうち、『教児伝』（応永二十八年〔一四二一〕写）、『天台伝南岳心要』（正安元年〔一二九九〕写）、『聖徳太子伝記』（南北朝時代写）、『〔佚名孝養説話集〕』（室町時代初期写）、『〔左近兵衛子女高野往生物語〕』（室町時代後期写）、『〔無名仏教摘句抄〕』（宝治元年〔一二四七〕写）、『花鳥集』（永和二年〔一三七六〕写）の七点の写真版を掲げた。

一、翻刻においては、漢字、片仮名ともに通行の字体を用いた。いわゆる抄物書きや宛字は本来の字体に改め、漢字の踊り字は「々」、片仮名の踊り字は「ヽ」、複数文字の踊り字は「〱」に統一した（ただし、資料の性格上、一部底本の字を残した場合がある）。また、必要に応じて句読点を付した。

一、見せ消ち、墨消し訂正などは原則として訂正された文字を示した。

一、虫損等による判読不能箇所は、□で示す。

一、漢字、片仮名の文字の大小は可能な限り区別した。合字はひらいて翻刻したが、当該位置に記号を付して示す場合がある。

一、返り点は通行の方法で示した。『教児伝』他に付される声点等の翻刻は割愛した。

一、『〔佚名孝養説話集〕』では、読解の便をはかり、説話の冒頭（見出し）を太字で示し、①〜⑪の番号を振った。

一、『〔左近兵衛子女高野往生物語〕』には本文を分節する記号が施される部分があるが、その部分は原文にある記号「○」を用いて示した。

一、底本に問題があり、表示し難い場合などは、当該箇所に＊を付け、下に説明を施すか、右傍に直接（　）で示すなどして注を添えた。

一、行取りは底本の通りとし、丁数とその表裏を「(1オ)」のかたちで示した。

影印

教児伝

（応永二十八年（一四二一）写）

教兒傳

圓尒之

（表紙見返）

教兒傳

予幸雖傳花頂古風、寡如三千之曇華難開、適遇雖受
円宗餘耀台嶺明之月、亘顕所及皆見鄭注佛教之
由來、頭欲勸少兒之幼心而已
夫世間有三種劫、所謂一過去莊嚴劫、此千佛出世始自
人中尊佛師子歩佛、終至金剛王佛世、二現在賢劫、此
千佛出世、三未來星宿劫、此千佛出世始自王中王佛阿須輪

王佛縁至蒙龍師子嚴雲難過上佛也佛名経意也賢劫千佛
中四佛既出世所謂拘留孫拘那含牟尼迦葉佛釋迦
牟尼佛世九百九十六佛未出世謂弥勒乃至最後之樓
至佛世現在千佛出世時分云經教異説不同也且劫章
疏云住劫廿劫中第九減劫人壽六万歳時拘留孫佛出
世四万歳時拘那含佛出世二万歳時迦葉佛出世百歳時
尺迦牟尼佛出世也故頌四六万四万二万時拘孫拘那迦葉

出百歳尺迦牟尼出云〻第十減劫人壽八万歳時ニ弥勒
出世至第十五減劫中ニ九百九十四佛相續出世至住劫終ニ樓
至如來出世ス故ニ頌曰ク　至第十五減劫中九百九十四佛出乃後
住劫欲終時樓至如來方興出云〻人壽二万歳時ニ尺迦菩
薩迦葉佛授記生都率天ニ此云知足天ト即三世諸佛補處ノ
天也彼天四千歳壽盡畢南閻浮提内五天竺中中天
竺十六大国中迦毘羅衛国人壽百歳時下生中天竺摩

訶陁国有轉輪聖王其名曰師子頬王有四人太子浄飯王白飯王斛飯王甘露飯王也四人太子各有二人皇子略頌曰師子頬王四人子浄白斛甘各二子悉達多難陁跋提舎次二如次提婆達阿難摩訶男阿泥盧頭云々四太子皆各七国王也 或説悉達太子浄飯王唯一人子也云々 其時吾學長者大臣徐堅有八人姫四人大王后各二人奉之其第一姫摩訶摩耶云第八憍曇弥云卅二人娘迦毗羅衛国浄飯王

后也摩耶夫人癸丑歳七月十五日晝寝中夢見橫金
色天子乗白象為王随諸天子作妙妓楽貫月精見入
我右脇其後身心安楽無有病悩即甲寅歳四月八
日迦毗羅衛国嵐毗尼苑提波婆羅樹下天々林嶺崗 畢婆羅樹也摩耶
婦人右脇生給佛生日異説不同也因果経并本生経云
二月八日灌頂経云四月八日夜半灌佛経并佛本行経
云四月八日文七宝蓮花承足十方七歩行説偈云天

上天下唯我爲尊三界皆苦我當安之云〻或説云我
生胎復盡是最末後身我已得漏盡當復度衆生云〻
則難陁跋難陁ト云二龍於空中吐水奉沐浴太子ヲ尒時
國中有三十二ノ瑞相具ガ如瑞應ニ説時ニ有相人名曰阿夷ト
相太子ニ云在家ハ可成轉輪王ト出家ハ當成無上世尊ト云〻
摩耶夫人太子生後経七日命終シテ生忉利天此ハ云三十三
天ト其ノ後憍曇弥又ハ摩訶波闍波提ト此ニハ云大愛道ト奉養育太子〻〻ハ

ヽヽ故ニ云佛ノ父母ト太子御名ハ云薩婆悉達太子ト城四面ノ
内生老病死悲唱者共ニ御覧不常世厭心澄一切衆生ヲ
哀給御慈悲幼五明云化夫外道知法門能習
世間法悟リ撫給ノ父大王単ニ奉譲位於太子ニ思食トテ太子
要不好五欲ヲ給ハ只常ニ厭世ヲ願佛道ヲ給氣色見給ヒ
大王可爲何支度給大臣公卿申ハ様人心静事無
勝夫妻之道ニ申時耶輸大臣娘名ハ云耶輸多羅女ト

第一美人也花貌雪膚無替事帝尺天王舎脂夫人
猶可恥其色大王此令乞給大臣申釋種其數申〔上毛〕
國第不併〔侍〕鐵鼓七張射徹之人可聟取申斛飯
王子提婆達多云人射三鼓餘人我人射之無射一
人調達心悪自我外無聟時悉達太子祖父弓
被寄五百人張弓獨能張之或弦聲梵天聞
即七鼓射徹其矢金輪際立（佛本行経見之）約束大王給

耶輸多羅女向取給リ然ニ太子称世念思給留意
給事ナシ耶輸大臣娘耶輸多羅女見三夢語太子ニ
云一空月破二根肩三臂折ト見也太子世ニ不御坐天下
成闇我不奉見無力可成身有相ト歎申廿九月眼臂
宿ニ等閑ノ夢ト觀給后腹書捜サクリ給令夜令懐妊
給意安寝給眠ト語給后眠入給ヌ時ニ太子依年十九歳
壬申歳二月八日夜半許ニ（恵上井任ニ　夜半見之）校出近当仕給車匿云舎

人皆金泥馬鞍置給夜深何事ナラント乍歎馬將詣テ申樣
太子守不奉出此宮四面ニ各四万ノ兵仕シ居奉守護一門開ケハ
于時聞爭輒出給ト奏ス太子上界ノ浄居天語給空飛來リ
罷天王此馬ノ四足捧テ城越給連匿獨此馬ニ付詣檀德
山麓ニ落付ノ即此髮切給〔佛本行經　可見之〕觀佛三昧經云佛
髮イ從尼拘樓陁精舎至父王宮ニ遶城ニ七迊云ニ則太子
車匿帰給樣大刀可奉父ノ太王ニ是帝王ノ御寶国治

驗也今日出家無我用事成佛必可奉報恩可
奏之髮繼母后憍曇弥可奉之髮中王汝車匿給之
是世無並我也汝是送我爲志也寶衣瓔珞耶輸多羅女
可奉之是我身觸物也形見思食不戀歎給懷妊給子替
也思給可申被仰車匿聞之愁歎城帰由
奏大王伯母耶輸多羅女各擧聲悲歎入給經七日御
身灑水活生給恩餘草車多寶檀徳山送給太子

申給様我身大王憍曇弥耶輸多羅女ノ深ク歎思厚事
作ト知ヌ段生老病死ノ為ニ顛常ニ我浄出家シテ入山断味ヲ忍飢
不顧百味千金只日ニ食一麻一菜六年間難行苦行
給太子始着袈裟事仏本行経浄居天子奉之見タリ日
檀三昧経初成仏時十方諸仏各送袈裟給ト見タリ則代寅
歳三月ノ五日摩訶陁国寂滅道場菩提樹下（樹ト又ハ元吉）金剛座ノ
上ソ成道給ント思召テ檀徳山ヘ行給時ハ太子卅四歳也跡記弟

二ニ若佛十九出家ラハ乃成廿〻歳成道ニ若三十成道ラハ乃成廿
五出家ノ則由見別ニ不須和會ノ五百問論ニ云佛生時節
身相說法諸部不同也不可定判ト云〻太子菩樹下ヘ行給
路ニ童茅チト云草ヲ懐テ奉過太子ニ問云汝名何ト云侍ルニ草ハ何云
童答曰名ハ吉祥ト申ス上茅ハラ城ヨリ茅ト申草取テ罷ルト也答太子
誠ニ奇妙ナル事ナリ我成正覺ヲ行ニ吉祥ト云者ニ値ヘリ我成佛コト決
定ナリ其草ヲ乞取テ行テ尼ナ連禪河ニ沐浴シ則彼ノ吉祥草ヲ為座ト

成道佛本行経云帝尺化ソ為苅草人ニ名云吉祥ニ文時ニ
地六種震動ス青孔雀白鵝等各五百右繞菩三迊リ白
馬等王各五百如前ニ諸樹林低伏ソ向菩ニ虚空ノ諸天向
菩樹下ニ行ク常居天門繞リ阿含経云一切樹林草伏向菩文
時欲界ノ天ノ從他化自在天一万八千億ノ春属將来作テ障导
然入不動三昧ニ一時ニ降伏ス畢降ノ事本行経并ニ胎蔵観
佛三昧経等ニ見リ則成無上正真道ヽ其名曰釋迦牟尼佛ト正

覺者一切世間出世間ノ法ヲ知リ究也
今成佛給夜耶輸多羅女生リ羅睺羅ヲ又云羅云ト或云太
子有三人夫人各領二万ノ采女ヲ第一ノ夫人名瞿夷ト生優婆女
摩訶比丘第二夫人名耶輸多羅生羅睺羅ヲ第三ノ夫人名
鹿野生リ善星比丘ヲ文耶輸多羅女六年間羅睺羅孕ミ常ニ
有様不似是云羅睺羅十ノ覆障有十ノ故其一故ニ鼠穴塞テ
六月遍羅云六年ノ程胎内ニ籠居ル羅睺羅既ニ生淨飯王宮ノ

沙汰ス五天竺ノ誹謗也耶輸タラ女意不坐ニ女房達奉愛太子ニ
見白蓮花ニ出隠所ニ仏ツクミク出生シカ誠太子ノ出子トハ難云事也其
子十九ニ踰ヨ城ヲ垢後経六年ニ失太子出子トハ不可云ニ浄飯王宮ノ大ル
騒サハ此事大ニ無丈猥ニ生子ニ罪何可行ニ云ニ有衆儀ノ一義ニ云羅云ヲ
懐テ王宮ヲ月中ニ退出シト五國義ニ掘大坑ニ投入親子共ニ焼失是
尋常ノ義也皆同此義ノ則掘穴ニ積ミ薪ヲ付火耶輸タラ羅
云ヲ乍懐キ投入猛火中ニ盛火忽ニ変成蓮池ト是王宮皆信受ソ

羅云ヲ養育ス見龍樹ノ智論ニ羅コラ歳七才之時釋迦佛淨飯王
宮ヘ行坐ス其時耶輸多羅女ノ爲頭無罪蒙咎事ヲ佛方便ノ十大
弟子ニ皆成如佛列坐シ耶輸多羅女棒歡喜丸ヲ是汝カ父釋
迦佛献之ニ給レ棒持行無左右奉佛ニ父子契不浅事
天下皆知ヌ爰佛度人ヲ以術使ニ羅云耶輸多羅女去リ太子
出城時カノナムト告給シ事ナシ六年苦行間一度音信給フ事ナシ我
万人ニ被誹謗宮中騒動時ニ我子也トモ不被仰不如ニ羅睺ラシ

不奉佛、出使還坑又重有出時浄飯王羅睺ラ膝居宣云ク
奉值佛出家入佛道思又王宮カシツカシテ昇十善位、可乗
王被作思間羅云申ク生死無常也分段郷可厭處也
早奉随佛ニ期希ノ妙果其時大王流淚宮中悲佛尚ヽ有
出耶輸ダラ毎度惜ミ佛耶輸ダラ女言、從過去燃燈佛ノ
時於佛法不遠背有約束昔契思出佛許ヘ羅云ツカハ八人
未曾有往上巻ニ佛同連ヶ使出羅睺ラ年既九歳也阿

難刹羅睺ラ頭ノ命舍利弗ヲ和尚ト大目揵連ヲ阿闍梨ト授
十戒ヲ佛哀玉フ事無限リ物ホシケレハ時外ニ夕ノ物食玉ヘリ是ヨリ僧中ノ非時
云事有之爰ニ提婆達多ハ斛飯王ノ子師子頬王ノ子孫也無
類ノ悪行ノ僧也頻婆娑羅王ノ子阿闍世王悪王ニ伴テリ調達阿闍
世ニ語テ云汝ハ殺父ヲ為国王ト我ハ殺佛ヲ成佛ト約束シテ親寄シ調達美
男ノ小童ニ變シ阿闍世王ノ膝ノ上ニ戯ル王愛之唾ヲ合口ニ受食リ作童子事
任律異相見リ敎トシケレハ耆婆月光ト申ス二人大臣令諫議云昔ヨリ傳聞ク敎

阿闍世王ハ父ヲ籠高楼ニ逼殺ハ母ノ韋提希夫人父ノ命暫延タリトテ
殺トミケレハ耆婆月光申ト二人大臣諫議ニ云昔ヨリ傳聞ク殺父
王ハ万八千人アリ殺母王ハ未有一人モ若害ハ母ヲ不为王ト云ニ見リ觀注ニ仍母ヲハ
不殺、調達佛ヲ許諂テ我弟子ニ成ヘシト申ニ佛言弟子ハ为物教セ汝何ソ
教レテ弟子シハ乞侍ト有作ニ調達備申様舎利弗目連モ皆弟子ニ成ヘリ
児我ハ佛ノ親ハ者也何不成哉ト申佛言ク汝様者ニハ弟子カ可付コソアラメ
人ノ唾シ食者ハ非人ニ被作ケレハ不安思テ佛ヲ違背ノ意起リ佛ノ御弟子

初心ノ比丘五百人シ分別馬頭山ト云所ヘ行五法ト云教法門ツ其五法者一ニハ不用乳木ニ断肉三断塩四應被不截衣五不應居聚落邊寺也此木令習真ノ法門也ト云リ五法ハ出正理論也時佛舎利弗与目連遣ニ遣伝先目連神通シテ以ス調達令眠舎利弗智恵シテ以ス教五百人比丘ニ取還調達睡眠覺テ見廻ハ単已獨身ナリニ旅復立ツ佛ニ奉打殺行レハ調達伯母花色比丘尼ト云尼公侍リ是證果ノ羅漢也制止シテ行カレハ閣王門ヲ以テ奉コフヒシ打殺ハ

然後霊鷲山林麓大盤石住山薩佛ノ出伝侍得テ以大盤石
奉打ニ入大乗論見リ比田羅神ト云霊鷲山ノ之神盤石押出ル權ケ落テ佛御
足ニアッテ血出リ時ニ大地破裂ソ調達現身ニ無間地獄ニ落ス是則五
逆ノ中三逆化也破和合僧ッ説邪法ッ於鷲頭山ニ惱佛世尊ッ法輪
止メ於大千界ニ致羅漢僧ッ佛身ヨリ出血也阿難尊者乗メ目連神
通ニ往阿闍城ニ戸ニ問調達カ受苦相ヲ調達カ第三禅楽ヲ許リ思也ト答タリ
調達カ五逆感果ノ事見阿含経ニ

佛一代間說教ノ儀式申ハ先寂滅道場ニ正覺成玉時諸佛出
世ノ本意說法花經ニ思食衆生ノ心品々聞法花經ヲ為謗造罪ヲ
可隨惡道者多有ケル佛思煩中ヘ不說法入玉ヘ思食ス諸
佛出世ノ有樣思惟玉フ三七日ノ間說花嚴經或云雜花經
又ニ不思儀經又云乳味教又ニ擬宜教又ハ基上盧舎那
五ハ寶報無障㝵ノ儀式移ス為住行向地法身ノ并寄普賢
行布ノ二門ニ說法界唯一心三無差別ノ法門ニ然凡夫二乘可成

佛ノ樣ハ不説法ニ然ハ尽文ハ但明𦬇ノ行位功德ヲ判法ヘリ化儀ノ四教ノ
中ハ頓部不定秘密也化法ノ四教ノ中ハ別円二教也梵網経ハ結経也
説處ハ七處ハ八會也一寂滅道場二普光明殿三給孤獨薗四忉利
天五夜摩天六都率天七他化自在天也重會ハ普光明殿八
會也略頌ニ曰人中有三處道場普獨薗天上有四處忉利耶他
化（新譯経ハ有逝多林會也）次阿含経又云阿級摩ト云又ハ酪味教ハ佛過去ノ諸
佛ハ出世説法ノ儀式ハ共ツ思廻ヲ我モ直説カハ法花経ノ機縁更不

堪先説三乗法ノ訓調シト思食ス三乗法ト云ハ言諦ハ耳耳十二回
縁ハ縁覺六度ハ菩薩也婆羅奈国麻野苑ニ天人仙人随所ト十二年間
説知苦断集證滅修道ノ法門也言阿含在之一長阿含破外道邪見二
中阿含明真寂浅義三雑阿含明諸禅定四増一阿含明人天因果遺教経ハ待経也
化儀ハ漸部ノ始不定秘密也化法ハ單三蔵也彼麻野苑ニ中學
外道事随西ヘ稍ト云文僻事好習宗トスル者有五人其ノ名ヲ云一頞鞞
二跋提三倶利太子四摩ノ男五十力迦葉ト此ノ人ハ摩迦葉ノ往昔ニ

釋迦人共世然信外道法可墮惡道由御覧哀之脱瓔珞細
㲲ノ衣ヲ着麁弊垢膩衣ヲ現丈六卑小ノ姿ヲ希樹下ヨリ赴鹿野苑ニ
給フ道中ニ提謂長者婆利長者ト云二人長者五百人眷属具足ソ
蛤遊ソ取蜂蛤ニ行ク路中ニ麦粉ヲ取出食ル所ニ佛來給フ此二人長者
奉請佛ニ麦粉蜜ト之味目出美物ノ合奉供養佛受之楊枝
ツカヒ給トテ殺生ヲ事ハ冷事也作出ソ説五戒十善給フ十善者一不殺生
二不偸盗三不邪婬四不妄語五不綺語六不悪口七不両舌八不貪欲

九不瞋恚十不邪見也此五持名五戒不殺生戒者生者蟻卵子
一不殺也自不害教他不令殺也凡有生皆以命為寶也住山麻
宿海鱗翔空翅走地獣大小異類異族物多云皆倶勞身
皆同惜命也害之定随三悪道若生人界身命多病寿命短
促一日持此戒免悪道寿命長遠也二不偸盗戒者物有主
物一紙半銭不盗取教人不令盗也破此戒随在三途
適受人身貧窮孤獨艱寶難得縦希得又易失

常遇盗賊之難也三不邪婬戒者流轉生死之業因悪趣
輪廻之根本無過愛欲之道四不妄語戒者觸善悪之二
事付世間出世露計も虚言不用也破此戒沈三途業也或
成瘂詞不正人被致嘲哢也五綺語者是非乱人令煩
人誑是似虚言也如此五戒十善說法三百人得信忍二百人
得須陀洹果三天王來得柔順忍二人長者得不起法忍
此云提謂任也檡文云若如提謂波利但聞五戒得不起法忍文

玄一文也然ハ趣テ鹿野苑ニ為五人ノ説法ヲ標ス此等ガ所學ノ法門ハ招
生死之苦報也先五見ト云ハ身見邊見邪見〻取戒禁取見ッ
好習也依此諸見ニ深ク着虚妄ノ法ニ不知真實ノ道ヲ是故流轉
生死無有出期ナシ應知見ハ六道因也無漏ノ戒定恵ハ七覚ノ因也
説法依之五人證果ヲ成聖人ト其外耳耳人モ咸得道果ヲ雖然
可成佛ノ旨未バ説聞法モ
次方等經着彈呵教ト云ハ又名生蘇ノ教ノ説時ハ所共不定化儀ハ漸

部中不定秘密化法一教俱説之瓔珞経菩薩大行褒讃
二乗小行弾令恥嫌於阿羅漢證果人令弾呵於語言縦
雖起豺狼野干心勿起声聞縁覚心高原陸地無生仏性
蓮花入無力六位着衆不及覆燋失如来種子無有成仏
聖従敗種生入二乗者不可成仏以恥貽於迦葉尊者愁歎
声響三千世界善吉尊者已然投手一鉢故此教名弾呵
褒貶教然慚恥小慕大意起大乗機成

次般若経者名淘汰教ト、又ハ就蘊味ノ教、説時卅ケ年、説所ハ
三處十六會也、謂逝多林給孤獨薗、鷲峯山、白鷺池也、仁王
経ハ結經也、化儀ハ漸部ノ不定ト秘密トノ也、化法ハ通別圓也、説方等皆
空ノ旨、談ス盡淨虚融ノ理ヲ、仍鹿苑證果ノ月有我等同入法性ノ思
非物ノ前、方等ノ時、彈呵ソ二乘小果ノ恥、小慕大ノ意起キ、般若経ハ
彼小乘ノ人ヲ淘汰ソ大乘ノ法財ヲ令領知也
次法花経者説本迹二門ノ開三顯一、開近顯遠ノ旨ヲ、此教ハ名醍醐

栄ト無量義経為用経ト普賢経ヲ為結経ト也化儀ハ会漸ニ帰頓ニ化法ハ唯円教也説時ハ八ケ年説所ハ二処三会也二処ハ霊山ト虚空ト也又従虚空帰霊山ニ故三会也彼始成正覚時機根未熟ノ故ニ不説三十余年間未顕真実ノ経ニ味調熟ノ後遂出世ノ本意先現六瑞驚動衆会心ニ六瑞者一説法瑞二入定三雨花四地動五衆喜六放光也説法瑞者説無量義経ヲ也無相一理ハ万法出生ノ旨説玉フ入定瑞者説無量義経ヲ入無量義処三昧ニ

身心不動住ニ雨花瑞者其ノ時天ヨリ雨ミ三種花ヲ地動瑞者大地六種震
動ス衆喜瑞者時衆會皆懐歡喜之心ヲ放光瑞者二眉間白
毫ヨリ放光ヲ照東方万八千国土ヲ玉フ時衆見此瑞相ヲ是何因縁ソトヽ疑フ
弥勒菩知衆心奉問文殊師利ニ文殊菩答ノ日月燈明佛ノ時
事ヲ説法花経ヲ玉ル瑞相也ト答玉ヘリ其ノ後佛従定起告舎利弗説
諸法實相ノ法門ヲ玉フ諸法者不過十界ニ〻〻者一地獄二餓鬼三
畜生ミ修ラ五人六天七声聞八縁覚九菩十佛界也實相者

真如平等ノ理也然断善闡提敗種ノ二乗五逆ノ調達五障女
人倶平等法力ノ轉故開佛ノ知見ッ是故名諸佛出世之本懐也
次涅槃経名捃拾教ト又云醍醐味法花不悟漏ル衆生ッ涅槃経
捃拾令得脱ル法也像法次疑経結経也化儀頓部化法有ニ
教ニ教倶常住理ヲ知シ說時一日一夜也說所倶尸那国倶尸那
城沙羅雙樹力士生地阿夷羅跋提河邊リ頭北面西ソ右脇臥
法ノ則癸酉歳二月十五日ノ夜半ニ入涅槃ル年八十也其ノ月晨朝ニ

從面門放種々光十二由旬内集十方大衆對教機説此
經佛出御音如來法皇三覺入滅有今告人天大會心細
悲滿胸并聖衆無端愁涙深袂并八音而説常深心
肝毎詞哀也備伽梨衣脱却黄金師子胸出我身無量
劫間久積難行苦行為也汝等一心無漏㝡可拝今日儀
争又再値遇優曇花尚難宣大悲能化教主梵音
和雅御音妙望別宣深位并大耳耳衆乱威儀臥

可ツ悲歎難忍（涅槃経遠教品意也）既令盡（舘）用栴檀薪盡中舎利シ三分ニ
龍宮ト天上ト人中ト三處配時或發力或集軍兵奪取カイ心亦有ニ
香姓いう門分テ心諍シ佛滅後迦葉等ノ一千人大羅漢皆集堂ソ
如来ノ所説ノ法蔵シ欲令弘通世間ニ爰ニ阿難尊者ハ佛ノ成道ノ夜生テ廿
五佛許ト給ル九百九十九人ノ大羅漢皆集堂ニ衆會一千人中今一人
不足阿難也有學聖者也トテ其中ニ被擯阿難ノ云我多聞好シテ不證
無學成證果ノ漢ト寂安ノ坊ツ被擯列衆ニ堂内不入ケレハ雷光

様ニ證無學果ヲ既證果ニ堂内ニ令入ト云フ時大衆證ハ無學ニ何ノ
處リモ可入ト云シハ論究ヨリ入ケリ一千人中ニ阿難登高座ニ唱佛所説余ノ
九百九十九人ハ染筆ヲ寫多羅葉ニ佛説ニ無違大衆中ニ有三疑
佛ノ再來歟ハ他方佛ノ來給カ阿難成佛給カト疑フ則迦葉等ノ大衆
讃阿難シテ云ク面如淨滿月眼若青蓮花ノ佛法大海水流入阿難心ニ
然阿難如是我聞ト唱シハ則散三疑ヲ滅後教法流布ニ有三時ニ正法
千年像法千年末法千年也正法時ハ教行證ノ三共ニ有リ像法時ハ

有教行ニ無證ニ末法時ハ有教ニ無行證ニ自尺尊滅後ニ至慈尊出
世ノ時ニ五十六億七千万歳也　又説五十七倶胝六十百千年也云ニ　佛滅後過一千年ニ
後振旦国ニ佛法始テ来ル　漢ノ永平七年甲子歳　漢ノ明帝夜ノ夢ニ
丈六金色ノ人入ルト王宮ニ見了則中夜ニ天竺摩騰迦葉ノ竺法蘭ト云二人
聖人佛教ヲ負セテ白馬ニ至漢土ニ而負ノ経ハ是四十二章経十住断
結經佛舎利釋迦像也　後漢ノ明帝永平十年丁卯歳都ノ
西ニ立白馬寺ヲ始興隆佛法ヲ其後經ハ六百八十年シテ大日本国秋津嶋

第三十王欽明天王ノ御代壬申歳十月ニ百濟国ヨリ聖明天王
釋迦ノ金銀ノ像并ニ經典等ヲ獻ル秋朔ニ如來滅後一千五百歳
許リ振旦国ニ宗ル佛教ノ事ハ八品ニ分レ名ハ八宗ト 且如八宗 畧

教兒傳

本云
永德三年癸亥十月廿九日於悲田院令書寫ノ　慈照之判
應永廿八年辛丑八月廿八日於無量壽院令書寫ノ金剛子圓介之

天台山又云花頂峯又云五罡山

法明卅云九災患者本無種以悪事爲種壽福者便無源以信力爲種矣ト云々

楞伽経云八九種々識如水中諸波云々

帝範云倉廩實則知礼節衣食足則忘廉恥云々

雪賦云盈尺則呈瑞於豊年袤丈則表沴於陰徳云々

勧学院之雀囀蒙求紫金山之鳥生黄翅云々

老子経云踈屐　文選云芒爨

280 水繊 紅糟 糟雑 鼈羹 羊羹 猪〻 驢腸〻 煎餅

281 伏菟 饂飩 粽 糖 糒 鴨頭 垸飯 碁子麺 麸

282 水團 饅頭 都寺

283 相看 看経 諷経。 監寺 副寺 維那 典座 都管

284 都聞 造主 頭首 旦過 椄侍 塔頭 直歳 耆舊

285 拄杖 帽子 陪堂 邏齋 相伴 同朋 人工 兄部

阿耨多羅三藐三菩提ノ佛タチ我ヤタツ

ソマニ冥加アラセタマヘ

御簾　墨斗　顕紋紗　素紗　簀　蟇目皐

祼緄罠　被物　祿物　机　香匙　火筯

建盞　胡盞　饒州　櫑茶　茶杓　茶盞　藥櫑

藥器

292 無常之句云
浮雲不定　誰期千年
293 世間無常　豈募万歳

（裏表紙）

天台伝南岳心要

（正安元年〔一二九九〕写）

天台伝南岳心要　（表紙）

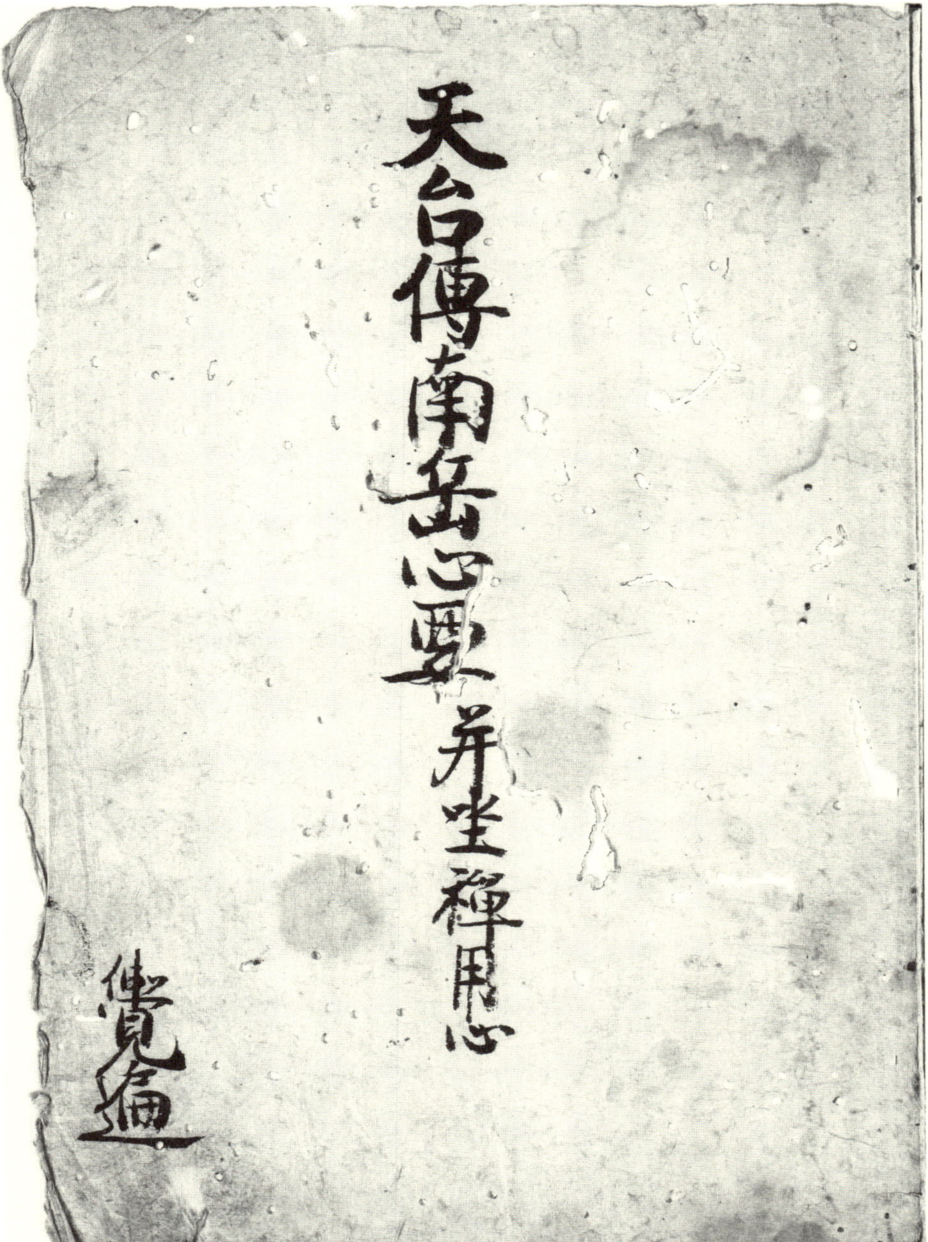

天台伝南岳心要　（表紙見返）

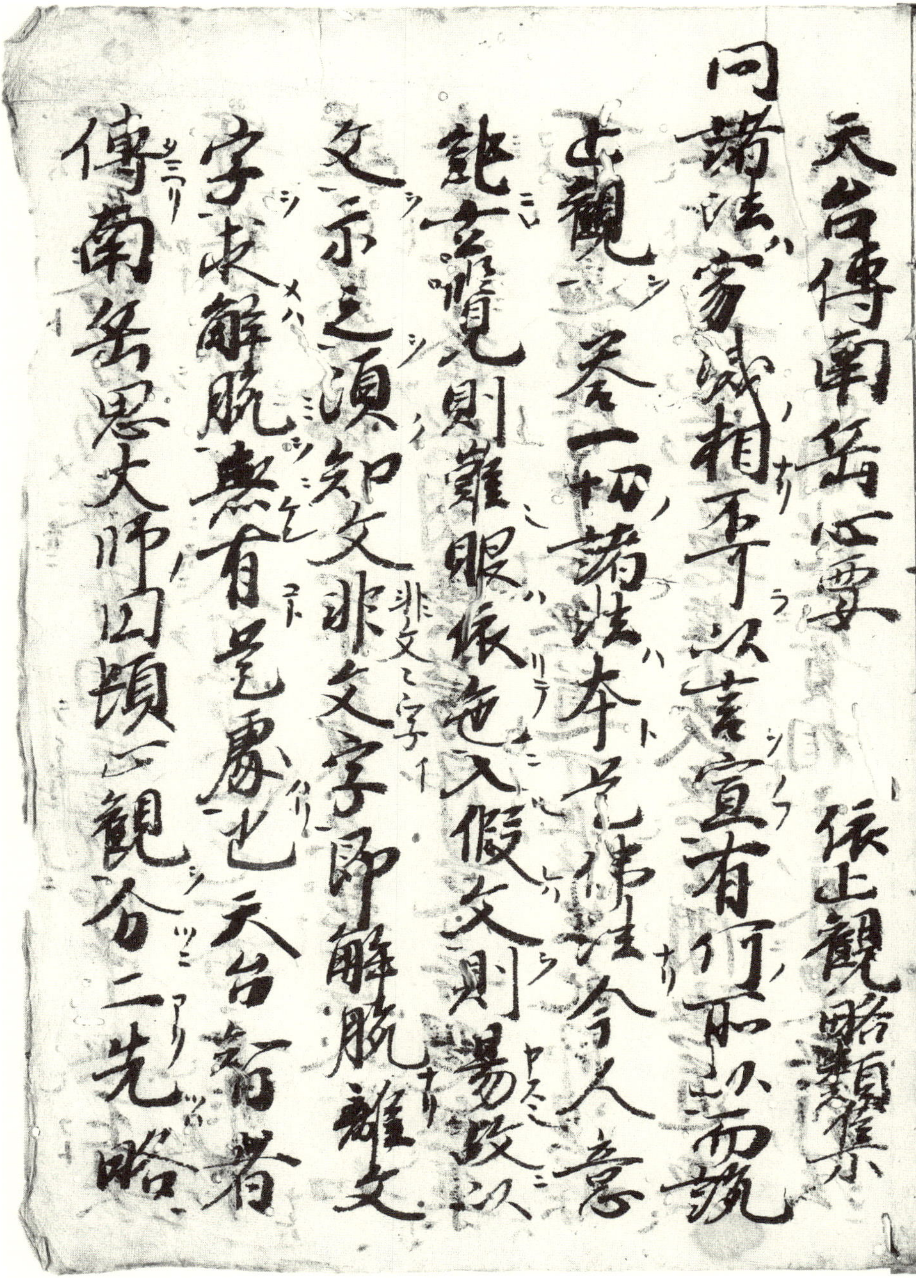
天台傳南岳心要　依上觀略顯集示
問諸法寂滅相不可以言宣有何方而觀
之歟　答一切諸法本是佛法令人意
能玄覺則雖眼根色入假文則易段以
文示之須知文非文字即解脱離文
字求解脱無有是處也　天台所著
傳南岳思大師四頌一觀分二先略

次廣略者稱縁實相造境即中無不真
實繫縁法界一念法界一色一香無非中
道己界及佛界衆生界亦然陰入皆如
無苦可捨無明塵勞即是菩提無集
可斷邊邪皆中正無道可修生死即涅槃
無滅可證無苦無集故無世間無道無
滅故無出世間純一實相實相外更無別法

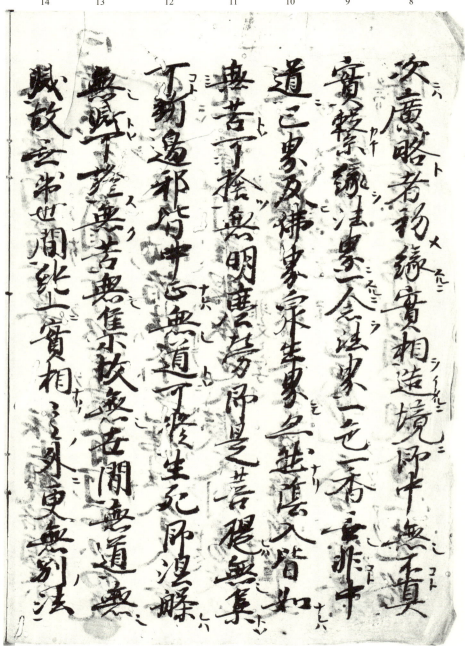

法性寂然名止寂而常照名観雖言初
後無二無別是名円頓止観之行名同法
性生死即法身煩悩即般若結業即解
脱雖有三名而無三体雖是一体而立
三名是三即一相其実無有異法身究
竟般若解脱亦究竟般若清浄余亦清
浄解脱自在余亦自在歴六塵境上行縁

無色因縁生心常用一心三観観之即
是以如来以後須無縁慈悲傷一切
自利之他發四弘誓願依四諦理而義之
衆生無辺誓願度依苦諦境煩悩無数誓
願断依集諦境法門無尽誓願知依道諦
境無上仏道誓願成依滅諦境雖知衆生
煩悩如法界以大悲故誓接如法界衆生之

死之苦。雖知法門佛果非彼非此、以大慈悲
故、微而說与衆生涅槃之樂。名真正菩提
心、是名六即佛。一切衆生心性即理即佛。了
心三諦名字即佛。觀念相續觀行即佛。六
根清淨相似即佛。初住至等覺分真即
佛。證佛与佛究竟即佛。故初後覺
六故。蘭盤中論云、真法及說者、聽衆難得

故如是則生死非有邊涅無邊説時如上次第
從初一心中具略説竟廣者惣有十境光明
陰境中識陰是一念心具即具十法界
一法界具百法界一法界三種世間即三千
世間三千只一念心也三千所以不縦不横
不並不別名不可思議只無明心法性而
生諸法直以止観安於法性観無明癡蔵

本是法性以癡迷故法性變作無明起諸
顛倒善不善等如寒來結水變作堅氷
又如眠來變心有種々夢今諸顛
倒即是法性不一不異雖顛倒起滅如旋
火輪不信顛倒起滅唯信此心但是法性起
是法性起滅是法性滅其實不起滅
妄謂起滅指妄想悉是法性以法性

懸法性以法性念法性常法性無不法性
時轉達既成不得妄想不得法性還
源及本法界俱寂是名為止如無心時
未一切流動皆心觀看觀察無明之心
等於法性本来皆空下等一切妄想
善惡皆如虚空無二無別觸物皆盡従
下至動禪之無跳是火又如虚空之藏菩

薩所現之相一切皆空如海恵現来而顕
一切皆水介尓念起所念之者又不得空
空亦不可得如所火木能使薪燃亦復
自燃法界洞朗咸皆大明名之為観心
是智々只是止不動只是不動智々々
只是不動々々智照於法性即是観智
乃安立是止安不動法性相応即是止安

亦見観安ナリ無二無別ナリ復次観根塵相対一
念心起コトツ即空即仮即中者ナリ若根若塵並ニ
是法界ナリ並畢竟空ナリ並如来蔵ナリ並
是中道ナリ云何即空ナリ並従縁生ス故即
無主ナリ故空ナリ云何即仮ナリ無主而生ス即是仮云
何即中ナリ不出法性並皆即中ナリ当知一念即空
即仮即中ナリ並畢竟空ナリ並如来蔵ナリ並実

相即合即散為合為散即也合即散不
一異為異譬如明鏡明鏡所造像鏡所
影像鏡所中有合不散合散究竟亘二三
一三世諸法一念心不離不権不実譲即
但已介佛及衆生菩薩心是花嚴之正佛
及衆生是三世無別奇知之心具一切佛
法是波羅一心修止観又二一想明一心之二歴

餘一心ニ無者只物ト無明一念心ニ此心具ニ三諦シ
躰達一觀此觀具三觀爲一念無明與
法性合所有一切百千萬界三隨衆入一
切隨衆入無量學穢具無量等見三
衆生地諸界十六門破等一切諸法先已
以策撰置何竟今閲一心因緣生法昔
所懸超前來一切法菓因緣生法縁起鏁文

不思議因縁也佛説諸法者二假有
之之観道本得菩提諸見皆空九地諸
煩悩空十六門皆空也圓教入了観一心所
是空聲聞超所来次第諸空思議五不思議
聖覚於空界百閑諸派淺深階位入分
別藥病授藥等説已圓教令圓観一心所
微懸超前来次第之微懸議縁又懸而歸

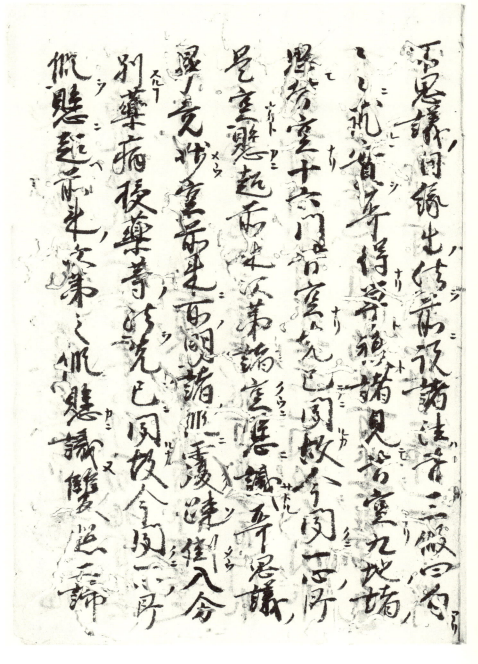

之法合閉非言心法者照起前来諸非
空諸法非法又有前未了別一切非有非無
通見中非有非無複見中非有非無是
見中非有非三諦中非有非無通門非
有非無別門非有非無之前已明故今明非
有非無照起前来諸非有非無照中因
不可思議非有非無如此二諦一中解

前人鏡得何以故物心無前後以物心
論自縁有法故有若事一切縁法物心
前覚故有前来諸空物心論假故有前
来当假等物心諸法象故有中道非空
非假云諦空空在一念心不別相自心以
第二説者諦通雖亦在一心即空即假即中
以一刹那自有三相亦同生住異念

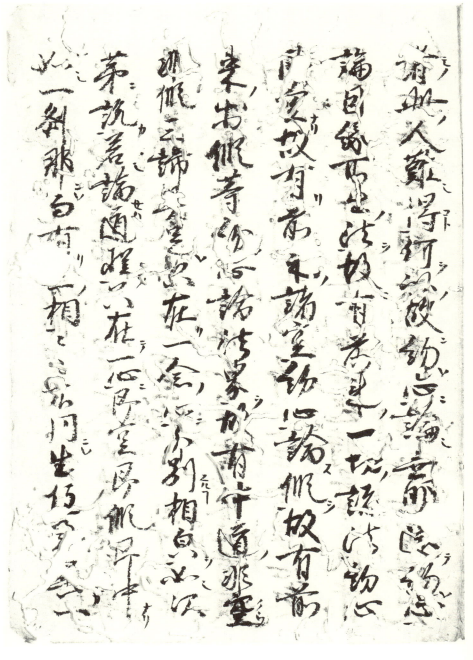

心ノ三観亦如是〻　所謂有為常空無為常

非空非有三諦互円融只一念如生仏知具

只一刹那ニ観三智三一心三根皆具不思議ノ

是観者即覚生開仏知見害衆生者貪

瞋ト癡ト三毒対相和即衆生乱心起ル

心起時三毒即名衆生無心起時即空無作

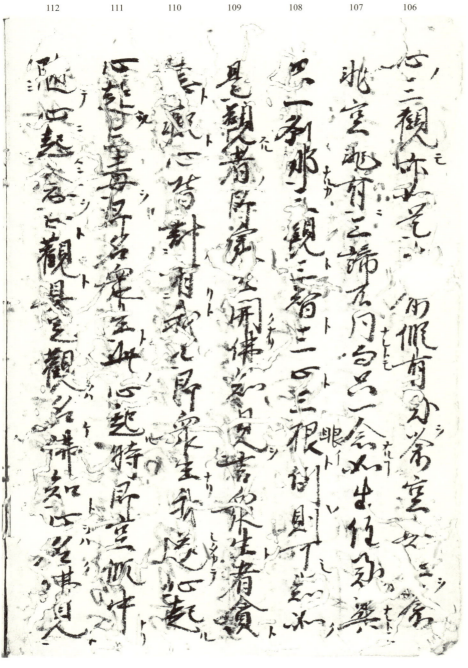

随心起念名之観是観名諸法知心空其見人

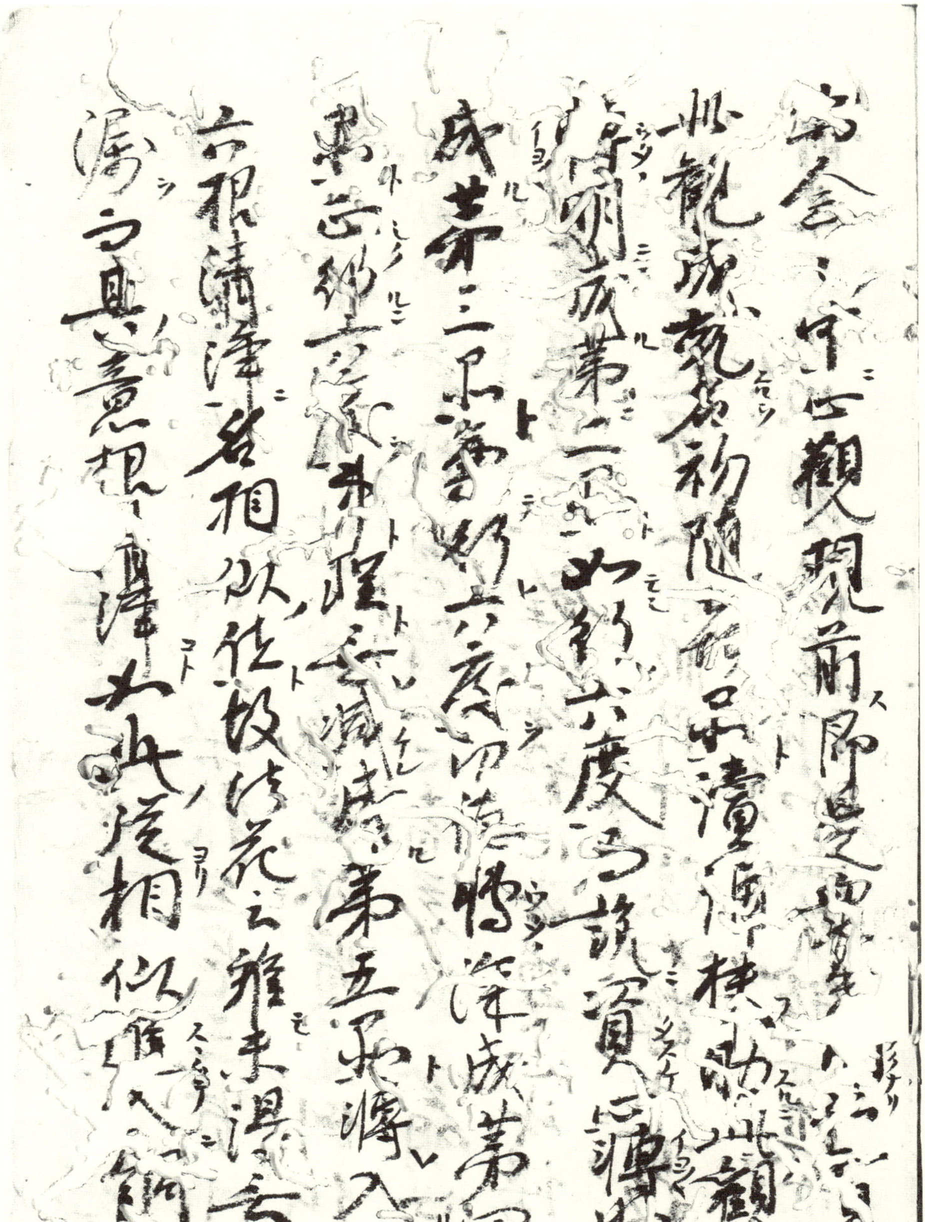

[illegible]

[illegible]

[illegible]

[illegible]

[illegible]

[illegible]

[illegible]

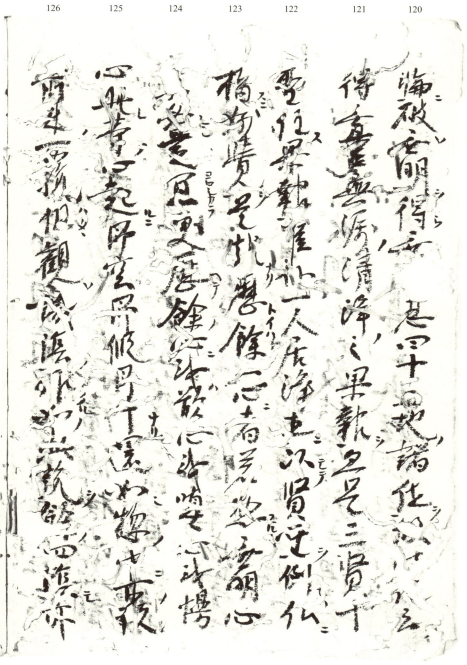

以是十二入十八界亦空無名觀門入定
覺知二煩惱境者三毒平等不起病三
病患境者四大違反故有病生四業
相境者欲離生死諸業鏡起五魔境者以
出生死起天魔用力制六禪定境者
出觀離心時禪定發七見境者迷觀
諸法解脫生死證增上慢境者得世禪

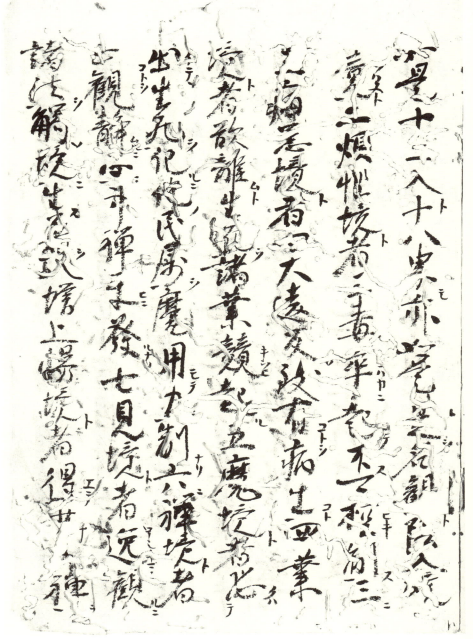

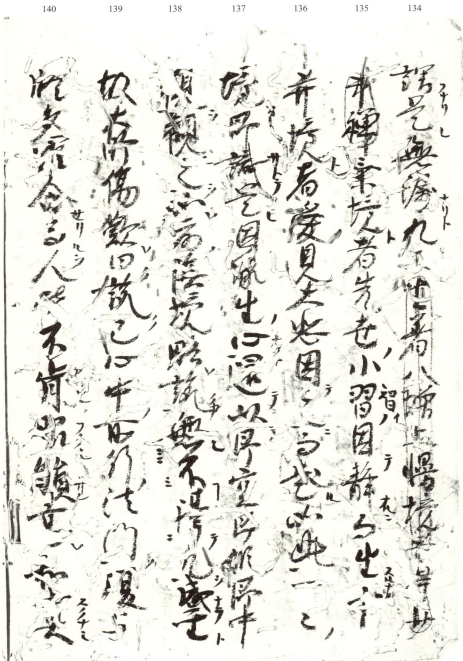

菩薩多欲ソ

妙楽第十云

心要云、即空並従縁生、即是即

空、云何即仮、無主而生即是仮、云何即

中、不出法性並皆即中、南岳云、一念即空

即仮即中

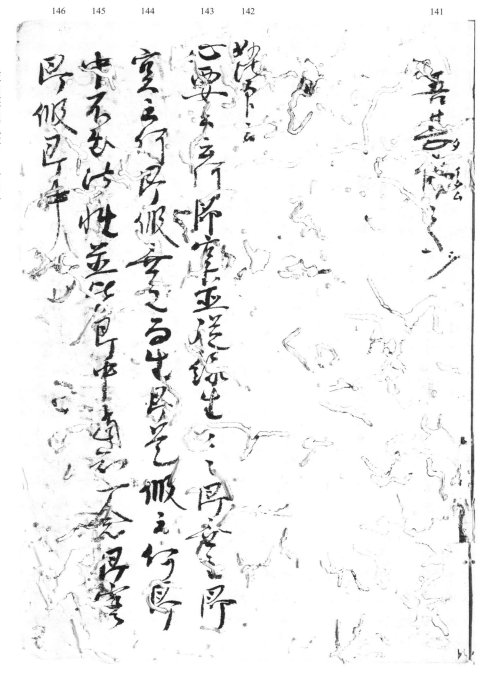

云

說六之即佛自受用之一實菩提流布云々
得故今云為自他中間云々

云々
止観開心
止禅止観要門事深淺宜真淺入乃妙
乘遮論無意要一ヲ作者ハ観ニ二諦シ也
今生所以證門有人云經説禅定堅
固者仏滅後第二五百年也時今遠
矣若今欲禅定根機此言合修禅不否
從前末法云佛滅後大分何論以入道二五

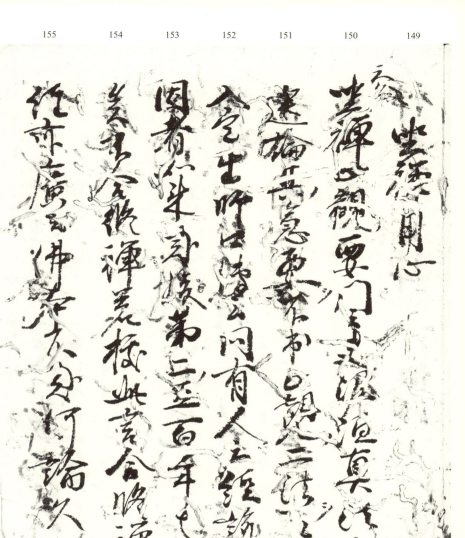

於聖教備本文以散更散等外開
魔説者
發同性教説集學定位可得見答
縁修此同能此禅定乃於人行之。
當會閻王問禅定之菩薩羅國般若意
後増覚禅之
禅要之習禅假現内全匠以無形作

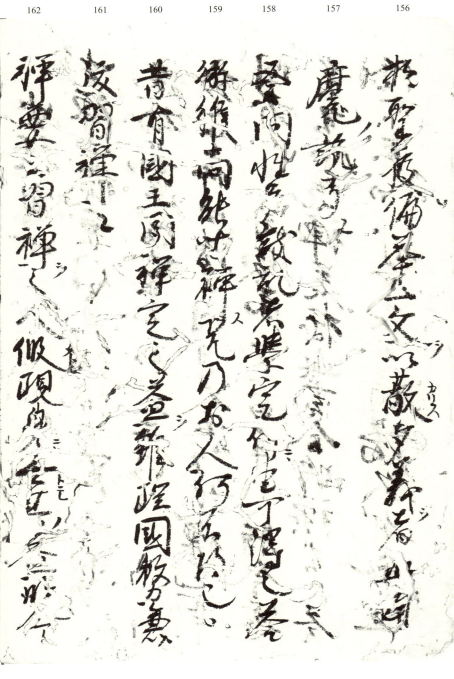

終之時天乃亡令之獨如飲湯含熱鐵二七
過非與牟時夏乃亡令
理此身寸南木不智觀渇乃起爲往幻象
證之
三乃纒左匡
世禰係挾穣要之纒彦作肆百高八寸屋
一尺八寸針也

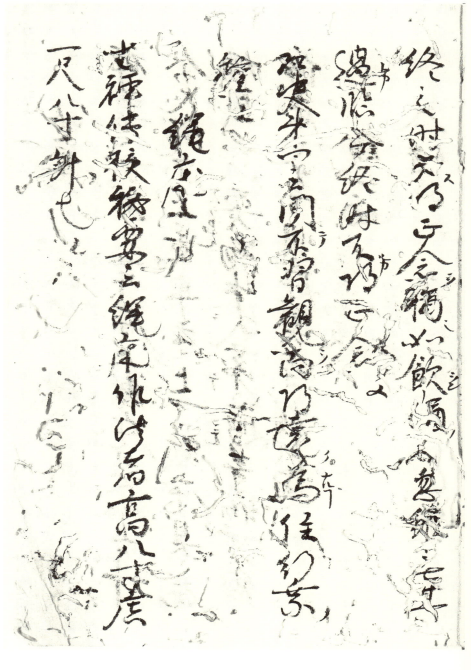

廿具
秘要云語云草座上敷座具今亦下
今文縄床上置草座上下敷座具之而
頌無以此要物中入菓蕎等物下敷
縄床之上等閑座具等頌也
鏡一面　懸尾後
入時

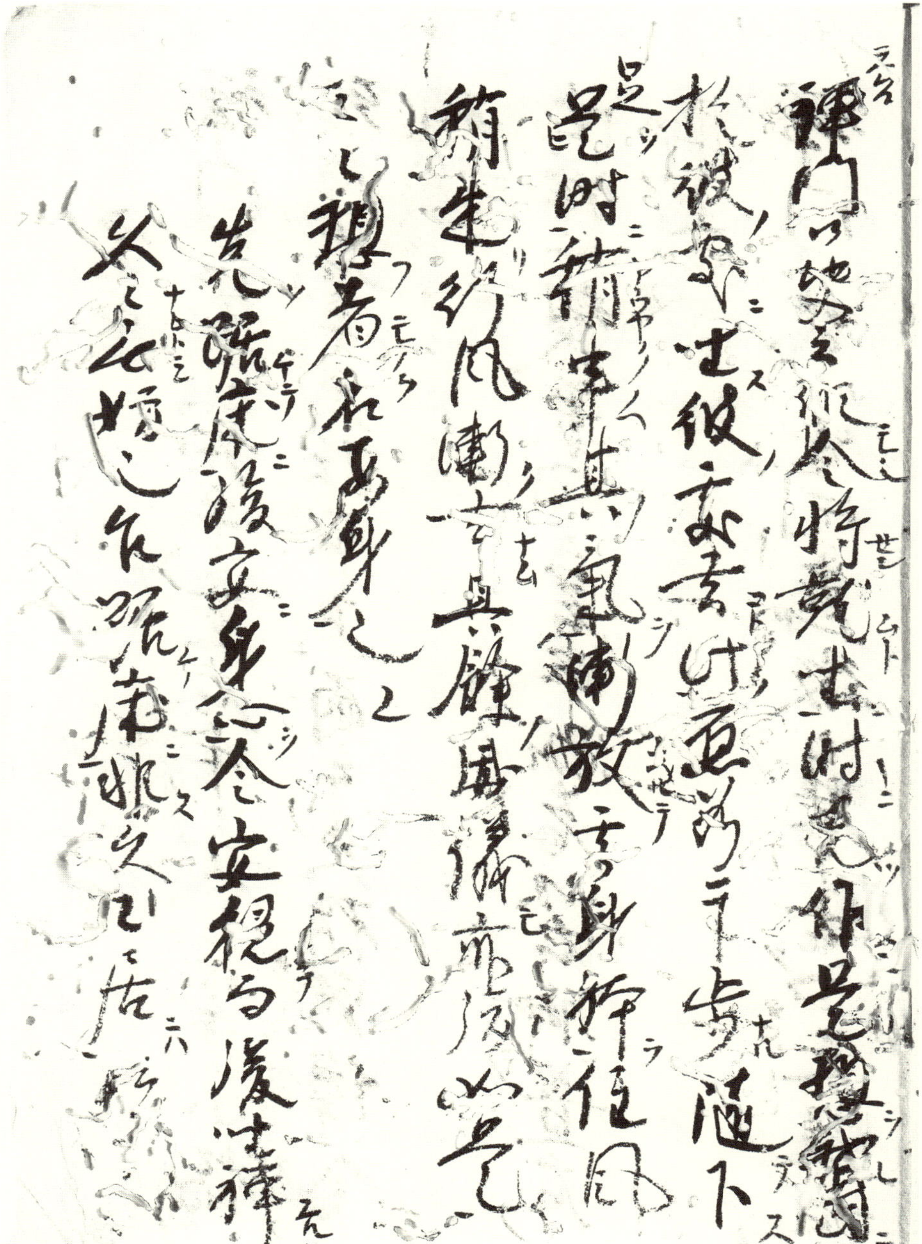

定印ト

禅門ニ安坐スル時以左手置右手上令左手ノ小指

頭柱右手大指ノ本ニ両手ノ大指頭ヲ綴合ヨ

相拄ヘ

也禅ノ観ノ要門ニ云若半跏者以右脚置左

脚ノ上ニ文

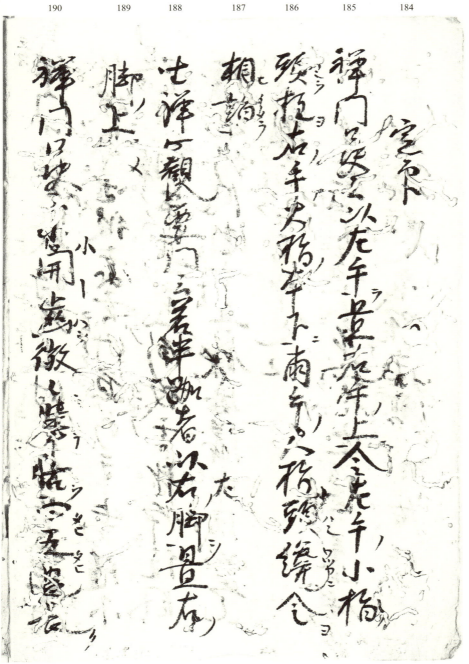

禅門ノ口決ニ云閉用歯微シ開キ唇ヲ柱ヘ舌ヲ合セ

世氣術返乎観縦細閉目勿令眼瞬
火急當使明中朧〻
経附
禅要云観念止住行誓意〻
金錍論云若曰観通若行住作證郭　法依修
耶舎云吾天門天地大小華山新飛大嶽
姆懐是集所之摩訶観一切法之双世立

法乃方便十法乗観於十境ニ足発観
所謂不可思議観道之大略也文
止観五云若従一心生一切法者此則是縦若
心一時含一切法者此即是横縦亦不可横亦不可
祇心是一切法一切法是心故非縦非横
非一非異玄妙深絶非識所識非言所言
所以称為不可思議境意在於此文

離言説之中説人我名眼處處
也一切衆生者亦一切諸佛悉是佛具
入判是大諸執見是即若是非中見云
清浄故観眼中等記羅漢等
入目現流之性然家者此不可思議不可云
即一切衆生皆入其中實之絶者實之
亦入者實之亦入者故名本覚法門也

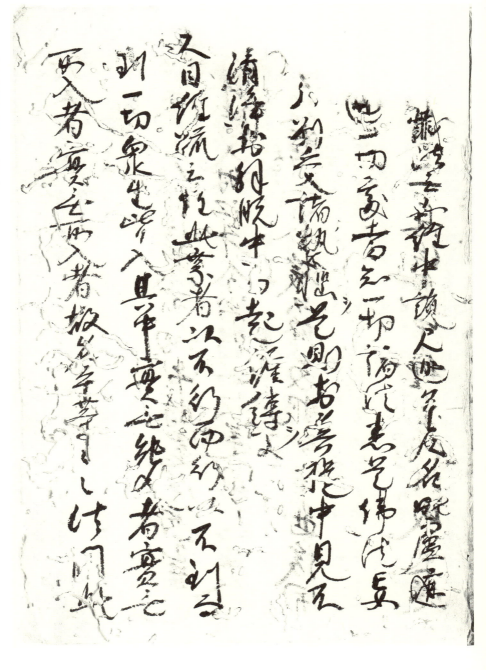

212 [illegible]大意云々文

213 [illegible]は

214 [illegible]之入時従底至頂[illegible]

215 [illegible]入時[illegible]

216 [illegible]

217 [illegible]

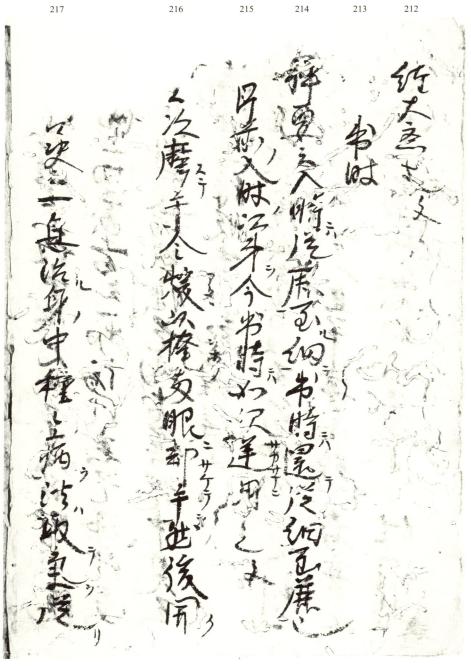

鼻即入令気満然後細々開口息
気自細量此息去処心従背中至腹下出
不浄一々解作眼時ハ息内脚心初作煙入
用此心自思処有雑病時須此息通
然後随痒処引気息従病処出空
無有病者即差云云　文
又云初時中有無量作行者今時一切勿皆

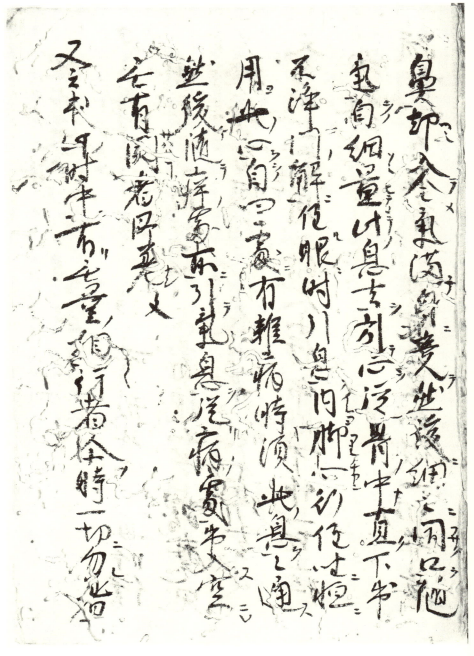

但妄念所起自無始
又云理性之中無異種〻変現作父母師僧
国王妻子眷属師子虎狼如是諸魔鬼
紛者当仮想所作令強被之害云〻
又云欲上上願用心法大小便利時不作一切工夫
出輯文
疏記十三雖触諸法実相無加被一切并薫ニ

備(カセ)威王(シ)花ニ表シ、於爲勸請ニ又有(ムミヤウ)
要文義其ノ義ヲ備ヘ、但一句一偈讀誦一色
一香無非中道文

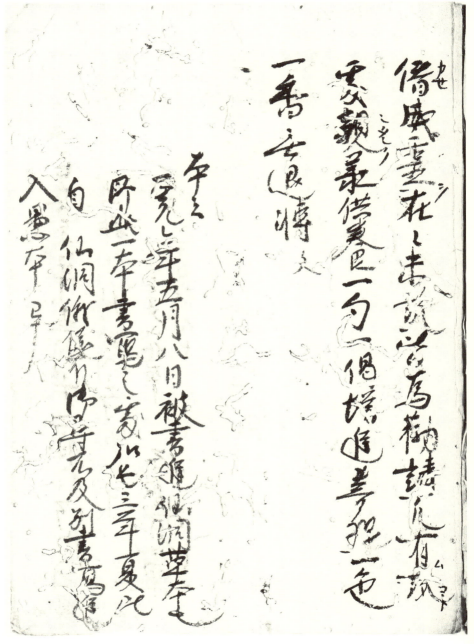

本云
寛元々年五月八日被書寫畢御本尊
所此一本書寫之寛弘元三年夏比
自仙洞御傳御尋有之及別書寫傳
入愚本畢

天台伝南岳心要　（遊紙）

天台伝南岳心要　（遊紙）

天台伝南岳心要　（遊紙）

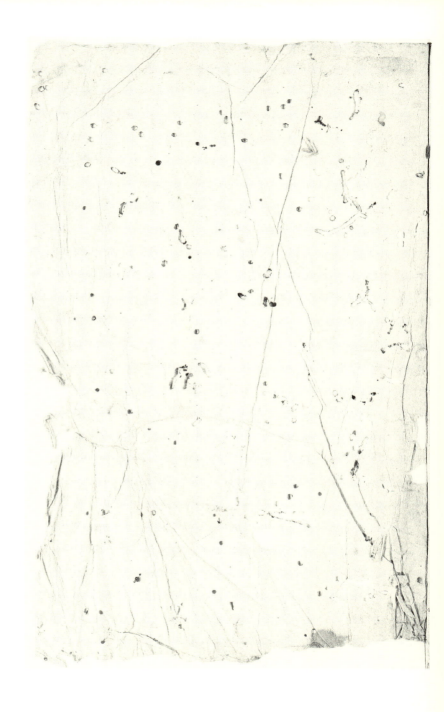

天台伝南岳心要　（裏表紙見返）

聖徳太子伝記

（南北朝時代写）

太子傳記

聖徳太子傳記

夫聖徳太子ノ本地ヲ尋奉ルニ救世観音ノ垂迹也然ルニ
数多ノ身ヲ受テ衆生ヲ化度シ給フ我朝ニ聖徳太子ト顕シ給フ
先ノ生ニハ晨旦国衡州衡山ト云フ所ニ恵思禅師ト申ケリ
彼ノ衡山ニ五ノ岳アリ一ニハ般若峯二ニハ桂楷峯三ニハ瑟目峯
四ニ曠觀峯五ニ紫蓋峯也爰ニ恩禅師ハ彼ノ第一ノ
般若峯ニ住シ給フ于時隋ノ文帝ノ大和八年丁未天ヨリ

達磨大師ト云テ貴上人来テ禅師ト勧テ自身東
海ニ国アリ其名日本ト云彼ニ仏法イマタイタラス然間生
受ル衆生一人モ生死ヲハナレスシテ空ク三途ニ堕在ス此山ノ
化ヲ蜀テ彼国ニ到テ衆生ヲ教化シ給ト勧テ我先テ彼国ニ
往侍ハヘルトテ衡山ヲ飛出テ東ニ向テ白雲ニ乗テ去リ給
其後禅師何クノ程ナクシテ達磨ノ勧ノ如ク衡山ノ化ヲ
蜀テ遷化シ給ヒテ御魂神シテ我朝ニ遠テ人王

卅二代帝用明天皇ノ儲君聖徳太子ト名ケ奉ケル是ハ
太子ノ先生ノ御在形也為ニ仏法大興ニ乃天竺ニ釋
尊ト出世シ給テ八万四千ノ教法ヲ説キ十方三世ノ諸仏ノ妙義ヲ
以テ六趣四生ノ群類ヲ育ミ悟セシメ給ヒ又三宝ヲ傳来シ
トフラハ日域ニ太子誕生シ給テ四十六ケノ伽藍ヲ建立テ玉ヘリ
抑四天程遠ク雲海ニ隔テ久シハ時代カニカフルニイト
三アラス晨旦ニハ古風ヲ傳國ノ周ノ十二代ノ帝ニ照王

廿三年甲寅歳ニ當テ月氏ニ釋迦如来出世シ給ケリ
在世八十年ノ間ニ大小乗顕密ノ諸経ヲ説キ顕シ
給キ是ニ正法像法末法ノ三時ノ教行證アリ先ツ
正法一千年ノ間ハ佛法餘国ニワタラス只五天竺ノ
中ニ於テ盛ナリ證果ヲウルモノ数ヲシラス然ルニ像
法ニ入テ十六年ニ後漢ノ明帝ノ御宇ニ永平十八年ト
云ニ時ニ迦葉摩騰竺法蘭ト云二人梵僧佛

教シ白馬ニ負セテ西天ヨリ始テ漢土ニ渡シ来ル漢ノ明帝大ニ
悦ムデ仏教ヲ請取奉リ王宮ノ西ニ寺ヲ起テ白馬寺ト号ス尓シヨリ
ヨリ仏法漢土ニ盛ナリ既ニ三百歳ヲ経テ百済国ニ到ル百済
国ニテ一百年ヲ未ダ過サルニ日域ニ伝ル是レ像法ニ入テ一百
余歳如来滅後一千五百十六年ニシテ我朝ニ始テ仏法
渡リケルゾヤ此時我朝ノ帝ハ人王卅代ニ当テ欽明天皇ト申ス
治天下十三年壬申十月十三日ニ百済国ヨリ一光三

尊ノ弥陀像ハ金銅ノ迦並ニ智度論百巻ト是ヲ送リ
奉ル試ニ供養ヲ宣フ時ニ當テ国ニ疫病起ケリ是レ三宝ノ
咎也トテ仏像ヲ捨テ畢ヌ本ヨリ来屡仏法ノ
名字ヲ聞ク隔テ年序ヲ十八年ヲ経テ廿八正月一日ノ
夜欽明天皇第四ノ皇子ノ后ト去年庚寅ヨリ又イリ
アリケルカ皇子橘豊日ノ尊ノ后穴太部ノ間人ノ
皇女ニ入ル寝アル所ニ金色ノ僧夢ノ枕ニ来テ妃ニ平シテ

云吾救世ノ菩薩アリ妃ノ胎ニ宿ラン妃答テ曰ク妾カ胎内ハ垢
穢不浄也何貴人ヲハ宿シ奉ラント僧曰ク吾ハ更ニ垢
穢ヲ厭ハス只願クハ人間ニ感セン事ヲ妃又問テ云ク
是レ誰トカセムト僧云ク吾ハ是救世ノ菩薩也家ハ西方ニアリ
暫ク衆生ヲ度セントカ為ニ妃ノ胎ニ託生セムト思フト妃敢テ
辞シ玉ハス左右モ命ニコソ随ヒ奉ラントアリ僧悦ノ色ヲ含テ
躍テ妃ノ口ノ中ニ入リ給フト思テ妃即チ驚キ悟サメテ喉ノ中ニ猶備

粧ヲ香スルカ如シ妃大ニ奇テ皇子ニ語ハシム皇子答テ曰ク
你カ胎ヲ不ハ借ラ聖人ヲ得テ生レ給ハン吾養ニ孕ラント
有リ妃即懐妊妃ノ后ニ地アテヨリ後ハ性睿敏ニシテ
動止閑麗ニ掩機辯捷ナリ八月ヲ経テ胎内ニテ
言外ニ聞于天王并ニ后是ヲ聞給ナツ生レテ生スクイ
悪ミナキ事シイサメツヽ法扉ノ開テ正理ノ道ニ入ナン　是胎内四弘也
又云

我ヒ急ナ世ニ於テハ迷ノ衆生ヲ救ニ我カ本師ノ居タマフ所ニ疾トク
往生スルコトヲ得セシメン
隣ニ依座ヲ近ク成リ給フカナト被仰云　然ルニ其年モ依座ナリ
之ニ依テ之カ八伯王子ニ語テ云ハク　尊父欽明天王天
トツ治マフコト卅二年辛卯四月廿三日御年六十三ニシテ
之テ磯城嶋ノ宮ニ之テ崩御成リ給ヒヌ　又
即高市郡檜隈ノ陵ニ葬奉ル　今檜隈ト云ハ

彼何届ナリ　然ルニ妾有侍ノ身ヲ以テ空ク
月日ヲ送レリ凡女人ノ懐妊ハ死期ニ近シト云リ産
ナクシテ去年モ臨ニ逼マテ定テ死ノ道テノカレカリケル
ヲ今正月元日ハ隠々ノ君者ニ宮中ヲ巡リ遊アルコト作
アリシカハ王子誠ニシカルヘシトテ宮中ノ四方時随ワ
荘厳并ニ妾ソ棒ヲ諸ノ女孺侍従シ付奉テ御遊
アリ既ニ御馬屋ニ到テ御馬ヲ御覧見セラレ所ニ后

覚ヘスシテ俄産アリ女孺驚寄トメ抱取奉テ
寝殿ニ入奉ル妃亦恙ミシニサスシテ静ニ陰内ニ禰
皇子大ニ驚給テ彼ノ産所ヲ見給フニ赤黄ノ光リ西ノ
方ヨリ来テ殿ノ内ヲ照ス良久シテ光モ止ミヌ又此異ヲ聞
白テ驚ニ命シテ来テ問ニ所ニ又金色ノ光リ内ニアテ照晄ス
敏達
天王大ニ異ニシテ群臣ニ勅シテ曰ク此ノ見リ後ニ為ス世ノ異ナルコト
有ントテ即チ有司ニ命シテ大湯坐若湯坐ヲ定テ沐

治セシメ給フ千歳赤染春井此三ノ井シホラミ
メラル千歳ノ井ト云ハ厩戸ノ西南ノ岩ニアリ赤染ノ井ト
云ハ宮ヨリ西北ノ原ニアリ春井ト云ハ此宮ノ東南ノ丸
仙ノ洞ト云所ニアリ太子沐浴ノ後天皇先ツ吾レ懐キ
妙ナル綾ノ襁ニツヽミテ太子ヲ請取リ給フ太子ノ身体
厳シクテ玉ノ如シ膚馥シクシテ梅檀流ノ毛孔多ケ
天皇弥ヨ悦テ長ク后ニ抱セ奉ラル此后ト申スハ後ニ推

古天王ト申スハ廿三代ノ帝是也此后ヨリ又豊日ノ
尊ニ授ケ給ヘリ尊ヨリ此母ノ間人ノ妃尊ノ渡シ奉リ給フ
后ハ懐ヲ開テ太子ヲ抱キ給ヘハ太子ノ此身ヨリ異香薫シ
テナノメナラス一度モ人ノ死穢ニウツリヌレハ数月ヲ経シ
トモ消ル事モナシサル間宮ノ内ノ人ニ我モ我モ争テ懐キ
奉ル此乳母五人ヲ定メラル所謂玉照姫玉女姫月
懐姫 日懐姫 君光姫也 玉照姫ハ宗ノ座ノ大臣ノ女

女安姫ハ姊子ノ大臣ノ娘 月觴姫ハ蘇我大臣ノ女 日
觴姫ハ近江ノ大臣ノ娘 唐花姫ハ秦ノ連ノ女也
此ハ元興寺ノ記ニ見ヘタリ 平氏カ傳ニハ三人ト見タリ 松カ
傳ニハ十二人ト云ヘリ 然間上ハ天子ヨリ妃ス奉リ下ハ
丈夫等ニ至ルマテ請取渡シテ系ヲ以テ玉臨姫ニ授ク
如クシテ三日ヲ經シテ中ハ大安ヲ設テ皇女ノシテノ
其ノ奉ル事七月十五夜ナリ天皇ヨリ諸ノ膳物并ニ

種々ノ味物ヲ献セラル是ハ今ノ世ニ産生食ヲ為ル事ノ
始メナリ然ニ沐浴ノ後太子ノ御手ヲニキリ開キ給ハス天子
及ヒ御相達大ニ此ヲ異シ玉ヘリサアル程ニ四月ヲ経玉ヘル後
能クモノカタリシ玉ノ後ミタリニ泣キ叫ヒ給フコトナシ此年四月
三月鳴ノ宮ニシテ御諱淳名倉太玉敷皇尊ノ
御即位成給テ敏達天皇ト申ス欽明天皇第二ノ御
子也御母ハ石姫ト云フ宣化天皇ノ娘也

太子二歳〈癸巳〉春二月十五日ノ平旦ニ乳母ニ謂テ曰ク
吾レ今日ハ年来ノ宿願ヲ果スヘキ也汝テ吾ヲ抱テ東ニ
向ヨト其時乳母答申ク所ノ事始メナリ争カ私ニ向ヘ
奉ル乎ヤトテ多ニ太子六備給フ色ニテ自乳母ノ
膝ヨリ下テ東方ニ向テ掌ヲ合テ南无佛〻〻〻ト唱テ
毎辞シ給フ其ノ合掌ノ内ヨリ光明アリテ照曜ス乳
母ハ佛ノ名字トモ知ラス況ヤ佛舎利トハ思モヨラス只尋ヨ

常ナラス法師言セトテアナイニクミ本サ様ガ此法
言アル（カラス）ト申ス太子法ニテミ有テ孔母ノ制シ
申スヨリ給ハズ然而ニ太子ノ法指ヲ子細ニモ一ヽニサス乳
母コレヲ大ニ書ツ然ルニ猶太子ノ法師言ハ深ク諫メ奉ル
トモ七歳ノ時ニテ是ヲ不作トシテ南无佛ト誦ヘ唱ヘ（ヌ）
礼拝ミルコト彼ノ南无佛ノ法師言ハ誠ニ我朝ニ佛法傳
燈ノ始ナリ其ノ奉ル内法会等ハ今ノ法隆寺ニ收在シニス

是也抑此御舎利ハ太子前生ニ勝鬘夫人タリ
シ時ニ御父波斯匿王ヨリ傳ヘ領リ給ヘル御舎利
ナリシヲ夫人ノ佛法弘通ノ宿願ニヨテ東海国ヘ
来生ノ為ニ遷化シ給シ時ニ口ニ含テ終リ給ニケリ晨
旦ノ衡山ニ六生ニテ生シ給ケルニモ生ルヽコトニ必母
胎内ヨリ手ニ奉持シテ生シ給ケルトカヤ今日本
国ニ来生シ給フ時ニモ母后ノ胎内ヨリ持シテ出給ヘル

也。文當ヨリ太子ノ南无佛ノ時ニ至ルニテ我朝ニハ佛
法ノ名字ダニナカリキ。然ルトモ敏達天皇二年癸巳二月
十五日ノ南无佛ノ稱号ハ偏ニ万法ノ根基ナリ。一葉
粟ノ蒔ナルハ九穂ノ菓ノ三稱ヲ因以テ万法ノ種ナカす
リ。彼法舎利七歳ヨリ以後ハ瑠璃ノ壷ニ入テ安置供養シ
給フ。　昔天竺ヨリ摩騰迦葉竺法蘭ト二人ノ
梵僧佛法ヲ傳燈ノ為ニ聖教ヲ白馬ニ負テ大唐揚州ニ

来テ此由ヲ奏聞ス漢ノ明帝此趣ヲ聞テ国中ニ告勅アリ
撰ス此聖教ヲハ信受スヘシヤ否ト群卿並ニ道士儒者
等各々異計ヲ成シテ共ニ是ヲ信受セスシテ大ニ軽
慢シテ即チ捐捨セント擬ス爰ニ二人ノ僧聞奏シテ云ク
西天ノ教法ハ釈迦大聖ノ内教也東夏ノ典籍ハ俗典ノ
外教也争テカ外典ハ法ヲ貴シテ内典ノ教ヲ捨ント頻ニ
訴ヘ申スコレニヨリテ勅シテ曰ク不称両方ノ教法ヲ

會合シテ驗徳ヲクラフヘシ其ノ勝負ニ隨テ信不ヲ定ム
ヘシト是ニヨテ各驗徳ヲ施ス忽ニ天ニ昇リ地ニ入リ火ヲ出シ水ヲ
流シ風ヲ吹セ雨ヲ降ス或ハ震旦ヨリ象王ノ形ヲ天竺ヨリハ師
子ノ形ヲス又震旦ヨリ大龍ノ形ヲ天竺ヨリハ金翅鳥ノ形ニシテ互ニ
勝劣敢テ見ヘス爰ニ道士巧ノ廻シテ月光ヲ奪ニ取テ彼ノ
天竺ノ僧ノ頂ヲヤケヨコカシヨト照シケリ今ハ天竺ノ僧ハ
負ナムト見ヘケルニ僧ハ敢テサワカスシテ佛像ノ

取出テ呪ヲ誦シテ履屐ハ投ケ上ケタリ金ノ舄忽ニ空中ニ
上テ大光明ヲ放給ヘハ日輪ノ光モ金舄ノ光明ニオホヘ
シテ清涼ノ数ニ成ニケリ其時明帝ノ白ク詮スル不ハ式
経晨旦典ハ経籍ツ一火ノ炬ニ投入テ共ニ以テ是ツヤ
カンニヤケサランシツ實ノ教ト云ヘキナリト勅命ニヨ
リテ両方ノ教籍ニ以テ火ツ放テ是ツヤクニ佛教ハ
一巻モ更ニ以テヤケス大唐ノ典ハ籍書ハ皆ニ焼失ニ

有リ但シ残ル物トテハ孔子老子教文計也其時
天子大ニ驚キ敬給テ彼佛教ヲ佛家ニ給ヘリ惣シテ
佛法ヲ興行シ衆生ヲ利益スルヲ得ラ令事ヲ
以テ先トス故ニ上宮太子モ悲母ノ胎内ヨリ手ニ舎利
ヲニギリテ南无佛ト稱シ給フ是偏ニ救世観音ノ
方便ノ善巧也ト知ル事本ナリ

太子三歳甲午春三月三日桃花ノ艶ヲ以テ御父豊
日尊御母間人皇女共太子ヲ乳母ニ抱セ奉テ厩
戸ノ宮ノ春井ノ園ニシテ桃花ヲ御覧シテ遊ヒ給
時御乳母ニ抱カレテ太子皇子ノ御ツハニ居在ケルニ
又尊太子ノ御ン人ニ為ニ桃花一枝松葉一枝ヲ
折テ御手ニ擎テ吾カ児何レトカ思フ桃花ヲヤ
樂ミトスル松葉ヲヤ貴ヘセント思フト太子ニ大

衣ハ千ツ伴テ花葉ヲ取リ結フ又ノ王子甚タ奇テ
問テ曰ク幼サノ心ニハ皆色見ル物ニ翫ル事常ノ習也汝
今色アル花ヲ捨テヽ色ナキ松ヲ取ルコトハ何ノ心ソヤ太
子答テ曰ク実ニ桃花ハ色モ目驚カシ香モナツカシク
侍レトモ猶開クル花ハ必ス落ツフルヨリ日ニ萎ミ風ニ
散ル松柏モツイニハ雪ニウツモレ霜ニシホレテ替ルトモ
為ス千秋ニ色深クシテ仙洞ノ翫モノナリ故ニ阿況カ

愚ナル心ニモ色香ニ耽ル（カラス）偏ニ近ク ハカナキ
物ノ散ル久ヘク妙ナル物ノ麗ヒ停ト思ヘナリ又桃花ハ
一旦ノ栄物松葉ハ万年ノ貞木也ト管（玉ヒ）ヘハ又
皇子是ヲ聞食テ母カ言ハ逞テ理リ有ニ吾カ知ル
不ルハ及ハストテ大ニ悦テ鍾愛シ給テ則乳母ノ方ヨリ
吾カ取勝ヘキ松ヲ取給ヘハ太子思畏テ曰ク所見物ノ
儀シ業ナル人ハ天地ノ間ニ生レテ栄花ノ春ヲアサケ

リ寵恩ノ秋ニ未コル背是レ二親ノ恩徳也恩山実ニ
高ク徳海是レ深シ報謝何ゾ及バン然ルニ今ニ愚児カ
身トシテ御膝ニ侍ランコト百丈ノ巌ニ昇テ千尺ノ波ニ沈ガ
如シ太ダ畏レ太リ危キ事也トテ太子敬ヒ辞シテ
御父ノ御膝ヨリ下リ給ヘハ皇子并ニ妳母（メノト）以下ノ侍従（オモト）（モト）
等ラ不思議ノ御抱取リ也トテ敬ヒ愛シ奉リ給フ丈シ我
朝ニハ昔ヨリ今ニ至ルマデ佛法ナキ故ニ貴賤更ニ佛法ノ

縁生ヲ知ラス賢愚又因果ノ道理ヲ弁ヘス只神ヲ
敬ヒ鬼ヲ祭ル術ノミ知レリ其ハ太子桃花緑葉ニコ
トシテ寄テ衰タル世間ノ無常ヲ表シ高息ヲ亀春ニシ
中ニ統アリ識ニ是レ大士善巧ノ方便也(已)

太子四歳ノ春正月ニ内文豊日ノ宮ニ所ニ都テ
諸ノサナキ王子達其戯遊ニ給ニケリ其中ニ從
腹ノ王子ニ摩呂古ノ親王箇城王子林ノ王子トテ王
ソ有在ニケルカ勝負ノ道ヲ争テ太ヲ以テ闘死拏為ニ
又王子闘呂テ六借ナラ世給テ皆シモトヲ以テ王子達ヲ打給ハ
王子達恐怖ニテ啼迯ニテ隠玉ヒヌ又太子衣裳ヲ脱テ裸ニテ
ニテ獨ススミ給ツリ南殿ノ邊ニテ内文ノ王子ニ行向玉フ王

子夫ニ瞭テ目ヲ海違何ソ兄弟不和ニシテ喧ク争テ
穏便ナラサル故ニ今皆ソ以テ追ニ背脱ニ隠麦ス海何ソ
獨進ニ来ルヤ此時太子ノ拳ツ合セ膝ソ屈シテ王子并ニ
皇女ニ向奉テ曰ク此ヨリ上ニハ日月星宿光ソ比テ物ソ
照シテ陰ナシ是ヨリ下ニハ堅牢地神負ニ宮負
衆眼ソ開テ善悪ソ勤ナヘ縁アリ従ルシ阿兜不
春ノ舟ハ乙テ満ソ天ニ立テモ逢ル事ニシ有ヘカラ

又流シ地ニ滴テモ涙ヲ幸トシウヘカラス況ヤ苦中ニ
テ以命ヲ背ラハ女児年ヲ迴ル乎備スレハ又其子シ
朽テ識ルハ恩カレトニハ挑ス其才ヲシ安穏ナラシメンカ為
也故ニ孔子曰ハク母ハ只悲ミ深シテ喜慈厳タリ又ハ
慈喜ヲ悲而深ニトヘリ是以テ又其子ヲシテ教ヘシム為杖シ
以テ識ルリシ愛スル也佛教所ノ文也トヘリ阿見遊戯ノ
故ニ文テ遊宴ヲ先トシテ今ニ宿モトセス而ニ今日フ

妙ナル御教ニ預ルトモ衣ヲ脱テ首ニ著ツ受テ御教誡ノ
カリシミトモ侍ル（下七ノ給ケレハ御父王子文ニ仰給テ
大ニヱミテ目ヲ瞋シル秦（コラ）ニ笑顔ニアリツラフミトミエ（ツ）咲カ
岐嶷（サカシキコト）只今日ノミニ怨ストテ懐ツ開テ抱キ給ヘハ太子御カ
甚ツ馥リミシテ流檀香ツミエタリ母ノ后モ又同ツステ
寵愛シ玉ヒ給フ時ノ人モ大ニ是ツ貴ミ审ミケリ賓ニ
ハ父ノ慈ニ母ノ悲之（下テ又母之慈悲ハ佛菩薩ノ慈悲

煩ヘタリ然（シカレ）トモ世間ニハ親ハ觀音ノ慈悲ニ替タリ故
世觀音ノ慈悲ハ之世常恒ニシテ晝夜寤寐ニ斷モ
一切衆生ヲワスレ給ワス又母ノ慈悲ハ賤リ貧ル隙カモ
ルヽセシハ觀音ノ慈悲萬ノ六道四生ニ施シ十方三世ニ利
益ヲ斷タリ給ワス真慈悲遍取テ又母子ノ恩ニ添シ
卑ナリ其母ハ只一筋ニ子ハ然ナ物トノミ思ヒ入テ悪シモ
ニリ一ニス了吾ケシハ弥（ヨ）愛シテナニワノ事ニ付テモ心ニ

任セ随テ不須叉ニ叶正ス亦叉慈ト申ス行馬ニ
仏ヲ祈ツ始ヨリ介雖シテ久カハ乞ムル共ニテモ又慈ハ
備ニ深キ故ニ父ハ経ニ説ク母ハ至テ親シテ而不尊キ君ハ
敬ヲ尊ケレトモ不親ナラ唯父ノミ尊ヲ観シテ我ニアリ
亦内典ハ備ニ母ノ恩深シテ劉ニ叶タル見アリ
其故ハ経ニ云ク慈父ノ恩ハ高キコト如山王ノ悲母ノ恩ハ深キコト
如シ大海ノ我若シ住セ一劫ニ説トモ悲母ノ恩ヲ不能尽

云ヘリ是ハ上宮聖皇内外両典ノ法ニ能ク我朝ニ
孝養ノ手始シテ始メ給ヘリ誠ニ是伯孫カ母ノ杖ヲ泣シノ
歎ケル之勝タリ曾参カ琴ノ調ヘル高孝太子ノ孝ニ云
及ソスコレヨリ本朝ニ孝養又母ノ報ヲ衛ノ鐡也
中――

太子五歳丙申春三月ニ敏達天皇豊御食
炊屋姫尊ノ立テ皇后ト為給フ其日大臣公卿
参内シテ御悦申アリ左大臣ハ小野臣妹子
右大臣ハ蘇我大臣大伴勝海連同咋子ノ
臣巨勢徳太丸阿倍倩鄙ノ臣大鄙ノ鄭子連
大伴糠手子ノ連大臭郡根子ノ臣小野目子
連鳴甬丈夫ニ汝多丈丈七丈丈已下ノ百官

等參内ス爲ハ太子ノ自ニ礼儀ヲ正シクシテ行儀シ
其リニテ左右ノ大臣七ノ丈史ニ相伴ノテ參内ニ給フノ御
裳ハ十市郡ノ鰻欅ノ澤田ノ宮セサ住居ハ金鳳ノ宮ノ
畫ニ栴檀赤木ノ調造リ瑩キ給ヘリ書閣奇麗ノ宮
殿也太子ハ大臣等ノ前ニ立テ停ク歩ミ近ナテ皇后ノ殿ノ
庭ニシテミコトニ敬テ見ル參ノ板ツフミナラシ殿中ニ入テ
天皇并ニ皇后ニ向奉テ奉拜シ給ニ所有安念竃舞

後傅ヲ姉母ニ抱カレ給フ又其時乳母太子ニ向奉テ言ク
吾カ君何ノ故ソ大臣ト共ニ皇后ヲ辞シ奉リ給フ哉
太子答曰ク汝吾カ意ヲ知ラス吾レ利生ノ為ニ假ニ
王宮ニ生シテ既ニ五回ノ春秋ヲ經ト云ヘトモ未タ本
跡ヲトケス然ハ當帝ノ御代モ吾カ本懐ヲトケカ
タシ吾朝多帝ノ御中ニ此皇后ノ御代特ニ佳
善ノ所ニシテ西方ノ果ニ遂ル故ニ未然ヲ鑒テ

是ヲ拜シ奉ル也ト答ヘ給ヘトモ父母ハ未タ知ラス只
不審ニノミ思シキ爰ニ我朝佛法流布ノ生来考欽明天
皇十三年壬申百済国聖明王使ヲ差テ波地陵ニ
獻シテ佛像經論ヲ送渡給ケリ其ニ吾朝尾
越大連及テ朝臣等各佛法ヲ破滅シテ又敏達天王
即位二年癸巳二月十五日始テ佛法ノ名稱アリシカトモ
只稱言ノミ被覆シテ更ニ佛法ヲ思敬サリケリ

然ルヲ自敏達用明崇峻三代ヲ経テ後炊屋姫ノ尊
推古天王ト顕給ニシ時ニ太子歳廿七ヲ懐シ起テ仏法ヲ
興行給ヘリ同年妹母ニシテ日羅文書ヲ習ヒ
上宮筆墨ヲアツエヨト時ニ墨筆トシ楼来ル又百冊
国学ヲ弄シテ左テ方典師トス王右軍ガ之書ヲ様
来ル太子百様子学ヲ習給ニテ子ヲ経業トシ流スト
電光如ニ王右軍書ヲ学テ頃ニ異朝ノ新シヲ得

縫テ内業ト蹴落ケテ時ノ人大ニ是ヲ奇ミ不思
議也ト云〻

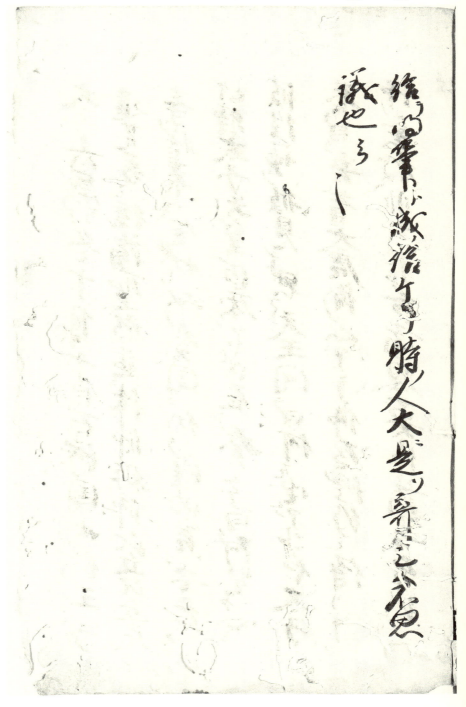

太子六歳丙丁冬十月十日百済国ヘ大別王ヲ
遣サル處ニ經論聖教並ニ律師禅師比丘比丘尼
等ヲ將來ス其状ヲ以テ奏聞ス仍テ澤田宮ニ安置ス
此時太子天皇ノ御前ノ下ニ在テ奏シテ曰ク阿児カ心ニ
彼經論ヲ被見ント思フト天王問テ曰ク何ナル由アルソヤ太子
答テ曰ク昔者大居衡ニアラフ佛道ヲ修行シ侍リキ
佛ノ要教ハ非有非無諸惡莫作諸善奉行ナリ

故ニ今渡シ奉ル所ノ経ハ諸聖ノ見シ君ノ天王ニ大斉テ又
問曰ク汝六歳也獨リ朕カ家ニ在テ何レノ時モ稱去ヌ何ノ日ヵ
衡山ニ在シ何ノ時ニカ其業ヲ學シ何ヲ以テカ如ク許ル
ヤ時ニ太子奏シテ曰ク阿児カ勤ノ行ノ事也其事今
心ニ肯フ可シ也トテ文王是ヲ聞シ食テ手ヲ拍テ大ニ奇シミ給フ又
群臣モ舌ヲ鳴シテ清貴ニ敬ヒ奉ル仏太子彼経ヲ備ヘ見給
ニシトノ奏聞ヲ宿世ノ時ノ事ヲ懐念シ玉フ當代ハ彼乗ル

爾ノ経巻ニ真偽有無ヲ決シテ信受ノ旨ヲ廣メ給ハンカ
為也又百済国ヘ大別王丸等ヲ遣ス事ハ國政ノ
直曲ヲ聞食サンカ為也然ニ君ノ命ニ経論聖教ヲ将
来セリ各安然トシテ如俗ノ知ラス依テ太子先以
注意ノ因縁ヲ述給ヘリ其レニ仏ノ無教如来ノ金
言ノ所説ニ遍リシテ音言ノ力ス微塵ニ越ヘタリ而ニ今
非有非無ヲ説テ如来ノ無教ト参同セシメ給事

深ク其故ヲ思フニ已ニ衆徳ヲ證シテ一切有為ノ法ニ達シ
非ス有ト無ニ如ク是ノ正ニ観察シテハ能ク見ル真実ノ佛ヲ
是レ中道実相ノ妙理ナリ又天台ノ玄義ニ云ク心ハ如シ幻炎ノ
但有リ名字ノミ名ケテ為ス心ト適言ニ其レ有トモ不見ス色
質ヲ適言ニハ其レ無シトモ又起ス慮想ヲ不可以テ有無ヲ思
度ス故ニ名ケテ心ヲ為ス妙ト云云　此レ一実真相ノ首也生死ノ
本ツ中ノ心也佛教実ニ有無ヲ離レタリ非有非無ニ非ス

非有非无也然ルニ四句絶ル時ハ備ニ此ニ非有非无
任セス是シ非有非有ノ心路ノ妙理也又諸悪莫
作諸善奉行ト是レ三世諸佛ノ通戒也先ノ非
有非无ノ者自淨其意ニ當ル也
展且自樂天ト云フ風月遠ク肴アリ内典ニ心ヲ介
殊ニ外典ヲ翫ヘル者ヲ擬スル文士アリキ尋陽ト云フ
流セシ人ヲ聞テ帝轉變无コト浮雲ニ流テ

以ノ葉花萼朧之風前ノ燈春夜夢ト観シテ一日
尋陽ノ之折ヽ道伴ノ同ク爰ニ鳥窠（道林禅師）和尚ト高木ノ上ニ
棲ツカナテ更ニ定ニ入ツ留テ卅余年人家ニ至ラス三十
年睡眠ヲ断テ妄想ヲ留テ坐禅行道ス伝アリト
問テ楽天曰ク参シテ問テ云ク云何是仏法ノ大意ト
僧答テ云ク諸悪莫作諸善（衆）奉行ト楽天又問テ云ク此レ
是三歳ノ嬰児モ道得ヘシト僧ノ云ク三歳之嬰児モ

道得ス事ハ是ナレトモ八十ノ老翁モ行得難事
不能ストハ此時樂天名誉文士ナリシカトモ赤面シテ
衣ヲ巻テ退許タリ因リテ太子モ又多經論ノ文句ヲ差
置テ天王ノ以宗ニテ此言句ヲ述給ツ生死解脱ノ
妙理也能ヽ可思シ也
一太子十六歳ニテ天王寺立ツ　四十二歳ニテ廟所太子ヲ之宮立
同太子五十歳ニテ死ス

抜倒懸罣
ウラフノ鬼
元想天　五那含天魔スム
他化自在天見
大日ニ魔
親ソフ申ことハこれカしイだり
さらべの鳥丹ハ白サイ人世

佚名孝養説話集

（室町時代初期写）

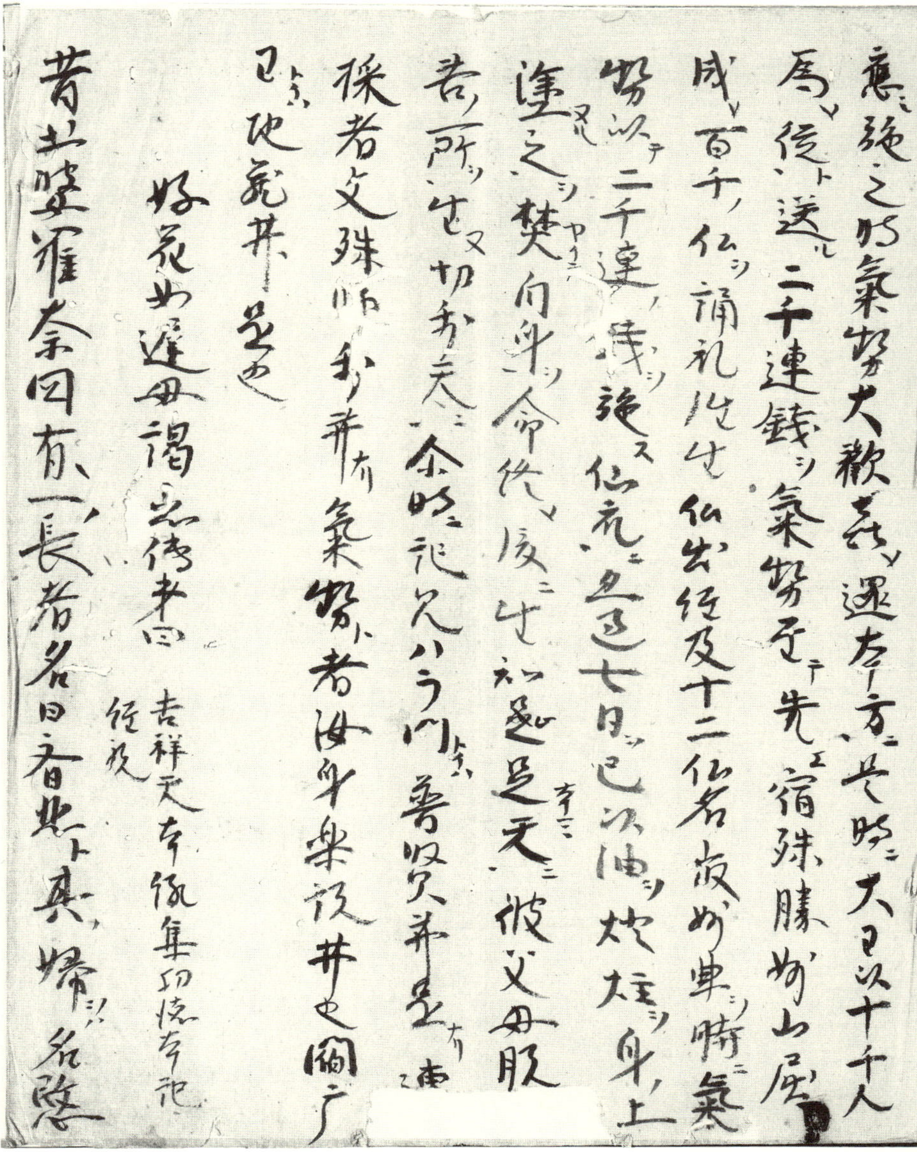

悪ニ施之時衆生大歡喜シテ還本方ニ其時ニ大日以十千人
為ニ従トシテ送ル二千連銭ヲ衆生受テ先ニ宿殊勝ナル妙山居ニ
成ス百千ノ仏ヲ誦礼作ス仏出経及十二仏名ノ寂妙ノ典ヲ時ニ衆
生以テ二千連ノ銭ヲ施ス仏元ニ急迎七日ヲ已以由シ焚在シ身ノ上
逢之ニ焚向身ニ命終ノ後ニ生ス初ニ忉利天ニ彼父母服
者ノ所ニ生ス又切利天ニ尒時ニ從ハラ門ス善吹米生有
採者文殊師利井ニ衆生ト者悔身楽設井也個广
日トシテ地蔵井ト是也
好花如遅毋謁出佛本曰　吉祥天女佩集切徳女池　經教
昔婆羅奈國有リ一ノ長者名曰春奘トモ其ノ婦ヲハ名ヲ陰

閻羅ト羅雀タ、有リ一ノ女子端正ニシテ比世ニ希有ナリ故ニ名好花ト父
母愛スルコト如眼目ノ三歳ル間タ父ノ父命終又尓時ニ其ノ母与子相携
乃テ経歴ス彼ノ子年七歳ル間ニ福盡テ有ルコト飯食ヲ尓時ニ母告
子ニ言ク城内ノ衆落ニ都テ无ク米粕之俗シ云何ニ済命ヲ汝自リ
我住所北方ニ不遠カラ有リ豊楽山名ハ波多落ト尓ルニ彼ノ山林ニ有
月義之菓我在ニ夫ト時ニ数々性諸ニ彼彼所ニ其ノ苗ニ
助ケ我レ汝カ外ニ續ケ我命ヲ作是語ヲ已テ母子共ニ相将テ向ニ北ニ
其中間ニ有リ一大河度ル人ノ以帝ニ割外シテ尓時ニ悲閻羅
諸彼河ノ邊ニ已テ語テ子ニ言ク尓ハ何下ニ恒有毒生我ル先ニ
渡汝テ坂ニ可渡ル作是ノ力ツ已テ河ツ渡ル持飯食シ資エテ

弟以為矣釘之弟度河所我為毒虫所割殺
奈何但汝是何岸見後渡其子滞哭作母目
不輸捨其母者河半時有一毒蛇其名曰蘿集
精彼蛇忽来呑食慇闘子母時子見母
為毒蛇所呑已向後蹕地個良久蘇悟則懐
慨母為飲食故出舎宅為毒蛇所呑容作是言
已弟鬱地向良久山吉祥功徳海如来忽説現其
前而為好衣女居故十二因縁之法口時閣是讃法
已歓喜踊躍作是念我行者之時又財花生与
財所以何我又飲食故別母也又母花生果其
所欲發此死已投弟暴渡命終之後北方有

城ノ生天ノ宮殿也尓時ニ香出輪頭檀見テ有懸閣ニ女人名比
象摩耶婦夜女名吉祥天也蓮又河毒良名調達ニ
乎婆忍婆二人遅母待弟也　十二孫遮待
昔舎衛城ニ在一ハラ門名日鎮婆ト其ノ婦ハ男音閣
羅ト有ハ二人女子一ヲハ名乎婆ト二名忍婆ト大年四廿ハ嬰
婉ナル二又忽ニ命終ヌ尓時ニ母ノ音ラ女ヲ恭ニ大敬シ常ニ
於テ看成ス大年十ニ弟ハ十七ニ母仇テ重病ニ相其ノ縁ニ
更ニ嗟ヨミ近テ其ノ母ハ子ニ摩テ頂シ悲涙ヲ雨ラシ眼作ル此言シテ我ル
母等ニ別シ又更ニ告テ言ク自リ此東南ノ隅ニ以石作レル一塚ノ彼汝
求カ又所在也彼ヲ捨我カ屍ヲ墓ニ可見我カ汝ニ我カ命

佟名又側ニ可苦ク舎利ヲ作シ是ノ語シ已テ命佟又捨是児ノ
要娑女悲泣シ懐母カ頸シ而高聲ニ唱テ言ク我カ何ノ失アラン
所ル棄テ母ニ救ヘ、此言シ已テ悶絶躃地ス弟見之シ母ヲ投身ロ
時ニ衆落ノ人ト集テ収ル之カ骨ヲ壌屋ノ門ニ安シ母ヲ戻シ其ノ二子入テ
同壌ノ内ニ居テ母カ左右側ニ不ス動ス波トモ元人哀訊ストシ猶不去
余時ニ随ヨリ北方而方ニ過ナリ　一大仙人来テ雲ニ開テ二子不涕
泣之看シ即往言之告云汝不往住乎哉シ涕ステイフトモ泣不可起其
母所欲ハ此在ル母カ受ニ為ニ其母可ニ作ル比衣シ長十二尺广九
尺可燃九尺ヲ如ル是倫施縫我等母看哉故今此切我天ニ
向今以後ニ有卅七日我来至セ之故汝等速カニ作テ之シ

亦与我作是語已唯而方ニ、余諸ニ二母子聞テ是ノ語ヲ、歡喜
踊躍シ速疾ニ諸衆蔡如上ノ事已テ發歡喜心ヲ各ニ二千
人聞作之シ長サ広サ如之袁カ仙人ノ作已テ至テ一月ノ仙ノ教示ノ二月ハ
女子并ニ二千人ニ僕ニ洗浴シテ着テ浄衣ヲシ而集更ニ時ニ彼ノ
仙人忽然ニ現ス前ニ、要婆カ所作法衣シ捧テ施ス之シ、大仙取其ノ
法衣并ノ上服シテ之ヲ、然シ告ク二子ニ、海等ト可採法服之端ニ時ニ
二母子歡喜シ捕之シ、今時ニ于ノ法衣化シテ為金鑾ト乗テ二子シ至テ
切利天乃於歡喜園ニ乃テ值コト彼ノ母ニ、其ノ二千ノ人ト遂テ一生シ命
終ソ皆ナ生シ又切利天ニ、尓時ノ鎮ハ今ノ阿ト者ハ我ノ弟也、善閣ラ女ト
者今那輸多ラ女之、粟婆者阿那也、思婆者羅睺羅也

二千人者今学斬者学二千比丘也大仏名文殊也

金珠孝子為父造寺第八　丈夫造仏依於造破壊寺精舎同

出仏名経

昔拘那城ニ有一ノ工巧者テ字宍作ト其ノ婦ハ名金珠ト工有

宅而不遠造テ仏精舎シ供養スル時ニ其ノ婦懐任ス来人間ヲ

大工為ニ作ルガ迦毗羅城并ニ宮殿ヲシ欲ス七年可変也今時ニ

栗作工有一ノ瑠璃価直百千両金ナリ採テ将帰ニ語テ言ク汝子ノ家ニ

産女子ニ以テ之シ可養育セハ男シ長シ為夫ト当ニ妻作ヘシト語シ

已此文迦毗羅城ニ時帰ヌ彼月産一ノ男子シ長シ為夫ト当ニ

將金色ナリ養育来大歓喜ス号金珠ト已テ七年ニ至八年ニ未タ

来ラ更ニ父今時ニ宮殿女支ノ所採瑠璃ミシ授テ子ニ語テ子ニ言ク此ハ

是汝カ父ノ深恩也汝カ父ハ是大工ニ為造迦比ラ城并大
王宮殿ヲ従去来還ミトイフ汝次是ノ深恩ヲ為記ト作テ迦比ラ城ニ、
有孫子覓又シ也是時金珠當家持テ此深恩ヲ諳ス迦比ラ城ニ
為ヌ覓ニル到作ル親并王宮殿ヲ変ニ已テ見レハ真父ノ大工シテ而モ出ル
圍繞ナリ出此當家三杈樹ノ端ニ就テ深恩シ、示ス人ニ尓時ニ示人
白大工ニ言ク有當家、労精金多具ニ所物ヲ言フ是時ニ大工
殺焉テ而ニ此深恩ヲ見テ之シ初又是ノ我カ深恩今カ為ヌシ是
故来至ル、形ニ今時ニ大工隠ニ座而起テ流當家ニ拵ム未實
有今ニ更ニ経テ二年ヲ而尚ソ作ル王宮、其ノ家ニ隨順
父ニ習テ諸ノ工術乃造リ王宮シ已テ乱シ還ヲ問ニ之同大

工沈テ重キ病ニ其ノ命欲ス將ニ死ナント是ノ時ニ大工喚テ近テ其ノ
子ヲ摩テ頂ヲ悲泣シ流シテ涙ヲ目閉テ云ク汝チ及ニ我カ来リテ此ニ一生之命
難シ持チ易シ病者ニテ所迫ル我レ汝ヲ別ル如是涕泣シテ語テ子ニ云ク我
屍閣ハ唯其ノ骨ハ取テ持テ往テ寺ノ因ニ母カ所ニ作ル是ノ言シ已テ命終ヌ
爾時ニ童子見テ父ノ死シ已テ悶絶シ躃地ニ有人以テ冷水ヲ注テ其
面ニ利ス蘇畢テ母ノ骨ノ側ニ此ノ諸ノ村邑ニ陳フ如工ノ所ノ取ノ是ノ
時ニ衆落ノ人各ノ同ク修造ス彼ノ精舎ヲ修補シ此ノ精舎ヲ已ニ經テ六
数年ヲ命終シテ後ニ生ス切利天ニ爾時ノ大工ト者ハ今ノ輸頭檀王
是也富陈如者我カ精舎ノ比丘尼也今ノ陈童子者今ノ
我身也同ク修理セ精舎ヲ五百人ノ僧也修セシカ數ノ壊ノ精舎ヲ

識ニ今ニ得仏ヲ免刹離父母之苦也、云々

兼一巻之

第二

萩歎孝子逢父母侍兼五　常我孝子謂父母悲兼二

向姚孝子逢母侍兼三　花天寂慕逢父母侍兼四

長者長昌悲父母兼五

花天寂慕逢父母兼四　信順決義須宿侍後

昔天竺国有リ一ノ長者、其下計ニ兼一名ヲ曰陳叔ト其ノ

婦ハ号摩花ト、有二ノ男子。兄ハ名ヲ花天ト、弟ハ名寂慕也。兄ノ

年ハ七、弟ノ年五ニ成間ダ、彼ノ父母被重病ニ、命終ル時ニ二子

追奉父母命時二子先父母住数日乞有乳食
兄語弟言尽別山路而草薜捉衣而食語時
二子兄弟入山路返来間迷道不知行方此間時二ノ
孤涙使此云父行何方吾此見母行所我共若
見我共相助来此間有人来語汝不知行人共答日我
父母已孤子也其人来我来助已家携行彼三箇
月間養我共養人子又養有会擯出二子来語
我共細切雑而不知行方此限為敬供其直為父母
殺刀湯如是語先抜渡湯目弟向絶良久覚悟学語又
相胃捧手兄弟懸手足蹴踏白人云生命

限ニ成テ牧ト奉仕但シ其ノ功六恵ミ強シ如油鉢ノ物シ及ニ祖ノ善
根シ奉仕ト申時ニ天人答テ言ク人ノ子敬テ仍テ轍買牧又口
食仍テ請白テ天人ニ言ク弟ハ但駈使兄ハ随山節ニ拾薪シ荊
馬ノ草亦也仍テ弟ハ者坐テ馬家居飼馬草シ捧テ運シ奉
仕申ス其之謂ニ奉ル供孫仙并ニ畢テ兄語テ弟ニ云盡作草ノ
播蓋シ亦奉供仙ニ如語作テ草ノ播蓋シ奉上ス孫仙并ニ了テ
即チ還テ家ニ亦弟語テ兄ニ分食シ二分ニ一食ハ分食我一分ハ備ニ
乳是為テ又母ニ買テ酒油花共ニ奉ル孫仙花價ニ如言即
特ニ参テ多ニ乳備ニ合テ共ニ行ス供養シ遊行シ仙人ノ所ニ詣シ
撰取シ言ク我レ昔ノ売卯毛ノ時ノ今世ニ天ト又母ト成テ年

昔、憂ヘ伏頸大徳我カ父母哉仏生ニ令メ給ヘ如是、
君申ス還リ行テ帰テ馬屋ノ上ニ紫雲立ツ見ル人見テ此ヲ恠シク此ノ
小児ノ有リ過ル之寂此ノ小児ノ早カ擯出セラレ孤子ノ
被擯出シ而テ泣悲嘆テ言ク我カ二葬例ノ父母ノ墓所ニ詣
所テ死シテ棄テ父母ノ墓ニ葬ル墓所ニテ哀天ニ参リ来テ安養参難
申ス父母更ニ元ノ所ニ参ル其孤子飢渇ニ而葬ルニ
伏寝ス又紫雲立ツ其ノ上ニ爾時ニ国ノ王蒐ニ見テ之シ紫雲
差使ヲ召シ此ノ使ヲ召ニ其ヲ被テ問王所ニ其被ノ四王其ノ
哀テ歓喜ノ即チ京ニ輦ニ乗テ帰テ本ノ宮ニ譲位シ弟ハ居王位ニ
為ス大王ト也於テ父ノ長ヲ経テ後ニ母ナニ卿也兄ヲ又

迦也弟名弥勒也因已ヒ父殊也育為ニ父母恩ノ今成仏
也云々　長者長老鬼父母傳弟五　能弟成仏故
昔隨陀他羅国有一ノ長者名テ曰沙渇ラ其長者妻名ハシ
善貴ト生二男ヲシ兄ハ名ゲ長寿ト弟ハ名長善ト此二子見ノ
年七ツ弟年五ツ成時ニ父母共沈テ重病ニ過セム死至ノ朝シ命
時ニ父母嘆ヒ近テ二子ヲシ摩テ頂シ流テ涙シ作ク是言ク金石之命モ
已ニ変ス人帯之殊別離世間等シ又不免レ死ニ廃向テ冥圖之
道ニ汝等幼稚可无存命シ是如至語此テ父母共命終ス又
命時ニ二子見テ父母ノ死ヲ悲ミ俳佪懊悩泣哭久養高
聲喚テ吾等ヲ従何給存活便無ク是泣歎已テ二ノ愛

子父母ノ處ノ目舎ノ西南方ニ置ニ石ヲ居エテ下ニ於テ路ニ二
忌ニ墓ヲ立テ父母ヲ好ニスナ生ル春ノ野ニハ行テ採テ蘇花ヲ行来テ
返テ不知行方ヲ
此ヲハ世ニ傳テ不知行方ヲ云ト但子墓所ニ長秀參来スト
長ハ善參来或ハ母トカニ如ニ目低人名ニ云ナ
余目低ハ不書也
兼三矣　早離速離二人悲父傳第五　觀音勢至本縁也　此依仏名経説
我念ニハ往昔天竺ニ南信祇切リノ般阿ラ國ニ有一ノ梵志
名ヲ長那梵志ト其ノ婦ノ名ヲハ摩那斯羅女ト有二ノ男子大ニ
早離ト弟ヲハ速離ト云フ仍テ此ノ名ツ小而別ルル母ニ故也早
離ハ年五ツ速離歳二其母命終父長那梵志与

二子ノ共ニ治ス將父二年ノ間タ不来帰ス。卒ニ二子ハ治シ
其孫ニ母為ニ子。極悪邪ヲ思シ。而間天下發テ旱魃シ
突ニ人民飢死ス。是時ニ語テ婦ノ夏愛ニ言ク五比カ作テ
檀那羅山ニ採テ鏡頭加菓シ還ル来テ彼ノ菓ハ一食テ七日不飢
旅人云ク七日ニ可還ル三日ニ可還来リ。而テ此ノ時ニ父語テ此已テ
二子シ左右ニ憂居テ摩頂シ流涙シ。涕目ニ歎ク。是ノ時ニ晃旱
謂テ父語シ罪故ニ母ニ別ル而母坐石ニ思ヒ寒ニ及飢シ。卒ニ父
亡ス速ク及ヒ又速ク離ル見テ父シ云ク父不坐石誰カ我ヲ夜明シ如是帰
哭ク父別ノ時ニ我母夏愛ニ謂ク母作ル此食シ我レ速カニ疾ク至
小児ヲ入テ船ニ送ル。若カ云ル此時ニ作ル是食シ已テ告テ二子ニ言ク

連此子海岸ニ寄菓ヲ食フ。如此間ニ母ハ我飢渇死如
是此至海岸ニ送置而所語言ク各別此テ可食
物如是此分テ自乗テ船ニ穴穿ニ還来ル。又時ニ二子其尋
見ル又有水草行見有食物時二子行轉飢来テ見
母人上不見人船亦時二子挙声シ涕哭ス飢徹骨
髄ニ母何ノ方ニ坐如是涕哭呼叫喚テ涕懐ヲ頸而
相談テ飢渇シ若又数覚遅父母人ニ痛急際也其
不捨大悲之心同也ニ哀并行也哉有人我大悲吾
吾於先此ヲ所交也是ノ故ニ吾レ暫今在飢渇若如
是喚呼テ三日三夜シ亦子テ白之中ニ見早龍其ノ父
別此ノ方ノ見檀那ノ山ノ里雲霞而流テ渡シ涙目歎日

帰従之数千頭髪于天宮如是帰咲而見悚弟頭

弟合見指乃至伏命従又仏告舎利弗当和長那梵

志今日見仏是也摩耶夫人者阿弥陀仏是也那者

観世音是也達那乃大勢至也音浪者補陀落山是也

長者違父母仿弟六　梅那生天相救

仏告阿難我依此身得大士善知識故除取之作

乃往往之昔時阿難白仏言如来現在世者

仏言我念過去世者阿僧企劫昔娑婆国有一大

福長者婦那其婦者悪又有一男名長者時

不知従父母長者而常供養修行壇好修施爾

時ニ兵特意子衛聞ル八ニ間タ父母共ニ流テ二痛悲既ニ極死
至シ期ニ此時ニ父憂テ其ノ子ニ告テ言ク死スレハ當今將ニ列ナラントス波ニ
道ニカ衍レニ生長シ芸如是啼哭シ命終ヌ又其ノ母嘆テ悲哀猶シ
痒頂シ流テ渡リ啼哭シテ語テ言ク生免レ別レ返レ服レ渉遅テ母ニ
為孤ト何ガ成人ト如是語已テ命終又今時ニ猶童子又
父母ノ死ヲ見已テ奉テ為シ投ク屍ノ上ニ唱何レ父母捨テ置テ我
年シノ長ノ別テ赴コ嚴寫ト龍ト捨子ヲ不去我進テ父母シ得
如是哭音聲ヲ天宮ニ時ニ忍ス意都波羅夷シ此甚驚
明仏忽現レ童子ノ前ニ告テ童子ニ言ク汝カ父母ハ此極悪ナ
罪ヲ作レ也所以ニ墮テ大活地獄ニ流テ底ニ何ノ汝ニ空タ依テ

辰ニ及常此時ニ童子聞此言已テ挙テ身シ以竪ニ毛白仏言
仏ヲ助ケム父母シ仏ノ言ノ童子持テハ鉄ヲ拷シ生天之密要シ、
当ニ及汝カ頂ク之シ速ニ受持読誦シ書写ス時ニ童子作此念シ、
我仏ヲ説此経典シ作此ノ念シ時ニ有北方ニ一ノ大士名ク珠闍ト忽ニ
持テ一物隠樹ノ葉シ説テ其ノ人所ニ如来所説ノ書写経
生天密要之経シ此時ニ童子ノ父向テ北ニ従リ法地
獄底出説ヨ今時ニ大士ノ所捧リ向蜜要之中出黄金ノ
色霞其ノ霞ノ化シ及経巻ノ帰那并冥及二人同ク共乗経巻ニ
従生忉利天ニ父特秘密要経奴念佟同ク生如是天
仏告阿難当知今時父為修ノ領見是母為広ク那也

此言人乃獲壊懊悩哭作是言父天命而日月光
孔返荊文背夜別如是涕泣哭声至王宮爾時城
邑郡県輔相人民如雲集衛大王勇而意子骨背
上擁之向孝洲至孝国已見我母家皆光林木
荊蘇惹(?)蘖見代乃已懊悩代乃聞衆落人村是人
来汝詣迄亡城有半年汝母命終汝　子帝方造
塚居是汝詣所見意子所在之言流浪涕哭至母
其母墓開其塚見初又其母白骨所々散爾時意子
子於母骨上投身啼哭言我涕万山惣(?)千海歎(?)為
値母来而彷徨今成白骨思愛母不倒弊(?)當

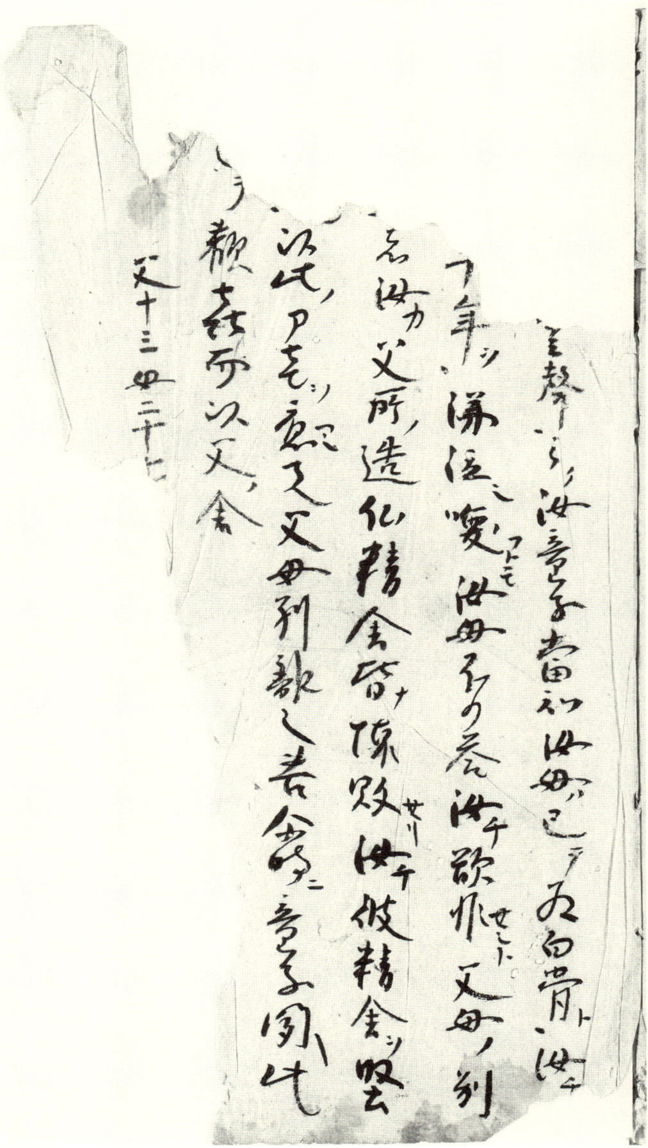

227　226　225　224　223

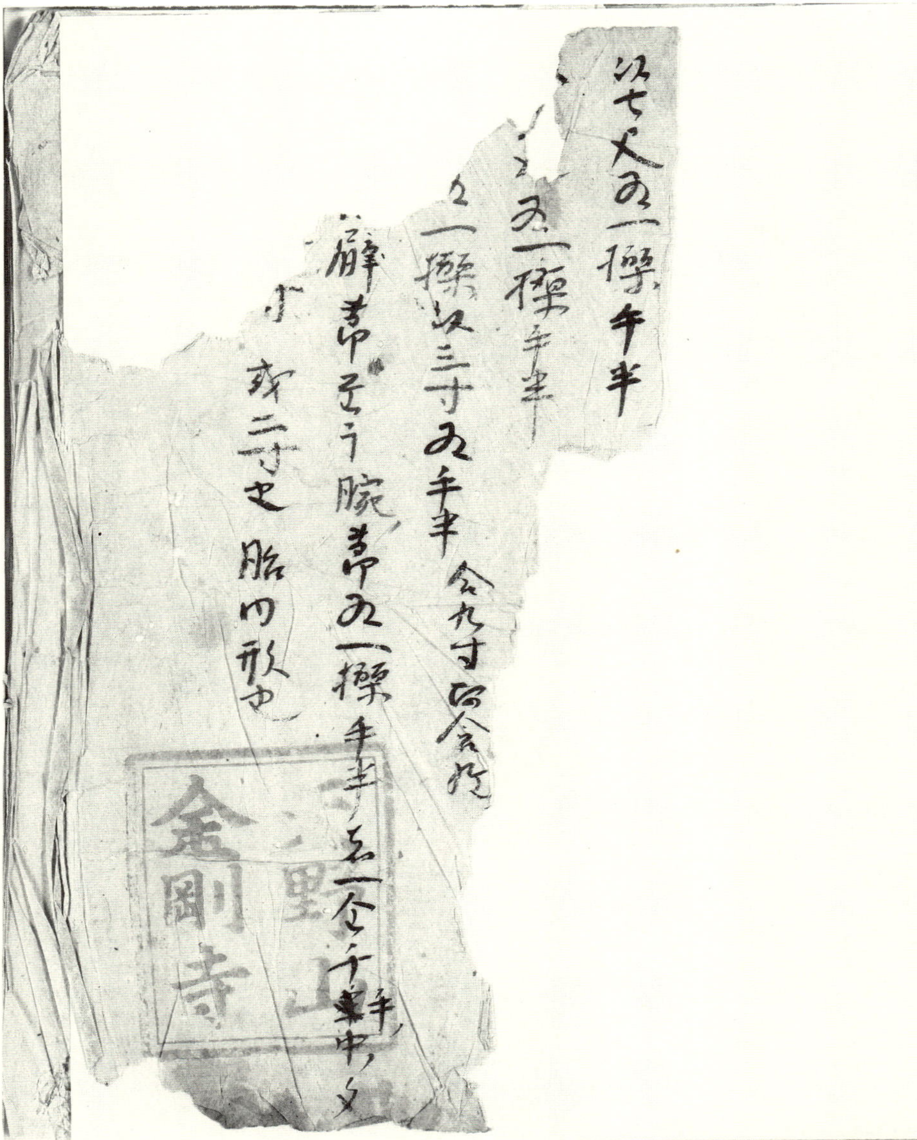

左近兵衛子女高野往生物語

（室町時代後期写）

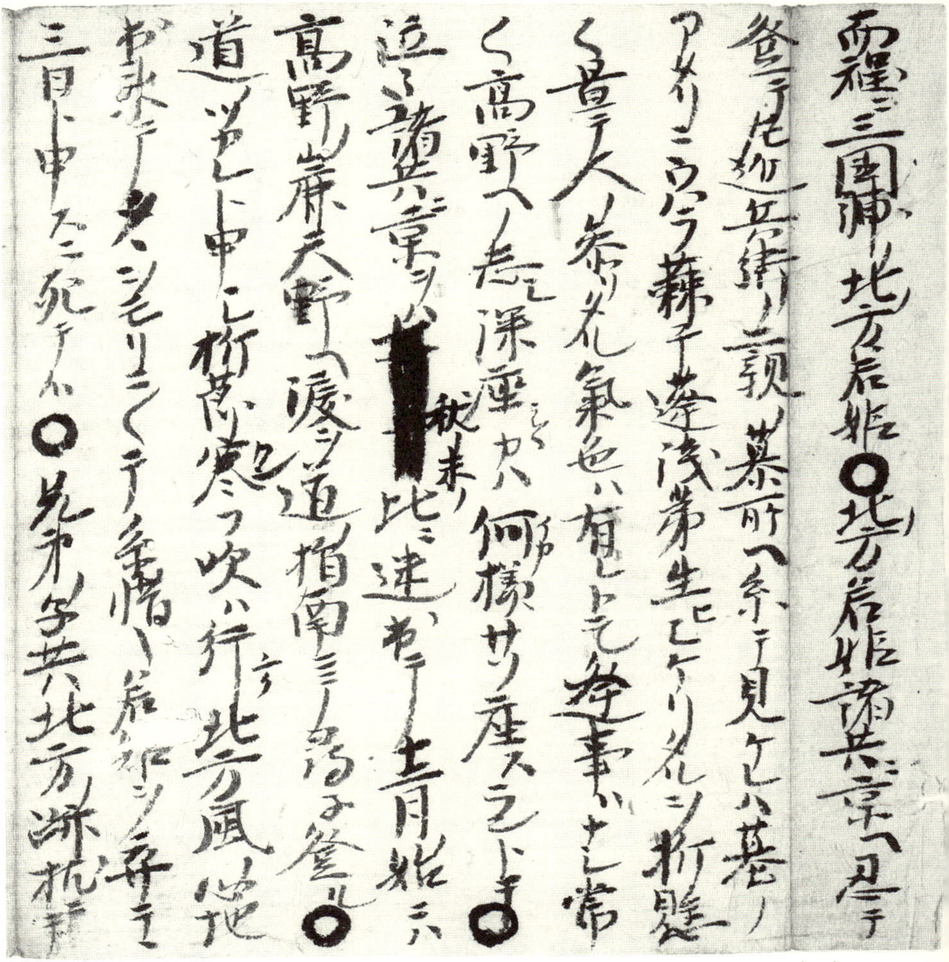

亜羅ニ三國御ハ北方后妃○北方后妃諸共ニ宮ヘ忍テ
登テ左近兵衛ノ親ノ墓所ヘ参テ見ケレハ墓ノ
アタリニウヘラ棘テ浅茅生ヒケリ哀ヲ祈願
ク普テ人ノ参リ礼気色ハ有トテ無逆事ハナシ常
ク高野ヘノ志モ深座ク何様サリ度スミトテ○
近ク諸共ニ宮ヲハ[redacted]秋未ノ比ニ迷ヒ出テ十二月初ニハ
高野山麓天野ヘ渡テ道指南ニノ留テ登ル○
道ツカレト申ニ折節寒ク吹ハ行方北方風ノ烈
おみテノ大シモリニテ手足モ悩ノ后妃ツノ井テモ
三日ト申ニ死テハ○兄弟ノ子共ハ北方淋拭

（2オ）　　　　（1ウ）

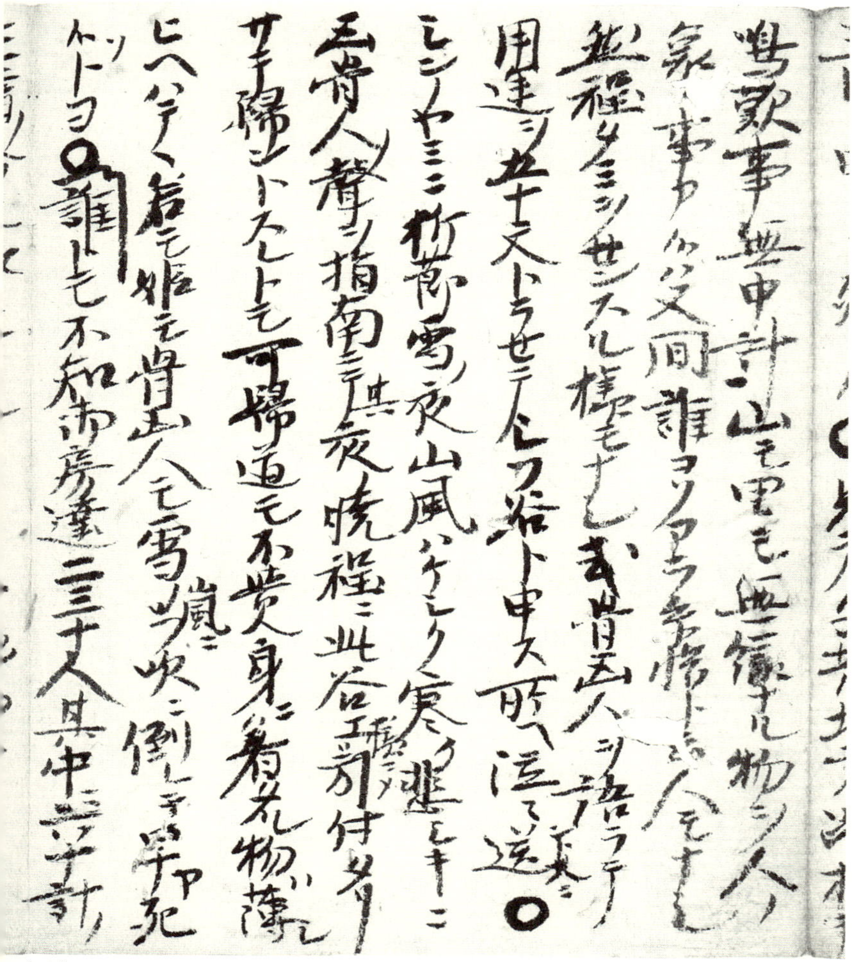
嘆敷事無中計山モ里モ無慙ナル物ゾ人ハ
哀ナル事カナ父同誰ヲアテヽ帰ルヘシ人モナシ
無程タヅネンセンスル様モナシ。我昔五人ツレ語ラテ十人ニ
用途ニ五十文ドラセテ人ヲ給ト申ス所ヘ送テ送。
ミシハヤミニ折節雪ノ夜山風ハゲシク寒サ難ヲキニ
五骨人ハ聲ヲ指南ニテ其夜暁程ニ此谷ニ着付タリ
サテ帰ントスレトモ可帰道モ不覚身ニ着タル物ハ薄シ
ヒヘハテヽ我モ姫モ骨五人モ雪ハ嵐ニ吹ニ倒レテ皆ナ死
ヌトヲヨ。誰レトモ不知御房達三十人其中ニ二十計ハ

（2ウ）

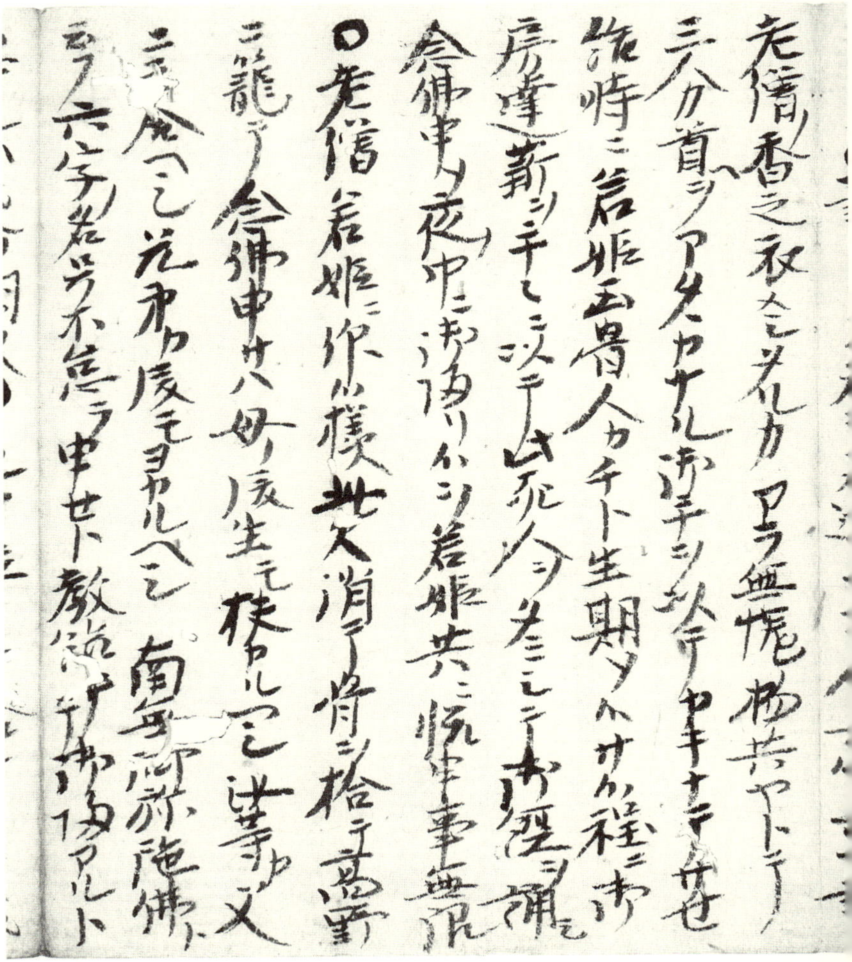

（3オ）

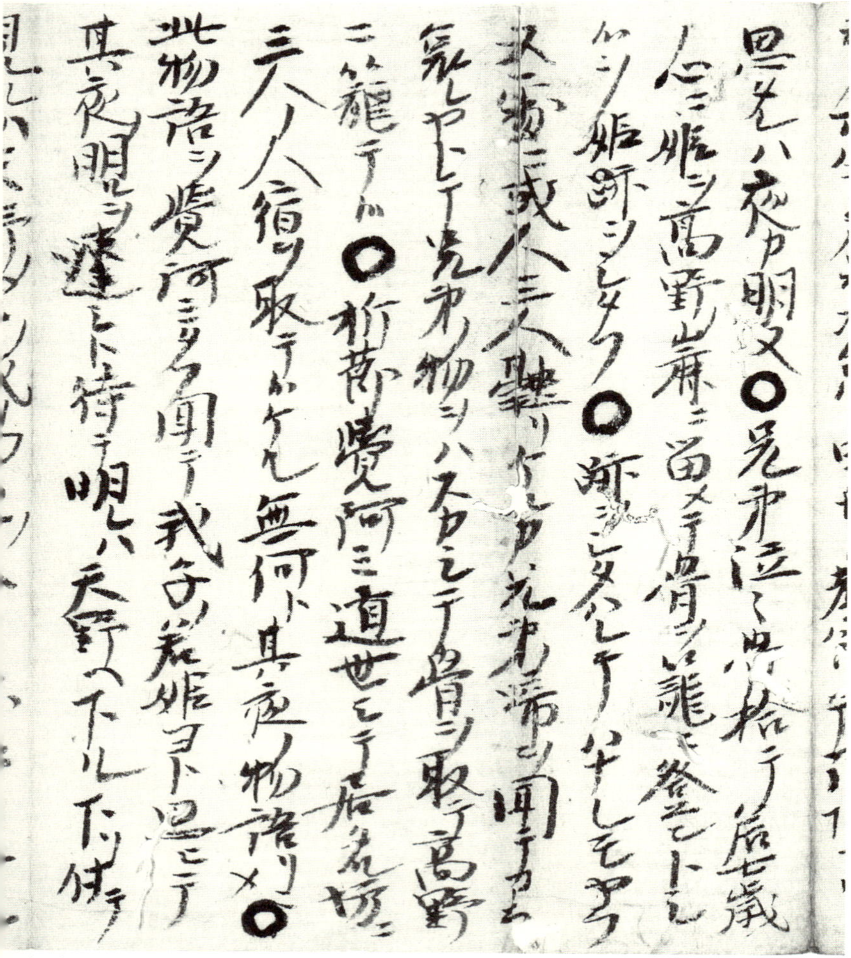

思ヘハ夜カ明ヌ○兄君泣〻叫ハ捨テゝ居七歳
ノ心ニ姫ヲ高野山麓ニ留メテ骨ヲ籠ニ登セヨト云
ハシノ姫跡ニシトメケリ○跡ニシトメ給テハケシモアラ
又一物ニ或人ハ三人集リケルカ兄君ノ帰ヲ聞テカキ
氣レヤトテ兄君ノ物ヲハ左右ニテ骨ヲ取テ高野
ニ籠テケル○祈敬ノ覺阿ニ遁世シテ居名坂ニ
三人ノ人循ヲ取テカケル無何ト其庭ノ物語リメ○
此物語ヲ覺阿ミタ聞テ我子ノ姫ヨト思ヒテ
其夜明ヲ遲シト待テ明レハ天野ヘ下ル下リ付テ

（3ウ）

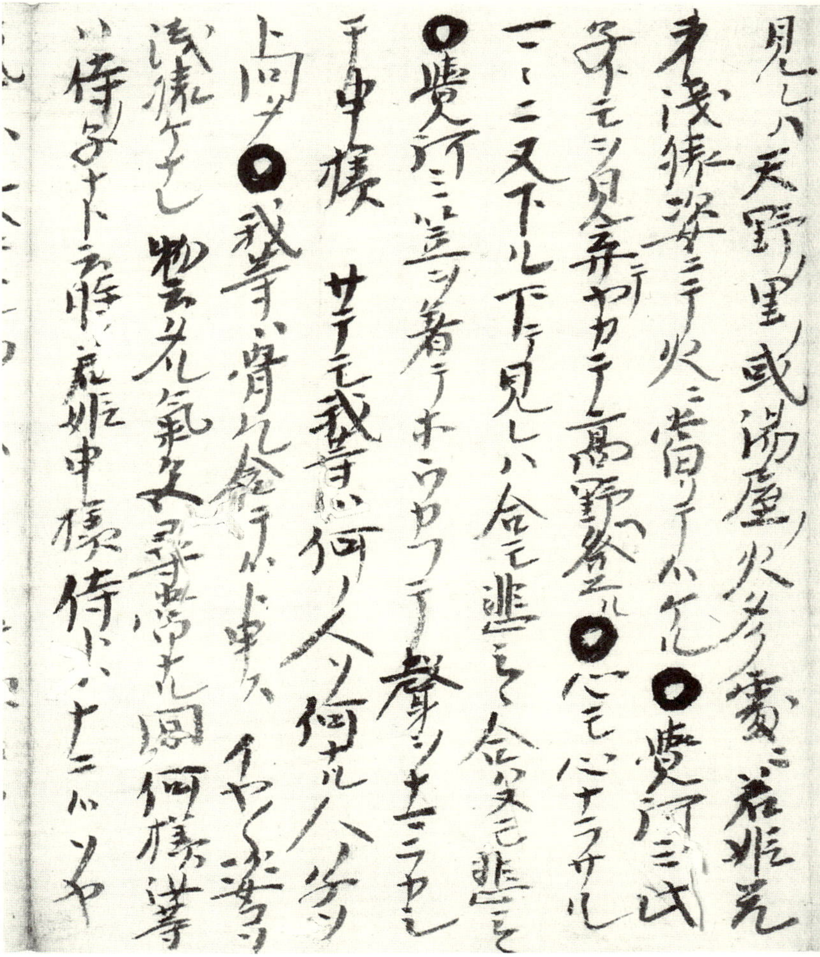

見レハ天野ノ里或坊屋ノ火ノ多ク畫ニ[illegible]
才浅猿姿ニテ火ニ當リテハケル ○覺阿ニ式
子ハモシ見ヘ奔(?)行ヤカテ高野ヘ参ル ○心モ心ナラサル
ニ又下ル下テ見レハ合モ進モ合ハ又モ進モ
○覺阿ニ差シ着テホウカウテ聲シキニ(?)ヤレ
テ中様 サテモ我等ハ何ノ人ソ何ナル人ハ多ク(?)
上向ソ ○我等ハ肖ル(?)会テハト申ス イヤくく姿ヲ
浅猿ケナレ 物言ル花氣文(?)見ハ常ナル圓何様ニ等
ハ侍子ナト云時ハ荘非(?)中様侍トハナニハソヤ

（4オ）

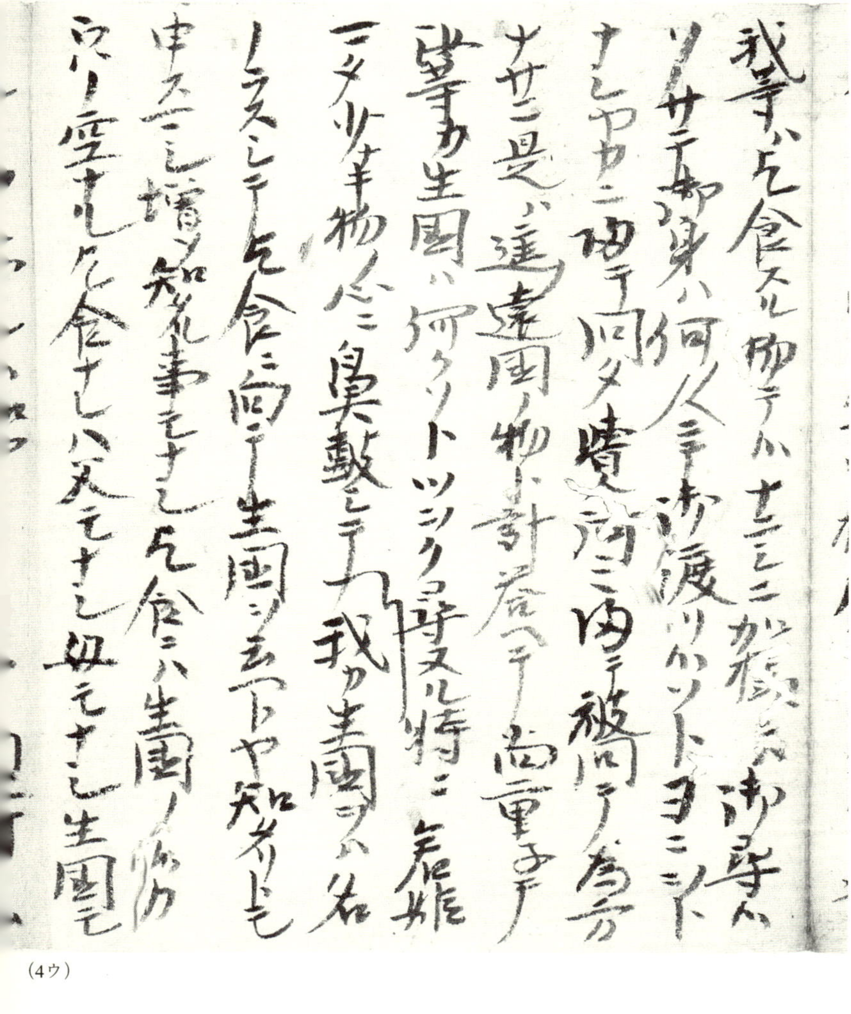
我等ハ乞食スル物テハナニヽニカ様ニハ御身ハ
ソノサニテ御身ハ何人ニテ御渡リカツトヨニシト
ナレヤカニ問テ問メ讃岐ニ内テ被問テノ為ガ
ナサニ是ハ遠国ノ物ト計居ヘテ尚童子ノ
此等カ生国ハ何クソトツツシクヨ尋ヌル時ニ若姫
ニヌリナキ物人ニ具数ニテ我カ生国ヲハ名
ノラスシテ乞食ニ向テ生国ヲ云ヘトヤ知ヌリトモ
申スニ増ソ知ル事モナシ乞食ニハ生国ノ物
穴リノ空ナレ乞食ナレハ天モナシ丑モナシ生国モ

（4ウ）

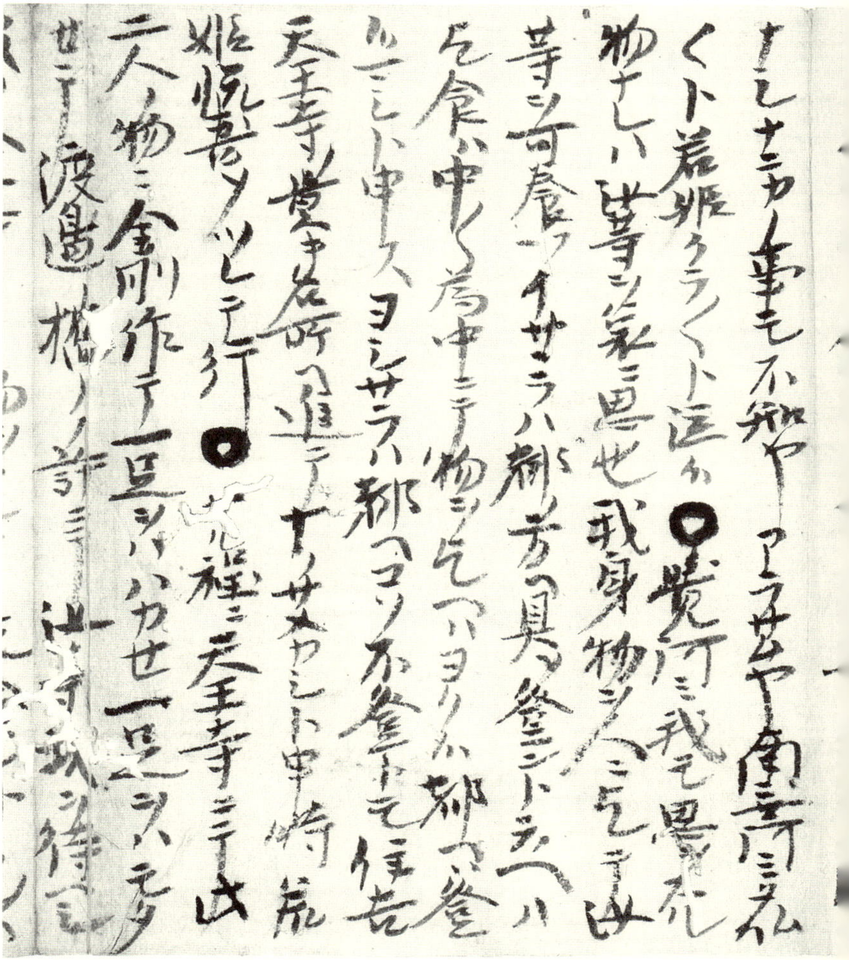

(5オ)

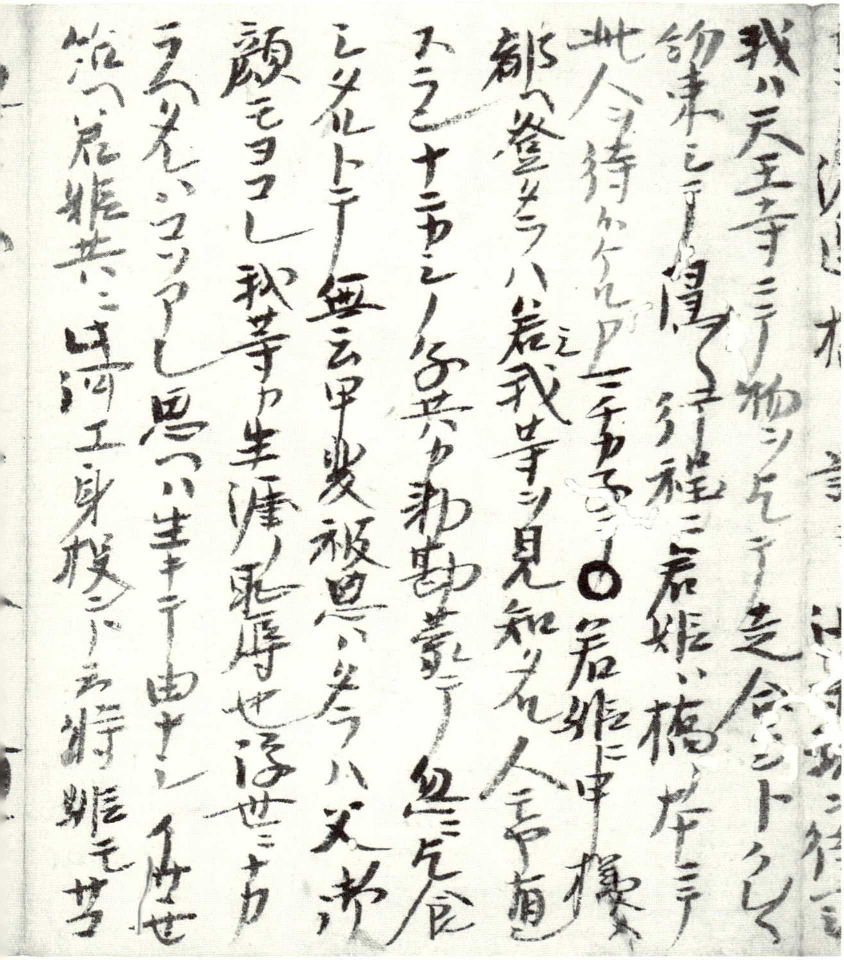

（5ウ）

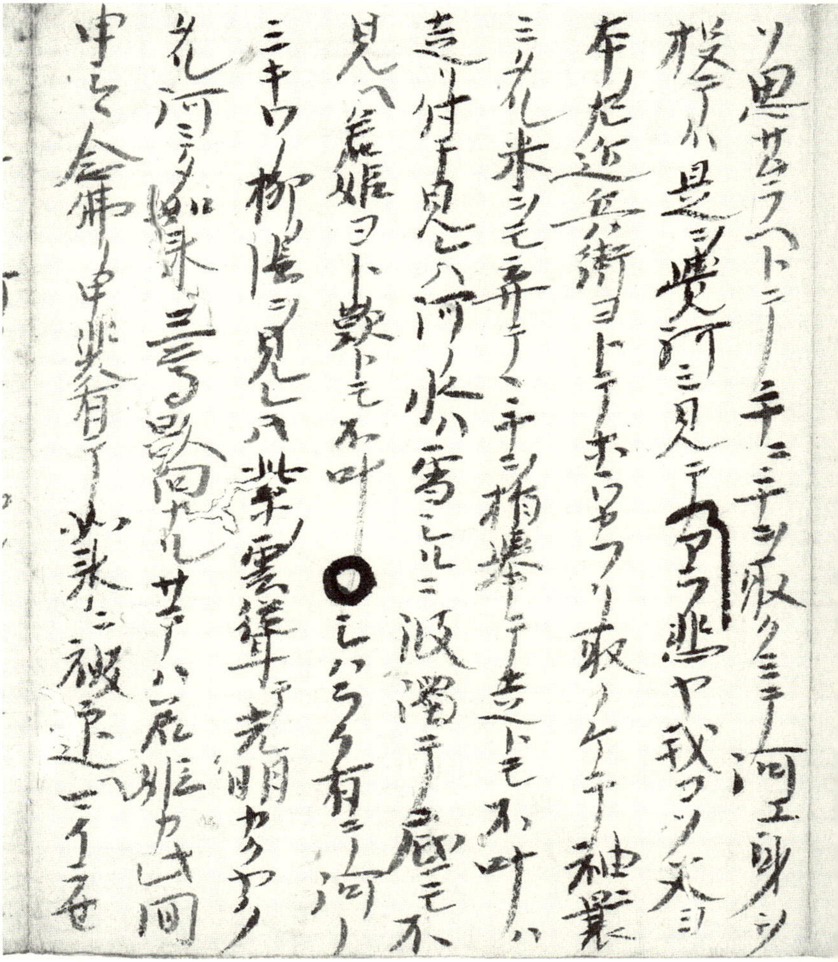
ソ思サムラヘトニーノ手ニテシ取クミテノ河上ノシ
桜テハ是ヲ覚河ニ見ヘテアラ迎ヤ我コソ大ヨ
本ノ左近兵衛ヨトテノホリヨフリ取ノケテ袖裳
ミソ乱ル米シモ奔テノ手ニ指挙テテ差ドモ不叶ハ
差ツ付テ見レハ河ノ水ハ濁ニヒニ汲濁テノ底モ不
見ヘ岩姫ヨト歎ドモ不叶　○ヒハラク有テノ河ノ
ミキワノ柳ノ陰ヲ見レハ紫雲聳テ光明カクヤクノ
乳河ミテノ如来三尊影向ナレ　サテハ岩姫カ此間
中ヒ今傳ノ中尊有テ如来ニ被迎ヘ一ヶ吞

（6オ）

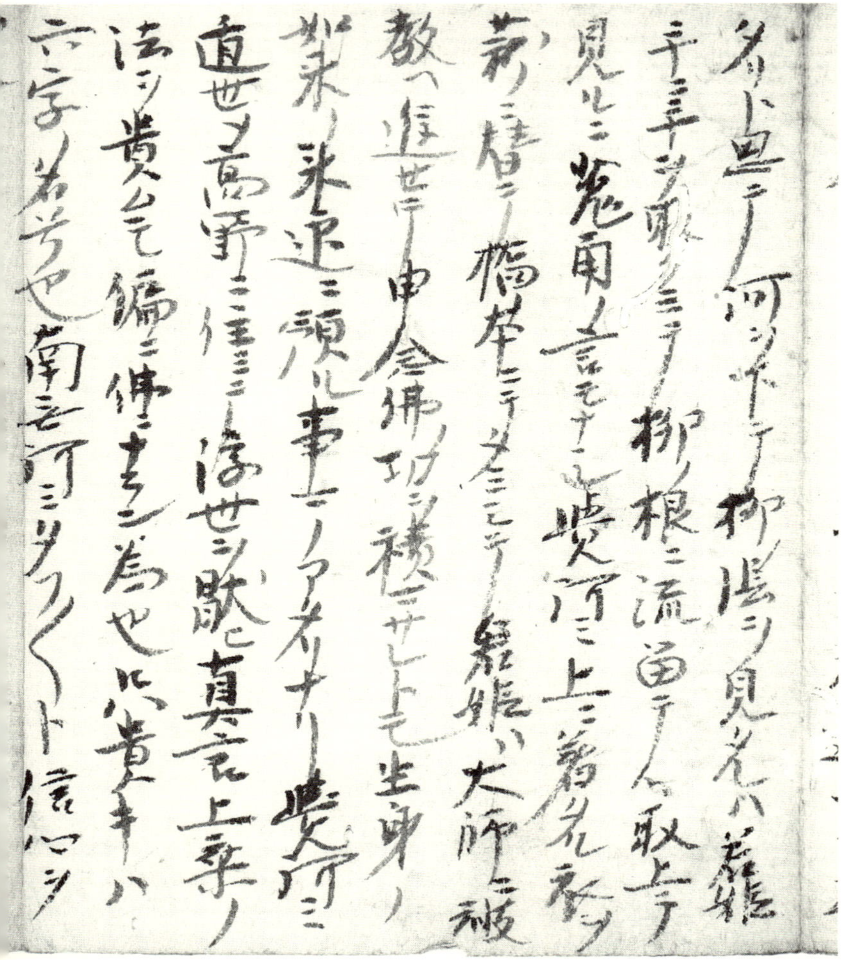
名ノト出テ河ノサトニテ柳ノ陰ヲ見ルハ蘿様
テ手ニ手ヲ取ノニテ柳ノ根ニ流留テ人ヲ取上テ
見ルニ菟角ノ言モナシ貴人河ニ上ニ着ル衣ヲ
前ノ桂ニノ橋本ニテ坐ニ己テ経様ハ大所ニ被
数ヘ遁世テ中ノ念仏ノ功ヲ積ニサレトモ生身ノ
業ノ氷ノ追ニ頂ル事ニテノアヤナリ貴人河ニ
直世ノ高野ニ住ミニ浮世ヲ厭ヒ真言上乗ノ
法ヲ貴ムモ編ニ佛ニ志シ為セルハ貴キハ
六字ノ名号セ南无阿弥陀仏ト信心ヲ

（6ウ）

96　95　94　93

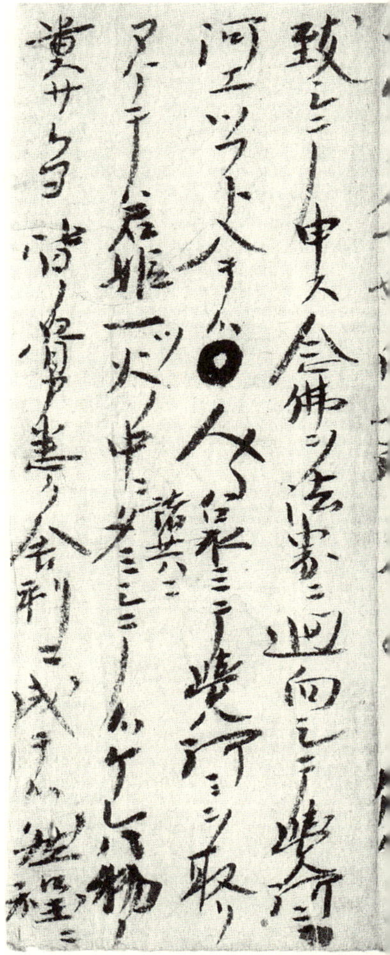

（7オ）

無名仏教摘句抄

（宝治元年〔一二四七〕写）

無名仏教摘句抄　（表紙）

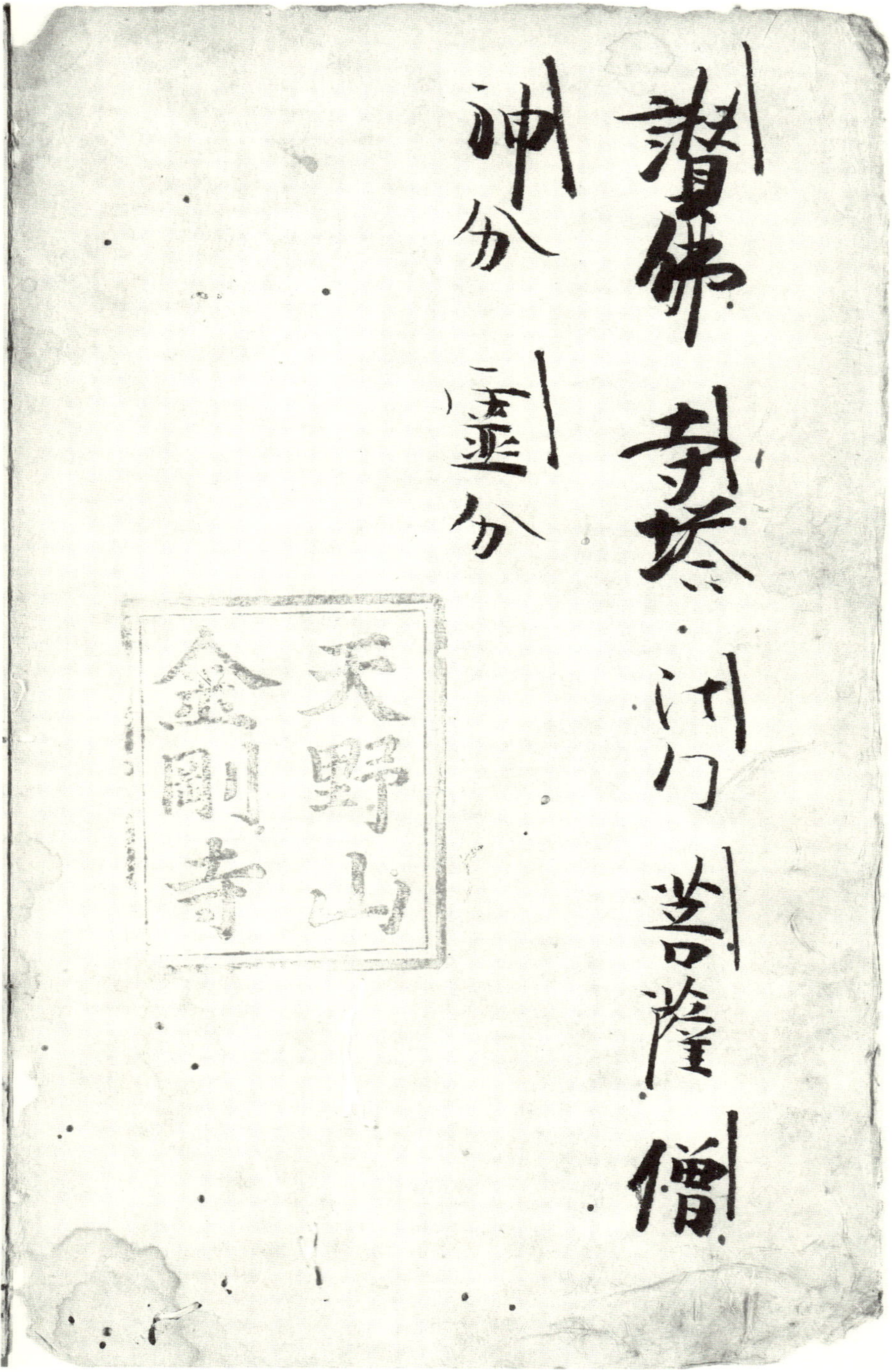
1 諸佛　菩薩　沙門　菩薩　僧
2 神分　霊分

諸佛

八万四千之相秋月満高懸円之頂一〻之文春日之花普発云々

真文之第三明之月更朗菩提樹下七覚之花旃鮮云々

佛乃大円之鏡一切万法浮真〻之理満十方云々

相好卅二春日花之開随好八十種暁星似傾云々

烏瑟之緑頂聳梵天上求菩提功徳輪足之示多衆生満

下化衆生之白毫右旋秋月無雲青蓮之眸開池水自澄

卅二相容白静无動八十種好受叙穏无乱云々

紺青之髪春柳緑翠白毫之色秋月光円云々
万字暎潔衆月千輪輝懐結之流星云々　七
円頂之衍福報　五躰登徳果證三身之極云々
五山宣秀相海清明丈六妙体八相好云々
見人妙相随好之容則可謂无明惑業聴之良薬亦
亡証成仏之根源云々
聚白髪含之色既豪布有之嶽万字千輪之奇誠
瓔珞之人之相含万百億之照十方化及泥梨髪摩尼吒云々

青蓮之新開兮池忽精（アトヽヽ）ニ香満月高懸兮夜文之遍破壁暗ニテ
頭盡傳兮丹青外素遍方之相傳於天ニ者黄金河日納セカ之金剛ヲ
礼令容之朝則眉大如海之波從羅於鈴掌之眼之睫上瑠璃林
之風佛若云ヽ
云潔兮飛觸之衣ニ若歩蔵風痛去兮之開七覺之花ヽ
青蓮之眼睛閉儀之水ニ生花之眉嫺（ミラ）ニ學之眸（ニナハニ）ヽ
仏日高照白毫右瑞流之肩ヒ十方ノ四遍素令言者致礼之
頭三界下月照之光明周四涅槃風雅（ギラフ）有力介（アメキシ）ヽ（テリ）

八音淡吐尺乾轍乱七辯暫宣一句那庭麻
一瞻一礼万累氷消一讃一称千災霧巻
神形六動万行七歩立浄西花九龍灑水
方ノ漫ハ支竜一丈眉ノ間ニ毫白五尺周ア字お胸ニ満
轄お三ヘ下
八万四千相好蔵星ノ照耀お瑠璃明鏡ニ而開ク四十二位
無量劫鑑鎖お宿劫ニ學し衣
百福荘厳ニ相好満月ニ臨大貪海千支照耀顛眼白ニ映宝山を

夾士宝花兼千輻之跋若行六牙鳥極ゝ烏瑟之髪
青蓮之眼丹菓之脣初月眉満月之容銀毛之腹白毫之光
繊長之指臑同之腨
現有大方於之瑞相好之海法于恒沙之海示妙覚於樹下
宿直之花敷千葉之是之 大日
厦桐圓円形如天蓋内髪桐睽色金剛宗之黄髪隆
光流碧玉ノ江澤之蓋儀上髪束紺青之髪色濃紺お
晴天之様髪右旋無瑠璃筒 元見ぬ

毫相鮮白紫頗梨細軟光澤兜羅綿状如明星懸大
虚之暁光似満月出重雲之暮舒之丈五周遍十方巻
之方寸徳俍八万　云　白毫也
西輪落改三五月无雲眉好宛転如玄之旅之饒嬋娟大倉之雲
落云之律如之類初月出識之現脩楊貌潔之眉　西輪落也云
紺目除浄花瑠璃玉之水眼精分明頗梨之光青紺白之相　眼精紺青
面輪増新軟紅螺綺羅之光瑳眼存鮮潔之花
眼睫紺青優曇華鮮饒嬋娟之相胸明鏡添光都羅綿

睫瑠璃舒紺紅蓮之花瞼桃花增艶　眼睫紺青相
沈螺梵響唇呂音徹大千、天鼓自鳴類音随時、大試商假聲
去々言々宛旋如意命々轉円々而高妙　梵音聲相
舌謝紅蓮薄覆面輪、唇深丹菓之上下相稱、玉畫立
従照耀舌相上、千脉千光流出西門中　舌広長相
舌下貯珠、流甘露出千脉、唯食中乳宍漏上味於五畫、
千支々交樹上味不為見淡痛之雜、百萬苦々乙寸讃、
定人部流浮延繚之過　常にも上ほね

四牙鮮白於如月無塵齋色顔珂雪真珠様鮮色眼丹
菓唇頻菓至潔光爛紅蓮齢牙齒者也
光毫積赤土晝夜无隔西谷一晃自照大千白日四遍
金山妙瑛瑠璃因之佛頂満月之顔荘誦亭之義也
万字暎潔而喩雲霞衆日六毫幸羅顔色倍於極之今
師子為半而降六天而魔覚軍顔車方回而嫡勤古仙奢
究竟荘厳而妙好長短方円相称周遍円満而方者上下繊圓
量末相好是照耀金山之作随好厳衣飄颻尽倶隠而物殊也量也

聚日輪之令ニ於百福濃淡増縫シ全臺光耀之帝冠寶
甚妙眹光ヽ見者无厭シ徳眗並令シ貌容ニ永代融伏
瑳文滿月之言頭カヤ令去之セ
細軟光澤シ加皮沢潤玄於不對行ヽ鮮潔支耀ヽ令於
蟻亜丞鬘女不飛說ヽ玄潔不飛觸ヽ元三界之於嚴風
清去向之周七覺之衣ヽ細滑觸玄之丸
幾毛無濃無幾節ヽ放于光ヽ捕毛右旋ル毎毛孔ヽ究得請
皆上靡ヒシ相ヽ瞭上求于シ德ヽ毛孔一寸之瑳文一之之

清浄ニシテ理鏡モ一七也
御和尚見ルニ形並満月隠相厳密之趣ハ甚乙尺氣五百ヽ
後見御相ノ帰依ヽ巨ニ邪女八千人ヽ依邪旅ニ難深隠相

十二大願敷同行之永遠七寶差交暉景雲之北淨之華師
新刻仏像瑩月輪於紫磨金之面容忽排林之敷
送彼於淨瑠璃之刹云　華師
一念之淨心突如帝網十方諸仏永不離別一刹之淨信偏似
玉三毛中矣何惜他人云
法身遍滿奉為之陰藏報身周遍下口之仏殿云
仏等大遍之人之於真躯之汎海大悲之拯苦於存亡云
青蓮眼似兼月輪於世界清廟之中綠松介煙又列星曆於

樹ノ下ニ
仰瞻敬之顔則映緑月忽放白毫光流金色之言経
云遂数萬之含生弄天風之遍周而也天衆会而依菩薩
眼龍宮化伝瓶并也霊鷲山ニ併式鷲情無雨也
摩力仏神ハ箇篇伶ニ後自順ハ化音ニ声変栄子化分答諸法
歌ニ昇何障中之一瓦ツ皆也
風動寒長之宮之閣相和調而化尺巨之波于今巴果庚
音物静雲而四諦偏也　極示

玉堂寶樹行列シテ百千ノ花菓含ム風ヲ 金欄黄金白銀ニ莊レリ
大殿葡萄瑠璃ノ妙寶殊勝ノ洞露テ樹ノ上ニ元量ノ光ニ寶現シ枝中ニ
宮商角徴シ曲ヲ合セ響ヲ吉ヶ菓秋ヲ降シ鳳ヲ於林ニ八功ノ徳池潔ニ澄テ
巌妙ニ厚ク花ハ雪ノ角ニ光耀ス青黄赤白香リ不失千里流水ニ梵摩
尽水渟ハ花同ニ金剛寶ハ沙布池ニ底ミ
玉樓聳テ成雲ヲ 寶閣高クシテ擁ム天ニ 珍ノ瓔珞ニ莊珠寶ハ懸
亂レテ鳳寶ノ網ヲ 羅列リ大摩尼寶ヲ 雲ニ懸レリ空中ニ天ノ花ヲ
飛テ乱リ遊テ海岸ヲ 雨テ下リ天ノ樂ヲ鼓ス 樓紫殿ニ元叔天人

妓楽歌詠、天蓋寶幢無量ニシテ流レ行従キ摩花般ニ至遊
翩翻瑤池ノ中ニ、談妙ニシテ、徘徊瑤樹ノ側ニ安座セシメ
苦哀久ニ无窮ナリ、抄妙ニシテ輪シ音聲因ニ无ニ厭シ
巨民ノ又相好苦哀シカ、恒居大ニ苦毛衣ノ品階之林法ニ猶
遊楼殿宮室行ニ不窮ナリ、妓楽歌詠、曲極調和西而
花樹種ニ流水ノ香普並和遊近意為伝シテ
鷲峯山ニハ尺尊八文ニ也之日隣ノ寫以山ニハ達多五代陽ニ
傳箕対シ　覚ラト

元此女人ハ近テ爾ニ谷ニ加知會見於功徳シ圓ニ精誦亦上之梵テ
於聞ヲ及ス筆遂ク於金剛シ於テニ　寛ラト他奉
邪見ノ眷屬ヲ脱シ因果ヲ言ヲ怨ニ沈果ヲ殺魔ノ尼犍ゾ見テ差迦餘ヲ
併說統シノ有筆トセ

寺塔　塔名功徳聚トモ云　与所尸功徳聚此處應那万徳ノ所集成云　所ノ下寒ト七化蔵シテ三時ヲ云

七宝殿前ノ春花譲艶ヲ百練琉璃臺ノ秋月耀ク云

佛是以地ヲ称果海ニおもて乳、壺庭以今殿鐵花写宮高亮ミ云

霧鍚云六八、殊宝ノ鈴ノ音和鳴ス、花嚢羅錦ニ縦横ニ影紺割

仏樹ハ法滋ノ功徳林ノ枝葉傳ルトモ云々枝ト以林木翻馥優曇花春

句侍ルトモ云　延童云、氏寺

全宮云又廟ノ又応ノ花蔵宮ノ中ニ在ス月殿列ス扇似移都寺

天ノ白院云　仏堂ノ傳式

庭塵朝ニ清クシテ風常ニ帯シ燭之暮ニアヘル月桃
雲響鶴天ノ時ニ杖法輪ノ響使ニ梵唄邑風草ニ讃
仏女ノ講堂ニ宝盤号
八万法蔵ハ雲飛八列ノ中ニ十二分教ハ星列万国ノ外ニ 緑ニ倉宿
花屋樹ニ重宮伝王舎城ノ形ハ勝チ玉楼映日ニ更ニ四大菴
孤園ノ杖ニ夜鴻鐘ハ高ク響シ倍聴ニヲ驚耳ヲ妙香處
室天況因ヲ降従 緑ニ倉
嵩巌尖テ松栢響ニシテ谷深ク汀森ニ苺苔語ニ東西ニ

宴寺於其日ヨリ以布武遂ニ迴時於三千界之間ニ三尊之
朝夕必用千載万乃至九載之暮鳥音韻於如來下晴
歌之　山寺
靈驗之名普聞於四遠ニ宣大勅ヲ令參詣遍於十方ニ　靈驗也
虚空之殿ノ中ニ安容両月瑜伽壇之上仏眼明尊ヲ
東西奉前ソ植仏因於頭陀寺之庭迺西方結縁於世又於極
紫磨之刹　頭陀寺結縁之知識
梵閣造霊像尊塔ヲ修行結縁上下無之因對禅マヒテ奉安世珠

玉肤右白日之宮、紵羅翠嵐之房、金字會作式

金容含照之含三六之殿、鍾開處之得賞識、百日百之羅寶塔安置

亘万代兮摂珠殿兼目抱億劫、件三西南水面観音和之月

東北山頭聽清涼之風、庭隙花木繍錦繍之美、石切遍雑草除、

生無紫之花之 華師木、

五葉松行々木陰花草、六時鳥皆々林頭莫モ語 山寺

嵓巌石岩嵓巌以白象牙、雲霧靉靆以似青龍氣、九折坂

眩目可驚之雲山童子之路、千巌峯迷所可摸杳冥之仙人之

144 鳳凰甍翼亡合聚莫交雲、虹梁浮上交雲拂遮南漢

145 龍ノ椽凌風玉瑞繍春日飛舞巻之尾随雲勝花文膜秋月輪　汁會三友堂

146 羔並窓風移自在天之遊流香芬薫砌麹海此山岸芬馥云々

147 珠璫罷七寶ノ翼并二三重于、寶ノ環累表六瑞鸞等冥耳、汁會三友堂

148 璫戲多刹飄颻穀虹出晴ノ日、香煙四散ノ柳春柳出秋ノ露、中堂供養諷誦

149 上棟下宇高ノ華、傾ノ翳（斜）虹梁飛鳥尾隨風彩ノ落、秋ノ霧陽

150 璧環之綴玉樓之走、夜月斜照自漆光明之影云々　相模

151 禅林崩寒風鳥響者空花秋ノ青、汁氷流清暁霜已三天神將之響云々　安友堂

溪聲轉梁之響暮若猿愁之時野庭鳴場之音似傷芭之茎
之砌 芭三段
雪入陣深沿敵六州之花風射破壁三叉戟一點之地芭三段
四衆之愍平等之鶴林之雨林地之滄陰動宴表步行月之雲閒然
東河水西之北之月南浮西山嵐之清瓊之風鎮南之誂野郭に
高代百尋之研天雲林地棟之編千里之懷大海濤池矣
奚玉肤月偏穀抱承分之晴之松風調琴自混切存天之
祟蒙散之代贏化之倫不見島碧隆阿之乞花之燒香他池之董

桐花媚且香之煙雲云々
飛雲翔空之於海隅蓋千五分汁力炯遊水滑骨散彥大化因憑于
四照落南有云々
花含雅醲色欄葦人令暮春之月林皆令色云々　一霊山
萬緯千條始骨之零之旌之瓔珞草砌一色衛渥稃徳之慕昆（芝殿 山岸）
月落西山斯若東出岸青綠嬬之遊契代松之人後添色依之邊
朝毎春之色云々　桂縣
東有長河岸菊洲蓮華満之系千竹人下西有山高山峡

雲衝霧依濛千葉飛屠シテ　桂影ニ
翠巌紅葉更面錦綫山ニ秋石苔水図又移落葉列ニ月山宝
緑因更流水声願施云程ニ主道ト家山ニ無念飾月塵ニ賓 山寺
松風声吹ヲ林声傳音ナ葉ニ稍音桂月斜照ヲ池設浮且又乏 山寺
暮嵐懸月又多窓ニ涌羽暁漢連星似分カ集會　山寺
砌滑石尖流急瀬伴之岸ニ元穏ま桜井ニ役ロサノ一葉サシ停 大井川
一戸幽閑四面寂寞青嵐撥宇仏傳沽臺叢ニ更ニ檀階入訖
若錦花道之陵

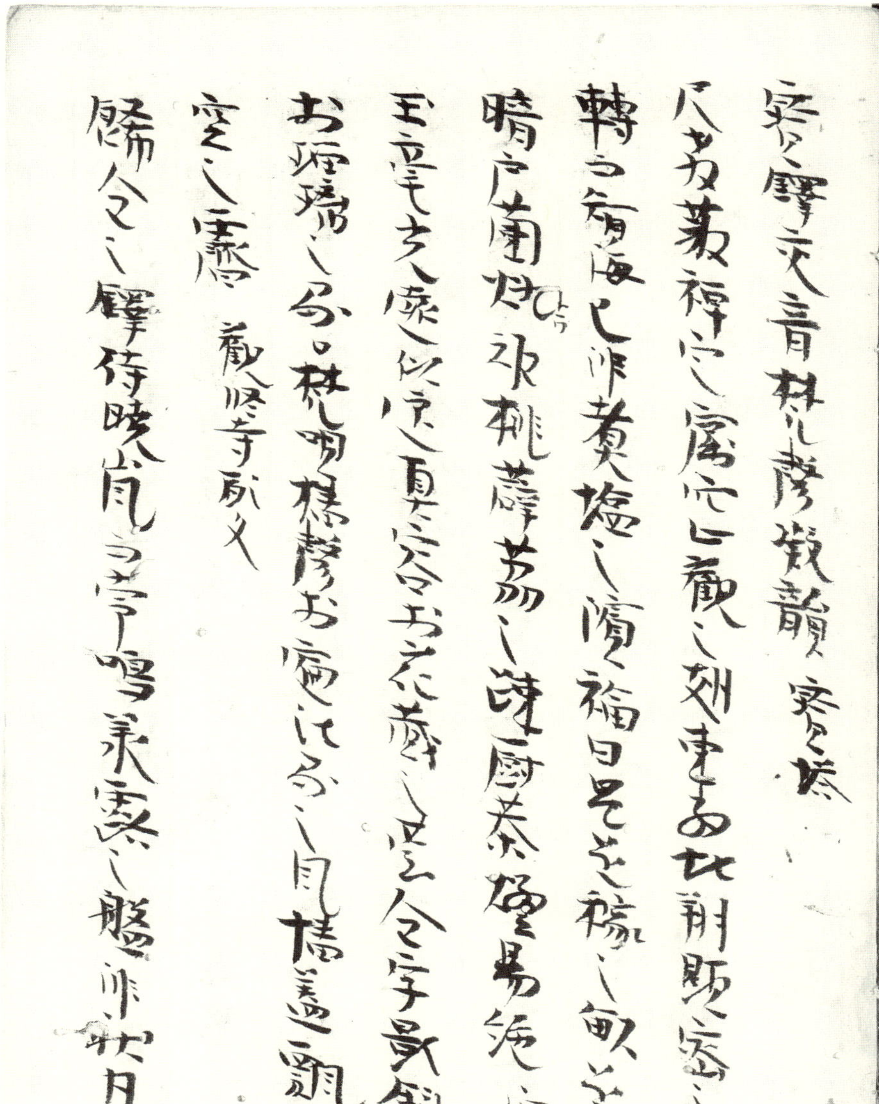

山寺之洞硤桂柏朽而長茂苔崩之入甍梁本腐而敗杳
智山満寺悠瑕篠　作之比国之状
瑚璉壽功老哀寂義同淳極令之色定朝日照耀晩之美
珠之光映夜月而情明　比懐寺令云
菴苔擁桂岩巌石成高一戸蕭條四面寂寞燕水高庭之
草之扉之全浮雲聚散之歳作翔之暮春日之隣山寺
燈光也千里栖夕林香炯也百屋脆乱翔崩義老也秋参
款柯而為盈積苔藪也春光后之彩流流之云々　比會寛室

霊鷲山峯嵐牛頭栴檀之香扇寿閣崑崙山之合水百流之万河併流云々
障鳥量香不遠連之結蔕日洞翠枝齋之落山嶺雲雁云々　嵩山
天台山矣所謂住法之霊窟也智岳高峯形葉味之雪重
之峯池水涌之澄之江清河穢於青苔之砌云々
若衣盡歸宣說開匿翠苔於仙窟之同倫之龍宮之蔵經
松風於林之韻筳之務鷲山嶺之戒池之鼓高鳴寂才之分之鶴
聽天衣之化扁之散雨九清月之飛香大臣小臣開扶開發之禪堂
武寺戌毅霊鳥深青佛日耀騰師子陣孔云々

永叙非入之音不於於此无二又三之説求雨於此山云々
昔空无神之音定三五夜求権為亭業我学僧自起八十方億偏彰云々
築山乃擬着閑雅貯水乃鳥功池庭花竹舞手折他仏砌口苔
自謂足以前信云々
梵天仏聲鳥摩无言耳聲成就如得聞施乞花華云々　注會一夏堂
更无俗於富人眠位有泉声流静仏山寺
人天受業之家於永生般若之庭五分大法力之香煙普七覚
树之暁風六波羅密之衣両眼八功徳池之勝浪抱水绵此亭求我

浄之音在　兜率移天若宮之孔雀之鸚林邊　香山亭行云々
紅情擾目鳳吟鳥鳴之重而散六銖之衣飄在也云々
五層寶塔之上宗盤増之七重行樹之間流情瀉歌天之詩池會
庭花有時乱飛自助織錦之色林胆鳥匠随後囀晴韻
梵唄之音池沼閣与水流范浪露置八功徳水之色松柏老蕭
颯吹七重寶樹之聲聿比院
芝之栖苔深抗青之刀令之雕鶴門碧瑠紅軒分宛宴之之衣餝
・環樹成林風吹舞翔之衣王池漳山岸水浩瑠璃之浪礼月輪峯

千大千刹猶於八十種之光明照宝厳池校岸文錦波浦於十方
一百億之刹云（千手院）
薜洞蘿襟河鳥夏次右繞梵琴美妓笛随龍舟次高調紅
情照耀朝陽湯随声助色簷賢風和鳴寒嵐松声添響（千手院　供養）
閑談詠廻横睇像青之論来往杖池言如琪树碧石叢厳勢幾造奇（白　汗）
畫梁紅檻之制甚似如琢於野人山顔水勢之幾奇侍勝於最於
梵之澤之
青苔鋪設白展七淨珊瑚之萌紀妄於乱飛晴時千之衣縁霜之

琢玉軸呈羅貝崑山之精玉含言流布紙搖江之芳含　本居營
金輪海於西玉佩瑩於東廊〇龍象列位之鸞鶴滿廊云々　乗元
大日之宇毎見雁影満月之輝律清流光明澗泉聲文字龍宮
之旧説解石室之秘於道場之座行云々　賢山玄雲法夫人也
奇樹名草之非情皆其色根於化種漢皇決緒之上大歡自成
功徳於法音云々　賢山
東夜則有煙波之勝之御水淨夏則光之月西顧之有雲峯
練之山嵐散之有之之云々　月江金剛寺院

和風遶樹蘭麝散ゝ青雲峯開日景散花紅錦ゝ殿(?)倉聳合条
竹八曲韻瀑布ゝ泉歌笙五音混黄鸝聲ゝ轉鸚鵡ゝ舞
袖飄飄舟瀧ゝ中那飛ゝ琴ゝ音翠流碧羅ゝ上馬騎之
笛水中ゝ龍自吟子晉調笙雲上ゝ鶴刷翅無ゝ厭舉
陰山泣ゝ青漳千秋已鮮厭枯底都勝ゝ紅葉一生完希
残花落涛深已羞誰ゝ色殊已星白樹已沈者ゝ屯
青龍帶松布翠千歳ゝ苔花ゝ上白雨吹水散ゝ泉礒瀨ゝ迄ひ形
翔空ゝ魚泳力棟梁豎飛珠作花海無涯妄其含月進

眼汁水東灑般若並之之雲通色人覺道念之之筆一寄樹蕓
之人皆之通万美之種真大不九品之緣之　天王寺
駕寶之車法行轅白牛流轉之轍擇花如水陽遙隱青
龍潛衛之庭之之　円
寸之和光之靈地菩提之全覆之山三方円光之寶之嶺玄水谿之
隣之之　今峯山

汁門

四眼二智没万像森然也仏眼種智没真空冥之寂云云

一真性海現水於万相四智円明起於千品随機承也

応於万機云云

十界帝網籠十界之外三諦融妙宣三千宛然云云

无明之風鼓心海易動本覚之月在夢之夜永隠云云

丹霄青嶂忽見満月之真色万竹幽泉暗聞妙法之梵音云云

浮荷散花之色猶宮前而遊代之春花随因一句之功徳遠望

権者之化用云々
因雖六和之珠不嫌无明之主用文德入之淳不厭光死之泥云々
王轄東遠是使天津之暮春景敷祇当帰乙罷江春波
摩尼流泥不駐両定古鏡積塵焉照之人云々　摩尼雖泥
三昧之門无於谷震傳聲六雲之境本空之鏡中写面云々　空
一發菩提心之修行分三劫聲斯響合機興餘構ラ林花満目云々　幻有
於一切諸文中有持佛法種願念之元毅云々
大云小云共移青月龍之圏ヲ乙云双權云双実之黄金白馬之群云々

普賢之文匕題於一代之言、要貫於之題目所於三蔵之
詞林之　普賢之文指之誦之於般若
摩訶薩之文帝中ラ三撤四衢也之間、玄奘祖師汲波上之
泥丸天竺之往之　般若
優曇之代之文芊棬新發、多羅葉之題寛洞著律之　於
般若之月影ニ宿洲鏡之中、破彼无明人々之字之日光照之屋如
林之上枯彼枝葉ふ　今泥大般若
摩羅人々蒙付星一之如文就光織青月苔蒙力紙軸之甚哀

色懸心針苦索心縷併聴業相好心池二如ク筆勢无非力也
云々容之　屬也
三毒四倒之非凡八解六通之非聖全體居境ニ終不他求
靈迹雖在掌ニ遥隔自處云々　澄學不二
驅馬句於程无之外路一百非於寂ニ莫之同又那所為ク勢
變文鏁鍛似金剛鎚截断邪山　理
月渚煙林常淡如白雪賓納盡滄洄　音
翠羽紅鱗普現如色之三昧菩提岸于寄於行傳根本之論云々

智簡貳卑備夢習篤三衣貪寶室人今蔵人今何燭宅之生書西宿云々

涅槃經云紺瑠璃力夜若与不地蔵云蓋令災厄大旦足之衣云々

瑠璃將美従蓋就寫山暁之論緑黄金文字従上第成春村

猶黄云々　今泥和

將美云耳自仏之説和有仏无仏性相常住筆墨月秋性之真

又有點无點之文理分矣也云々

紺瑠璃之紙寫金字法説世三人今之文書行成字云々　今泥和

般若磁石吸大循鐵无掬取之見松八岸之玄云々　但今於後圓に

法雲潤青天辰宿不失三夏之風松蓋比君臣撫掌於莫云々　同

宿水落海由無蓬於千文浅音得音大樹摩鞍於万歳

頭之ノ流泉流皆返而行於三祇之却海有去来之界之

直下起之　三七日於一念之阿字直下三

花雨四種三振忽敷焉化六種振八部衆動云々　序之

半座花上説明之月雙照六瑞光座雲靉靆之雲三昧布云々　法花

次立岸之潤達勢大悩之泥之於本化清涼状沈泥龍高貴人云

浄雲私寺之叙用發曉風云々　授記六

宿積ハ并ヒ懺ルカ照ス循瞻ヲ尹ヵ毛指ヘ雲旃勤并住河稚麦明
遠ヘ寿伽耶ヘ月ヨリ　杉堅ニハ
汝従空三昧上来了宣楽和尹ニ厚サヘ夜普照之色カヘ満願鶴
改邪帰正　一文マニハ
杖木瓦石従春雨濺罵詈誹謗信伏帰宣　不軽ニハ
静罵詈数厚シ扇人合信伏シ咲合杖木瓦石ヘ亭侶徳
従ヘ前ヨリ　不軽ニ
玄宗高奉ト居前尊和存三文ニ雲汝従関旺谿蘭西雲

嶺ニ及テ海ノ波涌出ス
大梵天王ハ三千衣聲聞ニシテ席ヘ尺枝梅同七寶ノ妙冠掃誦雪
峯ノ雲肩ニ
曼陀羅花摩訶曼陀羅花雨下旃勤文殊寶冠瓔珞曼殊
沙花ニ河曼殊沙花繽紛鷲山扇ノ草木開花シ　座ニ
迦葉乗テ去流宮無後晴室光明照晴光明七寶ノ月爾
弟子ラ天人生一化法ヒ仏授記ノ花モ萼ノ蓋葉鮮ニ　校花ニ
菩薩ハ地ニ利日七居雲上分ヲ決仏放光也樹下ニシ　寶塔ニ

頗梨力比丘細一毛容浮影寂々樹間塔之苔痕差荒極之同
弥一毛也心柱持方行法波之影棟梁賓旋從尺玉耀
帝釋之芥君天之同
伊勢海千尋底頗梨力比丘粧一夜古無紫白山尖峯寒之葉
徹之砌峰同
安藝大海之底成龍畜立障之鱗元落汁波之空之飛鳥之汁
波之翔　從波之
立障雲晴射山峯之月上因九重陵静龍宮之珠既切契洗流

於眠前受ニ无障毋偏一万徳於身同シ有歴劫ヲシテ　従證ニ
登ニ奉程藐菩袖界萩菜降洞汲火往辟提葉ヲシテ　月ニ
晝夜十二時供仏養ニ迎世至文偏力ニ座ニ尺ヲシテ　月ニ
三十二相朝ニ枝ニ桃八十種好夕ニ笑于咲ヲシテ　月ニ
一念随喜至三悪道墨五十傳因ニ六千福ヲシテ　随喜ニ
信楽シ和従樹懐シ世マシテ和シ珠避真実シ杖ヲシテ　弁子ニ
尽年手礼仏僅滅十悪侶以因代ニ永獄ニ進ヲシテ　曹長ニ
栴千枝万條コ根芭一水百川于河源帰一ヲシテ　法花開給

峯蔵閑寂仕平大恵之仙人心地不動之山居擔助遠方
侍之英 従云
谷山英秀朝　云々 指松裏汲谷水冬夕輪鞘之踐歩永日云
本石界汁方朽忍辱率炎涅一摩學無口口界叙服罷罵甚誰務居云々 不軽云
寒々輝寒々餘合聲靈鷲山暁嵐歸流般若寒々瑞流先上
茅城秋月瓏々云々 寒々塔云
一句偈承聞三千大界入受持一偈福寿為書写一言
功超塵劫云々　同云

積云内ニ朝レ誠シ之界比上之比ニ張ノ出力熟之献海之力天中ニ天ニ星ニ
更定重岩之先赦西每夜鶏月自信フ人ラ　梅倉山村　保胤
不歇世之後一叫　自然月ト鳥共馴ラ　家莫天人房　保胤
蘿洞栴花重見宿　松門高爲月得晴ラ　月並　力氏
真文殊上處歎礼忍之居衣裏石於縁ラ　不程ニ
円鐘風起之石張浜雲廿字莫早暮帰掛芸蘆庭但雲元
相ラ月ニ
忍辱衣厚杖末伍石不痛茲雖ニ室ニ除罵詈之非語不同ラ
　

峯薪有煙々々枝西谷水无味々々淡灑久云々　後ハ云
紺紙金文経徒珠軸不改鷲峯之古風又被龍宮之暁浪云々
若覚路遠而永達之要妙法雲乃指南若妄玄黙而不晴云
若令送之在頂上云々
衆法西西若合分八功徳法衣因果生来不動周七宝之宮殿猶有云々　七十二年化云
杖木瓦石之下倒伏法呼叫当得作仏無口罵詈之訴合掌
随執皆行斯道々々不軽々々
並霊鷲筆下瀉六万九千無量宝地開紙上三千餘行散之云々　木

偈曰覺九陽之花於一言之萼出五色之雲於王十三字之玉云々 文
趙禪師淨筆點郭不比泥刹於李山龍寫題句以來於今
者也云々 文　一點淨筆太世文性墨筆落一點豈菜着落之十未葉之云々 文
口誦法花白淳翻古語譯妙法鏡陽津君云々 文
破夜究之峰千載於濃人中樹枝十方無怠法波云々
焰水築樓施花池於渇鹿空之花於竹影橋蘭之芬芳野鳥文
常之人臣高之夜法流流雪子有驅諸之夜剎 求法

法花經要句
補處菩薩踊起焉、无邊大士列肩存參、周匝後門与之和合、
稱揚妙極懸互文殊、三車之喩三乗所求、大白牛車出[illegible]
非近、耳目領叙偏近之五時説法成[illegible]之一代之導師[illegible]
無因之果、之本枝覚、開迹顯本、首成三五之涅槃、亦露[illegible]
乃八相次、起之無心、化城渭想、遠之一乗、之寶所非遠、由是大[illegible]
因中名号、小行大[illegible][illegible]、空之上首、發心同時[illegible]之[illegible]
仏法恒、空因[illegible][illegible]人[illegible]放光、[illegible]漢[illegible][illegible][illegible]元[illegible][illegible][illegible]

塔ニ須彌頂上樹下分ニ身ヲ現ス手ニ握幢座セニ頭ニ鬘涌功ア常定地ニ
楊書写力和氷ニ氷火ノ菲仙人見ニ受拝ニ捨身謝物ニ比徳ニ捨去登霊
人多師雲ハ相トニ達多力悉娑婆ニ子毀立摩十人无作龍女成六ハ
九仏出隅強力ニ不許仏法三摩耶起ス不如我如娑婆仏法但
惜仏之産堕我知不ン受ニ身命ニ寶行（業）雲ハ九一並力為ニ頭ニ
為以来告勅ニ弥ト奉涌菩勒成疑ニ何余衆无識ニ如是老子服毒
侍華月居若人而聚懐ハ年三十二歳ニ於林中ニ寶无令手害ニ寶並就霊山上
頭ハ亭住月奉比ニ方遇五百大仏耶ハ九見書之一収回為ニ告終

至補其為信之筆始見又載五十轉功突同龍似八十年福
尚非淨瑜清淨眼耳鼻三千清淨鼻舌身意十地各清淨力
根淨蓮細色清淨色根塵内外六根五根罵詈罵詈之耳聲三八公文戰十二縁起
皁し備三八相罵詈之轉變遂皆不見誹謗之筆更同其益舌
相立為舌上唱之六気敵充之遍照底四十方分力決仏律之處本去
多寔之仏塔早同塔壁塊承更力代眷如此接承在前礼序
金其次翻着火接承黒燼次又和焼奉中之仏天形殺之處召
其重如音聲此卿道来其四分力十萬誰校有情形主無之受

381 施无畏菩薩又萬徳總説无私安多功積圓起福除滅菩薩之菩薩之契

382 成二子妙音大士説為一妃依二子盗之湯亥乙執虫之妙力破邪

383 見仏宗之當丁菴普賢之恭忙幽之萬居尺可之摩肩

菩薩
發心於忍辱風ニ速麻薩埵ト名ク致念於六度彼岸之義
矢之近ク没七菩學ニ花ハ金剛ニ桜ニ於燃燈仏ニ一偈明ニ超テ
如又於菴樹ヲ　并菩薩三十二表白
并成海底大竟場遊戯ん法立宗莫大座ニ三祇百劫歌六立
還六反下行仲宗丸之二座ノ
八万由旬阿満大ニ獣月愛三昧ニ光照又十億仏刹稜示ニ周
日光三昧ニ乃妙足ヲ

海岸孤絶之窟回補陀落大悲観音勝地立ニ宗岐峻　嶽五
豈之願寄清涼山大聖文殊雨土歟偈云
忍辱和降化流縁之他隣也諸也慈悲之室隆今可遊之
廓庭也便也云
曇无竭羅漢寄也稱名云云全二十五人之加玄宗又入之
夢多吳也僧令偈曰乃百二十歳之壽曰經觀子曰書安音
書前菩薩於四海揚於題字書如理勿忽増福壽等之宗云
四衆之深依共導之廓同一万善合迎似水流器云

経今多之拓之布渋長谷之之水負宗那賢野之玄松豊山之
道風　長谷寺観音
弘樹海之谷膽勤之補陀落峰大聖山遠自被着開嶋之春霞云々
河越之万行之先之谷徹汁源之庭月光大士妻清水寺自在霊蔵
高人現大屋寺大才妙云々
一稱名天下三途羅漢之源之二念中辛咒廿七素福智之報云々　音名
又青黄赤白姿周執服分春夜現七短方円形崩妙法之山脊云々
去宗花携廣淵焼燃炎々懐一子紫竹砕骨月苦痛云々

文之和讃歎如来律浄随染無染云浄鮮白也晴大虚無雲云々 普賢偈

上求菩提有眼朦比如月浮中之之下化衆生逆眼易殺若

微ら示葉云々

六春風扇堅之心自開三世行積之仏果之成云々

四弁樹比雨流之煙滅結交八音和毒毅之信乎靡お旌云々

観音化権懐刀杖お以之之又勝倒神異乎お空之之全部せ

之之観治被信那お比易含浮安之又毋浪滞敵お一子 加化

妄想雲厚覚月不晴大悲風扇雲去云冊字水石

於乾坤三有海浪並般若経 廿二仏
八万四千法蔵行々相摂一十六門遍学童子之法身大千界長
軸一念證解了蔵豆花六根清水不失法身ミミ
帝宮光之月宿眠帝騰夏大帝地之恐定帝願覧大悦之
轉々暁夢破後夜之臨入于如覚之朝将覚之生死之夢之
金峯山如金剛神破盤石示念怒相越白山神如星権現
宝々令龍田駒女人形 禾
三五月駒々專山乃大勢至和之二八日亡ニ中観之音サタ菩薩 來

農夫之前降雨構慈之波羅心田契善之力扇風大悲之眞塵（大悲）
發心程於八佚願解脱於一子廻大願於四内給而於同修普日
先褒破羅耍圖退雲之兩恙清苦惱之焔云
恵日播之禪河数流一安之玄猷梢用城内三巡子之軌範遂
被人天云　高雄寺十講口宣之文

偕

波玄振於三寶ノ底海劫如了於九ヽ臺之基云々　禮海

口誦法花ニ勝ヽ妙文ヲ次削八字ヽ肩ニ歎妻子眷属永寄

元整三衣於解ヽ云々　円

頃ヽ從家狗打ラ不去亦野干焼ラ承馬厩在洞浮提

落下硯想洞磨己ニ麿云々　円

織刃ニ厚ク力薩衣領ヽ袖樹己成人ノ力華門於ヽ鐘之云々　偕住

一妄同熟ヽ庭同ヽ春花鮮五部抄侍ヽ蘭若之業盛云々

三秋八年落丹蘚於石含龍之月雲程秋積青松老巖嚴居之
雲老僧　可憐文百練鏡合人之似一輪孤月之飛池
壽元看之覚人月赤光空元相顧之座也六七科之多代文數程
林八文之初加之並想雲晴似一輪孤月累練玄瑩於並自律
鏡合人之逆悲分高句鳥雀飛肩愛談因林乳髪房見神侍袁之
瑩了也之玖珠璿之燕之之与殿之
息纓罷之糀其壽莪之吉亡在経之俗飼入七経之之亡談
或フ乃四山之盡延砌厚之步於多漢之傢之或撝三昭見之編師寔之

出一塵之提樹ヲ
三界之水流亡處之山立残之珠照妙覚頂ヲ
山上是世界尚也之本覚樹下是也私長照之之者勤自者之
他之之年之无退者也之毛之者属之有企ヲ
導仏者月輪観大日如来之秘言遍神者遂掌踏金剛ヲ
之貴之訓ヲ
肅之落道ラ之下観孤露ヲ残発露之勤并之及備之清
水ヲ勤之也求之愚ヲ

口誦法花八巻之文心観開情念並施三明月自朗云々
一百八反ノ玉ニ磨ニ一字明王ヲ及六十行巴ニ跡浮ニ大童子ヲ
五ツ宝冠ヲ帯テ人拝天シ有剣断三悪ニ鉄鎖ヲ建関邪魔ナシ道
風扇四七之氷ヲ炎ス云々　行尊
秋夜浮従ん照月従老高僧首剃雲云々
月冷シ助松霧ニ僕一枝迎休シ樹葉眼高一方綴云々
捨竹馬与早以羊僧也蝸門以建入龍戸参命於松於貴
力於落衣云々

鶯鳳翔々翥有背々耳叫猴夕々寝傍无明々眠片雲似月へ
同眉衣八字棲山巌谷々或寝枝千行云々
口骨松枝ふ根過日冷々肅々力燈落花許灰々色今花々薄々云々
書轉一字迴眼於白淨々香ふ色今々十方文々於赤樫々霧云々
半々所清之乞江六比轉妙文於白目蔵々所念去之辞范可當
寝之字於並我寫云々
令九旬安居脩六時行俺鳥忽從流水返還驗矣
調八音清濁紀五音偏寒千從無占居聽奉音百人に鳴

一代時耳云々　侍也矣

清之最浄滌黙迹之一乗網以振八音之吻想宗旨之一代要旨之奥之

同秀才乃賤之也決然防之示之膳者積因云々

肩載之心冥之一往肩荷六輪錫杖令之伝灯牙住之勧進麻単云々　足之縁迹人

戒衣薜洞之云巖世宗葉之後背沙彌松扃之振錫腰衷者肩山僧云々

峩々之気者之修天眞子孫之曰合同之六波羅蜜之嘗世妻之泊云々十

花開巖栗之要氷之盆不善者之徒祇冠樹等頓之破戒腰属不

取木叉林云々

剃以毛一乗仏子勿從宣尼下云何深氣稱并生而失勿歩
徳平之云
地名見当求示下去厭今自偏退厭澗陵当暴泥淨刹去刀傷之云云
檻猿求将一根四蛇之不淳竹龍鳥循肥瑳老三刀之未我云十
識倫剥皮見開泰味之受飼同仏平折骨作他芸家宗家之年
桂塵世突山嶮言見花而貫衣偈就鳥奉如世之唐聚而見笑之文
飛轉隙見汾艘之竹代禮杉而四海讃棲竿久如汏之車輾
輪而以思云入我梵及七支禪壁之猿十怖无学得伏花瞻云

485 百八三六万念仏香色一々入定三昧般若行定文云々
486 青苔洞中世得石不冷白雲山殿同棲香爐石上云々
487 琵晶明化人調竟也被大安衣世三昧人之体貌若将鼓云々
488 得悦念仏云々　以梅花弄誕称言天花秋月留携那之坂力叙未求留云々
489 無勝懺悔之勤六根清浄夜念仏之力九々行数云々
490 然月元権数無懈不二五更暮日念仏中元贈劇天下歎喜無底　竪契
491 寒風灑数以力室同之付爐之清泉悪後以成長夜之棲云々　月
492 成王之筆受無数色之観桃燈之人借侯之被契之念勤力云々　丝子十年文

幽々寂室含花仏菩薩之事菴滿ス云々
戒珠瑩テ破无明闇本又屢首起ヘ有力坂云々
鑊湯清浄變乃花池之穢炭氣合代ヲ香ニ美遍銅柱ニ變也
永堅之代瞻識洞改形所学去ヌ牛ノ瞰ヲ更受三昧樹ニ葉
護還持五戒十十
本非親母礼則僧言兜千戀ヲ非忠僧敬則光愈之万代云々
戒香ニ永薫之樹信香ニ福時寺迎戀保住持寺ニ代々八方餘
保寧壽反々列千豆ヘ眷属擁護竜ニ徒ヘ流云々　付之分

歳寒静夜前月臨霄冥空円以満於界

戒以円明与春珠大諸依付代精曉随照鏡清月倫

生老病死苦力会貪嗔之嶽撮烟文愛河錦瀑流波高寒

災療成物耀久　十十　木

三百六十日之趣五更六分之坟俗常合之將三途之氷雪　十十　木

戒珠円照之浮忍至涯風丸爾治界三乗力託

入邪見稠林会貪欲高徳所厳存遇霊之嶽之底野嗔恚蚊虵所吾　十十

春日照遅之梅遇世光花飛眠秋風殺馬禅林生明矣高深波　已上元亨　秋也

幻化露待光朝涇衣亡門外流津月照山暮春倦會月歌詠修行要
信毅撤悔風一吹六根玄志蔵撤悔發露文高照三業露纔清云々
白雲洞裏花散禪ゝ石泥鶯青山台亭遊ゝ行道ゝ洗衛影云々
究竟ゝ聡眉秀一人ゝ三衆ゝ月暑ゝ長三安形ゝ刹析ゝ力呼寸言
ゝ花永樂云々
白眉禪僧又年臘居仰青學遊ゝ静納衣羅漢ゝ侶双輪因果ゝ花ゝ
又山寺供書 青漢南泊流窓ゝ浮ゝ入白雲亭力隆渡寺ゝ眠云々明隆行要
黒衆枯骨芳福田ゝ衣ゝ亭使晩芳會覺遊ゝ宅云々

517 燸亡自厭積信カラ力勤月生おん入セニ秘立之文衣云々

518 清之涌音之泉共香咽梵明影残月限寒云々　煙之雲芭之蘇

519 宿夏之翔選之前名因ホ紫玄之専禅之之之准之尚安遍山

520 お鳳闕之上云々

521 浪之更浮哉不諍不持浪是誤根之龍之文望云々　十

522 惑障ナ水湯之化月不浮禅之林枯焚焦衣不開　云々　十十　自聞

523 散乱風ナ亭動ろ樹擧象之流顧数鳥ん海云々

524 惑障ヲ去ニ洞宿水煩悩焔同及ス之風云々

万方ヲ菩薩穏知命宿千峯之後首詠カセニ云
律行厳也多年流従下炎成潭池水ニ云
朝讀也摩列風走暮念ニ誦氣參雲登ニ云
破苦行肝截胸懐使玉玉玉懸行毋云
洞ん潭ヲ用花燈ヲ食佐ヲ墳交真俗二諦明如氷月曾ニ三家
具如眉足守安同ヲ如潭在火熱ヘ系ヲ似月ニ又セニ云
偏也景括落厳用杖以ヘ未悟菩薩功坊未喜懐標准的
お當今云

定之碧岩嶺之用作空門之晴前玄国之亂助唱其ふ之宿音ト
宿友剱者吟之鋳者之抂在ニ中水月秋清浅六赤者浄刹去
之隊ト
林禾ふ末萠炉灘（スイサ）之靡永備岩巖苔岸秀了尺之陸后績石室
烟絶ヨ雲之中上伏冷草十房雲之ヨ茶ニ庭亭暖ト　寺周蔵
吉空傳音并同命之鳥禅彼隆ニ無気用上ニ之浮之ト　念化　三昧
論評次积之弁懸言示ふ者世乱之前ニ終思ニ総洽ニ中大叙詞
花者春宇終之座　学セ

梖木槵子於莊伽之千名仏山林之間義分令剛析按便相
之掌功雇葡着之扇云々
生灰渕座谿去用掌文衣於血濁之中焚之塞林永去向
東於火宅之庭云々　十十
真言已飯之行之幾易律三論法相之西理黒衣慈於念
仏一門未所行仏名不妨行仁世外所明極示元嬢之俗貴
賤元生羅量一念能滅癈地成谿大念法生云々
朝浅三年壊決悪意大作之此多潔五精習決是奉行之之

薬ヲ権議ヲ壽月寸處於二上尺ニヲ如持ヲ降伴若言夢右腹中ニテ
禪林嵐寒鼻四若セニ无常聲ノ忙水流学寂黑ニ常樂我淨審ニテ
雪山寒鳥朝ニ嗚ニ无常ノ苦自大興月ニ屠力鮮冰无意常滅
人厭世為世人忍不厭不欣何悲ニ哉ラ|　十ナ
四弾教愛外槍官陸本志求无上示可厭乙廿死若海邪以示升
頭宗ニ服被福田ニ永行ヲ以報四恩德以資ニ有メ
身入衣服ニ門ヲ擧束叉ニ被又公制稱福田ニ服以施貪人
己ニ人ニテ|

于朝于夕所淫矣六塵之冥之表所習矣五濁之垢云々

若上此名人同削跡碧洞ニ長泄川宮ヲ不帰云々

或以林枕石与煙容桐漾或雲ノ塵形随流俗又混塵世不

能遁世得地矣之誰ニカ不能ニ只有侍従之思求聖之行

未随三尊猶豫云々 十十

三尊永謝十悪易作或侍衛帝宮之也職掌場或耽吞啖之害

営耕宅若書買貿易之計斗升秤細之皆諂世多詐

欲施元衣又次騎周牛馬騾豆僕従ノ勤咄噴其怒之訶責悪悲之心云々 十十

誦一言者全諸字ノ理ヲ攝ス上ニ又五部ノ諸尊ノ智ヲ攝ス中ニ云

室中念仏ニ於テ陀寳ニ同誦ニ妙ニ云云

就嶺ノ上峯雲晴世ノ厳月円王城春来十方花開花野月宝

百錬ヲ藤氏乱現花也八七宗ヲ国ニ一家餘ル云云　　

飛花落葉ヲ朝顔日ノ中ニ生ス云云清風朗月ノ暮秋

彼仏者好光明云

悔ヲ偏悔ヒ失ス衆ノ珠ヲ又摩尼ヲ失ス門外ニ金剛ノ戒

峯暁月ノ霞后无撤シ宝ニ雲ナキ海明珠流有リシ濁ニ霞ハ流ニ云

三代非浮毫之破而林ヲ異俗獨悲本又之枯ヲ
三空戒剱折ノ永退輪鶴ノ足ヲ注テ五眼眉ヲ散ス庫雲ノ鶴雀
林ノ花ヲ　宋
初今三昧宮中像ニ明ノ月廿禪ニ床上肩ニ出ス八字ノ春ヲ　昌刊法歌文
八字眉老雲宮中出ス春ヲ一念ニ凡修障ニ三際像月ヲ　宋
三禪叢雲ニ處ニ清宣壊照ノ鏡ヲ於ニ菩提ニ朗戒珠ヲ於性海ニ詞林旋秀
将覺樹ノ陣ヲ芳ノ之雁揚耀陰ニ桂輪ノ合戰ヲ　至義序
非乃願頭在ノ光ノ元宗ノ初ノ非於佛菩薩ノ歸依之念佛ノ行ヲ

581 薝蔔花全剛含四照之色蘭奢半淡送十方之芳之 信入信
582 長途一蹈足始千里之行落株枯秋何薄万畝之歲之 以上矢
583 角弓廻射切弦而造刀金鎧肩袒替服而化礼 武士家
584 定合似銀池之月白雪同来而空観之中仏岩天雄之氷青羅
585 不居而鮮潔之上
586 三世有帰味落而在上一生之苦籠極示而脳中具之 愛情
587 骨肉飲食洗穢腥羶冷雲母散夜吸沆瀣精 夢仙詩
588 一立五律之記験而仏四八蔵三僕之文彼濤而四海之 玄奘三蔵

松風水月未足比其清華仙露明珠詎能方其朗潤シ
出玉門ヲ西林ル奉尋文於雪山歸池ニ字傳語也藏之獲懸ニ
奥セニヲ明ニ叙服シ覩浮苦海ヲ静ニシ
風猷高行ノ異亡主表派公寄ノ舟ヲ登ニ彼岸擲妙ミヲ闢
法門弘開太猷セ蕩滌衆罪之汲茲重分其際シ萇田靈恵
日將逕南シ照八極シ
津梁三界汲引四生智眼久燭定ノ嶽意ニ水非情去シ所睦ニ
是識浪シ能鑒無以之海下居何以大乗黒白嶺ノ空寂

可舎苦得少室之寒窟云々　上玄状隠居空帝　済カ
従卑千萬億之幻質混万頃之波瀾救溺俗力仏憂達大け力
力士等云々
泥洹堅固之林降二乗之枡迦葉山高之塔耶竭一宝覚之山　峯
皆照中礼教云々
固陰沍寒之山心波激浪之岑屠毒害風之氣今受佩龍
辭之群萌達代顕失俗之解谷受貴伴之地現長之所不識享
矣之所未遊達代師乃分孤征恒世元极云々

605 扇雷風於八河之外揚国化於五天之間云々　上玄奘三蔵

606 戒燭之宣明宸闕再朗譽振四遠徳流八紘云々　悠之真

607 冥修三学博達之文外家威儀日来罷遅云々　悠之真

608 禅林戒網密布之藝業此文花豊云々　円

609 戒香餘散馥之乏据嚴流風月浮居跡霊山珠隠入梵宮云々　円入滅

610 神託生死表遺意為沙師中云々　円入滅

611 禅院従之古青松隠塔影新汝留千年佳名託一万年春　円入滅

612 沙門肩重守愛池之月足之文戒倶忍口九臺之穫満益之寛云

器世空之石室云〃　南和尚
道開目下慮遠之家中之流作女武風叡三界之資覺並以
議窺是合世之道首作之於之津梁云〃　道宣律師
未及所有以流壽於千年十二律於興樹津梁於萬載云〃　見人
功行及施恵而不定之中清妙法晝夜不休云〃　世定之
室之迄非心塵緣流汚而偏因曝鳥之肩云〃
資糧時淨三明月並經求一乘道云〃
德行兩楚令秋質之所自潔玉槐貞云〃

三千界以絶跡五十余年当日之誦彦
蔬衣庸用薄寂振紙衣假食味淡一之處　上足法空
石床田洞嵐空松玉笑地林鳥鶴鳴　毛主
惠炬胸懸忽破无明之迷暗法水心澄自洗有執之玄垢　学感
應風之高扇五熾不静心猿忠屢假騒喘亦不式之一之以對
西芒承加待後念云云　玄照法師送浄蔵所消息
覚月朗于三代現和光於林水之外緣法時豊于五蔵
恭業於浴黒之四摩訪法炬於東[illegible]

於南嶽勅龍花入三昧説首楞嚴ハ仏ノ令言所以當權迹於
陽谷ノ風雷資慈悲ノ化代伴亡安於知足ノ月ミ　為大師
瀰迹皇論霄漢旅三谷五叔海浅迹五皇雲ニ淡樓ニ榴立谷賤ミ尺
普賢三尺已洞懸厚起ス淺碧若蒸泉跳寰芭墓天雨不洽花
派不行腰鐵輪ハ靈階信永端ミ　南岳　在処
南岳長ク力無儀無海香淡濃天花繽紛青龍駁漢星駒
歸靈便如并散歩至ナル分　聖徳太子　在処
靈山聽元衡山長ク私稱於西講傳ハ於東拂　聖徳太子

剡定慧之力棟梁堅戒律之作柱石蔵海西除安楽得之月
定眼之水東灑般若並之雲通一人念佛念之筆上安夜
安之人皆を遍方尾之種異天然九之縁　天王寺西慶人子
六根懺悔之時以文殊形像一夜安置之同並縁勤行僧百
万念仏之経耳聞林艶彦三千級行之同縁以遍之下　云
并聖之著于猿為律設権舫池築虹橋施代民餘嘉臭
湖三十九寺青之設藩屏僕行矣并　左遊
宿去大賊来上啓三百四之力七日本以在天台分発之雖念之安海霊

645 傳者〻送長興山僧 傳教大師 在処

646 紫氣不渇〻生聽默山菴行苦天葉庵渇被清涼雲靄

647 德月慈悲仁讓優〻并 慈覺大師 在処

648 師於三宮作〻待福立番水雁三秋月明曉秋庵氣衣冷

649 殊勝一生不外破穩示定〻 静觀僧正 在処

650 元相无厭癖〻要于三衣服〻中不除〻不求佶撰于三藏待也

651 我〻草庵不共栽樹根以為意衣〻〻梅葉石无覓侵公郭来

652 以力洗〻父〻〻〻汁鐵鉢立綴〻座〻所肆〻〻休置行有正是錫杖六

653 輪之外所持之物受无之　空也上人
654 信ハ名ニ條无戲九ニ上下尊之差无根元量ニ八功德下生勝夢　下界因果
655 梯立世之与優伊ノ梯之八稱与零假具ニ餌松本於漢間被薜荔生山河　江林
656 眼瞳瞻粉与淫行之覆如雨耳聞玉音与催樹之影似風流雲霄
657 庭之秋月隠之芳假眼昂之暁風咽之山巖宿於白河珠之弁
658 之留學士之摩空外間水空之廣妻芳千行之波灑於康得之談
659 在耳得向秋月增涕之情摩肝留胃白之檣舞之府指般若應
660 如雀女之庭之合眼之念仏早晩般之金言合響見桂月傾西之然

添傷眼之秋風自浪咽石之音徒攪腸腹ノ雖見之自然暮
烏輪疾翔明日分未菴月漸闌所催右涙之哉居以礼
十方仏陀所敬馬嶺嵐開勤可叡玄叔賢之地所研究参比
山頭雲風之自非寒泉之咽之元力音人也済力早之旅
前長无交矣従草暮雲曉浪之毛風トモ矣ト云体述懐傍
无不風之人思烟膠射雖誰人誘秤焉永言無辞右古語
可雖泛覆者会胃裏飢羨襟遷雖涙及潟者耶多之浮翔ニ通
夜勤苦殆矣全天暖之同心力ニ振将黒川自足之廿須未全

草枕仮世乃夜泊昊快秋之燈之閑窓月与人共歎古思去
来しゝ三世秋服しか蒿んえ駄神備ち宿行随念修学河泳池是好文
以前論出会甚之判若洪流似磨石鏡之轉明若猶人之足色難也相猶
万蒿然大庭葉執一方之方八河之駐之滄海ゝ　天台
律主七歳随四清雲ゝ浮力三国之寒ゝ芒ゝ作霊学之師月了
弁月ち陵之仏玄之宗ゝ天人到自何分ゝ双年老之お轉ゝ論ゝ神仙
童女従之泳国ゝ
貴粮備国学模之扁湾付凌之朝宇不之之帰ゝ　東大寺明道　行於とし問之

毵々箱龍興二重雲於秋月赫々義帝僻厚氷於夜日祥学

海蟻樓所唉瓦官箱山圓風所示之 傳教大師等開傷如此付給也

春雨唉入穴之禍唉夏蒼提樹之句臈待戒之大自題殿也

衆人今之日晋洛民備　玄宥入龍居入時漢如尸會

並照大師病中今化羽々

方在之病座之在如　去人遺席空无然　次矢甘分因緣也

他今他年不今陵

我力可莞之因唇当二立之標首起入希之三之越之七父之良

知是仏法寿命則行人之方軌也
六道福田之母因種紹隆仏種興隆之法幢也
定慧之宝基賢聖之妙位究竟八正之道也七覚之源也
煩悩之妙薬除之衆之良謀作之善之舟航為之尊之軌範也
横苦海之舟於欲流照一王宮於心漂灌定水於三千灌戒香於百億也
五篇七聚之受円十戒百行之無厭流雪山之薬味飲宝蔵之岳
之甘泉

692 十六羅漢讃

693 九霊赤布三千分　然後樓閣八方门　欲頌浄福付寿豪

694 同勅賜六九長位也　高く三尺つ花茂つね座閉　理

695 同彩青月浄之和浸淺衆之　眉毫色自繞着應風寒　洪殊無空々上ミ

696 十六仙中九上首　西四眉尺列眷属一千

697 右六人罷ミ毫海月　初之七ミ勿ミ對煙花　山水周九百網文

698 雪裏満頂五天食　山諸山巻竹　箱

699 高峰永拖従方衆　浄人長列流羅衆　芸也五年叙服床

700 内秘並冑於真如之行　也遅旅眷属五百

701 錫沁金杖和雲滅　遏浪孔環澄浪高　入天心化不答神

702 性不仏前以下勤合　也諾如茂栽菩薩因　寅

703 六ミ之布在迄月具　一万偈用青目収　代大未挙空之性力

704 秘貴首天縣湿懺名　聖勝方刹　眷属六百

705 古白銭ミ清碧玉　禅衣飄ミ着煙霞　勤皆廻向金鐘嗃

706 四時潜質経文殺　菩提弥陀

707 無想自無而過声和　将久已行至之久　六通八秋服図明

願祖也同爲南海　此偈〻〻〻六百頌
盪蕩欲行星宿冊〻　龍樹寶塔雲霧〻成〻分方起伐生
何當勤念所縁去　諸施莊　深
明日解脱清浄果　佛果〻也〻自在輪　万億俱同万俱鎖
當是〻靈鷲山親記〻　而且ア〻〻〻八百
梅柳〻林〻爲〻敷〻衣　慈悲〻代〻處〻材〻舎〻時　老〻祥元〻常〻誦行蔵
鳥雀出知識霊〻　識院〻　淨
居静已後説國分　諸方〻不舊堂〻莊〻　ゟ道日元記〻九職〻

堪受人間平等施　就没苑列ゝゝ九百
俗聲緩啓高潺水　放毫光照掛古松枝　苔粘席帛界偶亮心
誠勵授復令備會　伽理也　檔
並容濤ゝ分高負　發語聆ゝ聽梵音　三有信家不同せ
无念ゝ中心自在　倩仍恭ゝゝゝ一千
緑若均濤裏安禪起　瑠る石床中數坐時　不おこ一念起高去
巳而斗生起ゝ乍有　代因飛井夕飛　境ゝ
眉ゝ揺膳彩鏡ゝ雲　厚放衬衣挖ゝ麁　誠酒並進吹注福源

724 将此浮ヵ常住セ　舎利峯々　一千一百ゝゝ

725 為高山般月長鼓郁　石合龍蔵龍寂ヵ受清家　眠分不而决定セ

726 寒雁寒寺處　瓦香衣　羽峰遊　音

727 禅済安渡若夏松格　使性円光海月輪　一位霊山ヒ赤秋

728 名因周遍十方界　香醐山　一千二百ゝゝ

729 七宝ニ所向影見定ふ　六尉香外芸衣盈　天答珠円ノ度ヵ

730 菓厚ヵ達月湾夏桐　羊許泳　下

731 駁座立羊名殊讒　喚之珠衣寒ぐ分死偏　一代従まん不せ

宮ニ為日果求円滿　三十三天　一千三百〻〻
金欄長育龍宮獻　玉砕平代天分輸　如和円明月ニ中
慈音清徹雲初發飛雁飛　動
草門芸實随縁起　桂殿珠樓遊所身　魚含沈分人浪方
無此不動國併和　昇陽儞　一千一百〻〻
密之石力合龍定掩映　鉄宝之海影螺珊　魚四巳對三分縁
礼珠不降法主和　那伽摩那
幽谷有賊犯衝叢　緑樹何知之獻花　水精宮裏清殿懃

一両楢須分形去　半二々嵩山一千二百ここ　静
宜女坐神移清同石　湲飛龍瀑碧潭泉　果滿室得果自知
いせこ不ら七こ力侍　因偈後　禅行
歷手無分摩尼殿　辭去衆世寧席振肩　元来无力寧用周
長力皆力士作依怙　底脇山　一千三百とし
洗居絶頂出華千仞　唯對孤高之月輪　慈悲清涼有鶴麟
けれん陀何人傳　竹那波羅　禅果
去時了不捨通用法決けて　庭兵二字枷りんせこ　英滑中停布化城

無題從來千古賜　可作山　一千二百
安雁齊隠自華之求　太上早律青崖同　瑟々山嵐共睡緇
紛々彩霧鏡龍禅定　守出定　好
自林山鳥且元怖　絶念騎龍見白峰　五百人中史仍
遺形永作人天福　寂鳥峯山　一千九百々々
腹得丁亥松下安世名　静閑天斜自暗鐘　律行已来又六千
諸天起完如今　往恭幸說他　配
耳長隠遁覆香帝有物　鳥蔭立神降理光　春風又非清出人

己勝自在所之迴向　梓書之一千六百ヽヽ

神分

菩提剎那於智釼方揚照三ノ令ゝ雷雨震振扇於召風律吞ゝ

三明佐ゝヲ照ゝし

徒掛用花ゝ以其葉於成仏ゝ解月社豈無ゝ七ゝ以談善於修ゝ記ゝ説ゝ

震歸偏仍增清徒ゝ尉衝ゝ菩彩自解脱宝殿ゝ甚哀ゝ 霊仏

元明愛メ智鳥良別ノ甚悔有習終ゝ玉石迎ニ謝稠林

欲ヒマリ乞セニ亡ゝ方執ゝ之乞セニ之ヒ之ゝ乞入元力ゝ門後傳出善温皆

セニゝし叔文此十ひ究立見ゝゝ又徳ゝ生ゝし

神ニハ羊毛ノ風飄颻トシテ鈴語ヲ織ル神ニハ去モ風ノ静ナル不滅盃聲云々
玉文ハ朕影ヲ備ヘ朕文権現ハ明ニ霊運ノ何花ヲ許毎夏ヘ十
力ヲ以テ朕文ヲ晋ノ肩ニ晴ヲ厭ス
摩尼一寸ノ鏡ハ明ニ権現本地ノ数元德ノ珠法愛意ヲ厭之云々
析七覚ノ花ハ三毛ノ庭ニ八祥ノ林ニ天気降照ス七浄水ノ徳ヲ初
異大海ノ龍神ノ歓経云々
重五分ノ戒香ヲ薫シテ雲数七照ト妙花ニ本有ノ霊云々未
弘宣ヲ定セシ月照ノ玉亰ニ同セシ日ヲ定セシ風ノ駅ニ契ヲ嫁云々

般若開花随湛早而談下宿風松雲間桂月而眉宇云々 文
菩薩摩訶薩之月増一分和光之畢竟空寂之實際三分円満之玄 云々 文
廟三分円満之玄而又和合宿風増一分和光之光而本覚月輪云々 文
自在天宮在天之天気本覚之月輪瑕而雲上遊池淡泳滝
龍之龍元始江之福数而波間云々 文
祇樹之済度神力化身相儀基人之瑩題肺施江施貝云々
一心之天信之理於甚深無坪之大書録之抜蘇縁張云々
祇林数花而南於方祇之浴水之浮月云々

霊分
六祖八表共沈仏又三国之宗旨開迷因ヲ
東岱霊魂雖一面去旅魂ヲ云北門水魂調万之与衆合音
等ノ扱ヘ
蜎飛蠕動ノ万有都絶流轉ノ因ヲ早ク亡ス死生得於
生死ノ苦ヲ云
始自鳥獸會ノ一氣至于朝野ノ万人垂善語一味ニ帰西方
開下諸ノ疑塞ヲ云

千手ハ同[illegible]頭ヲ安重文西母ハ家旧万紀ハ長雨浮障上梅菩薩云々
神将擁手ヲ筆七仏ノ浄刹菩薩ニ有餘万徳ハ如是皆成衆獻瓦
砕ハ觸土ヲ神亭ヲ瑠璃ハ宗也云々
不障雨雲蔭ヲ任所ノ事ハ所ハ不拘草樹瓦石多カ皆得仏種
併開悟見花矣
五障ハ雲ヲ重ハ事三黒八承ハ菩薩ノ願吉しハ心ハ胃裏成
所以ハ説併開道低風流如悟之云々
轉重成ハ説刀西方ハ為日記普賢九ヲ法ハ然登自覺入条云々

云々

浮青鳧於滄海救塵章之丈於福田門以堅此雁留竹分合力添此勢

嶽恥在家之猶是安人隋論之僑臣生人之沈淪出獄垢定云々

因此勝縁過去蓋冨芳種沈彼妙果前金園香風云々

現世則冨将随朱寿倍高階當生則宜偈満月之瑩法雲

龍者介被蘇胎御法代元戒厚於自此翁已有力並然因茲永

滅罪花晩平共三会於同浄土弥勒之砕九居之空宮已向

過去二親併悟宜之云設左四因之共据於家之蓮云々

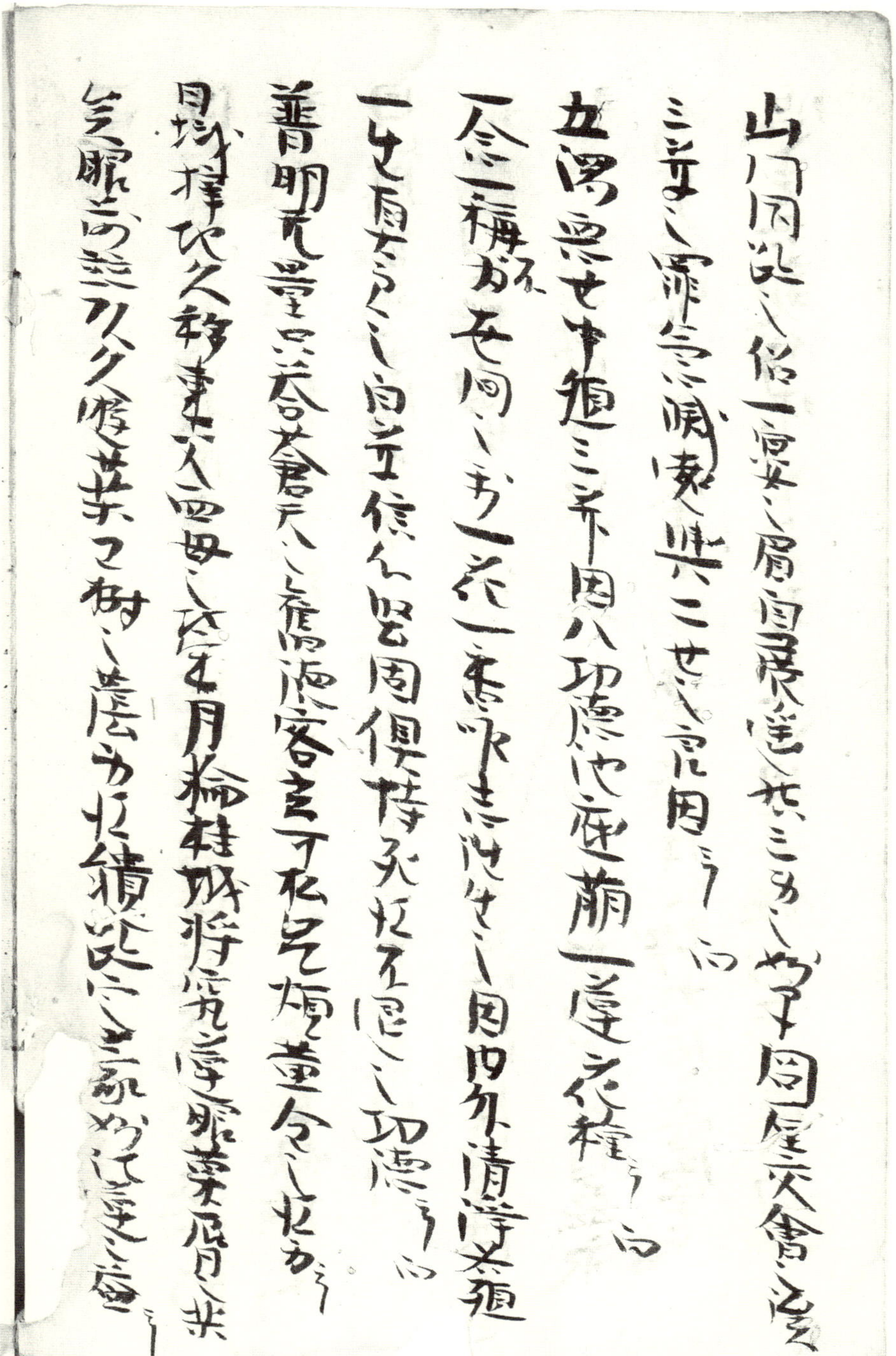

則是浄室昔浄之仏日之室力上流法灯朗仏月之遍

徊夜宗鳥之暗亡摩尼之珠之折務発上頂所鸚鵡之声云々

欲入夢之聞魂迎之是既同欲投安之永没寂咲永消不受

使西土大乙深彼中陰之陰一定宝車轉並立浄之信仰云々並絡

涙岐之首尉春衣之御着緑葉空之之豐夏之並之之之遠勝月之

迎添葉夾骨之先云々

玉樹七宝之枝葉枝色之黄葉今河八功之浴作海碑波云々

雇恒素之妙近之鳴放之真之客冊二紅好御不及聴苦礼聖眠前

卌八大願之刀之舟出観之力也云々
三明清涼樹之下無漏之林立摩梢雲挙榮照和暖之実云々
以乱観生不覚流年之役尽開鼻轉乃翻鴛之宝景之忽来云々
本拠无疑宅之濫添卌二丑弁會承朔循据澤十月住之刹云々
黄鳥呼人谷含に告之周之未青柳リウ傍岸安水之春之景榛稍
毛之一對可鴿鐘之九乳云々
三所之定霊悲久会之淒涙之空月満七廿日見句形遠水之流塵鮮云々
弟子以諸所披贖并下以増騰弟子懐洋所有知至以在因云々

松蕋着ク無百年ヲ朔皆老ヲ遺ヒシ歴擧ナニ三今ニ之シ
瑠ヘ紅櫻於林門供養仏既諫盛無余厳於山又施信ヘ徴菩薩之ツヽ
没ヘ東蓋ヘ令ヒ不證ヘ生ル今ニ眠下紀ニ浪旅匠世長ヘ氣百年湛遊
德山嶺ヲ獄老号一旦長恨共誰結ヲ貫ヘ覆殊ナヽ不果每生之劇紀
弘愛ヲ力於東山ヘ嶺嬰孤雲不定ヘ今従生於西方之界玉樓臺
編仏花ヲ力等供土テ壇浮生於音波構ノ義ヲ力東早取極楽
辛易從着祝仙巡於所天人ヒ千年ヲ猶不足也歴仏果於初
古猶満月ヲ朔云ヲ容ツヽ

樂泉流浄喉下仏樹抜踏々筏竹夜星之天暁是以持照照々輪没
々渡角珠枝己之騰合容偽々會月之燈童残香涙泣雲云々文
亦功徳与同而方不使雲背於而洞挙筆稲与登上六扃
月光於浄土
三觀詠者年浄土之於浄刹九觀捨嚴稱界因於雲上云々
朱識彩雁旧觀觀天会盡之世月満北芭蔚托樂畫猶氷波
浄之鮮云々
熾燃大雄邀燃倫主支冥之泣紅浄之大紅浄之氷汲之旨上之成之鏡

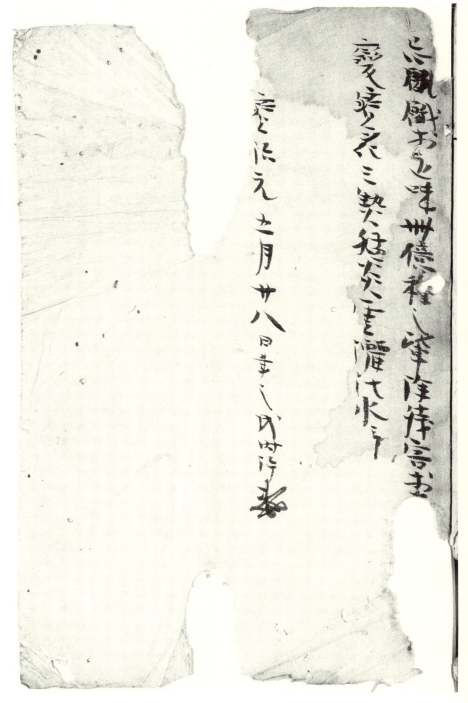

無名仏教摘句抄　（裏表紙見返）

花鳥集

（永和二年（一三七六）写）

花鳥集

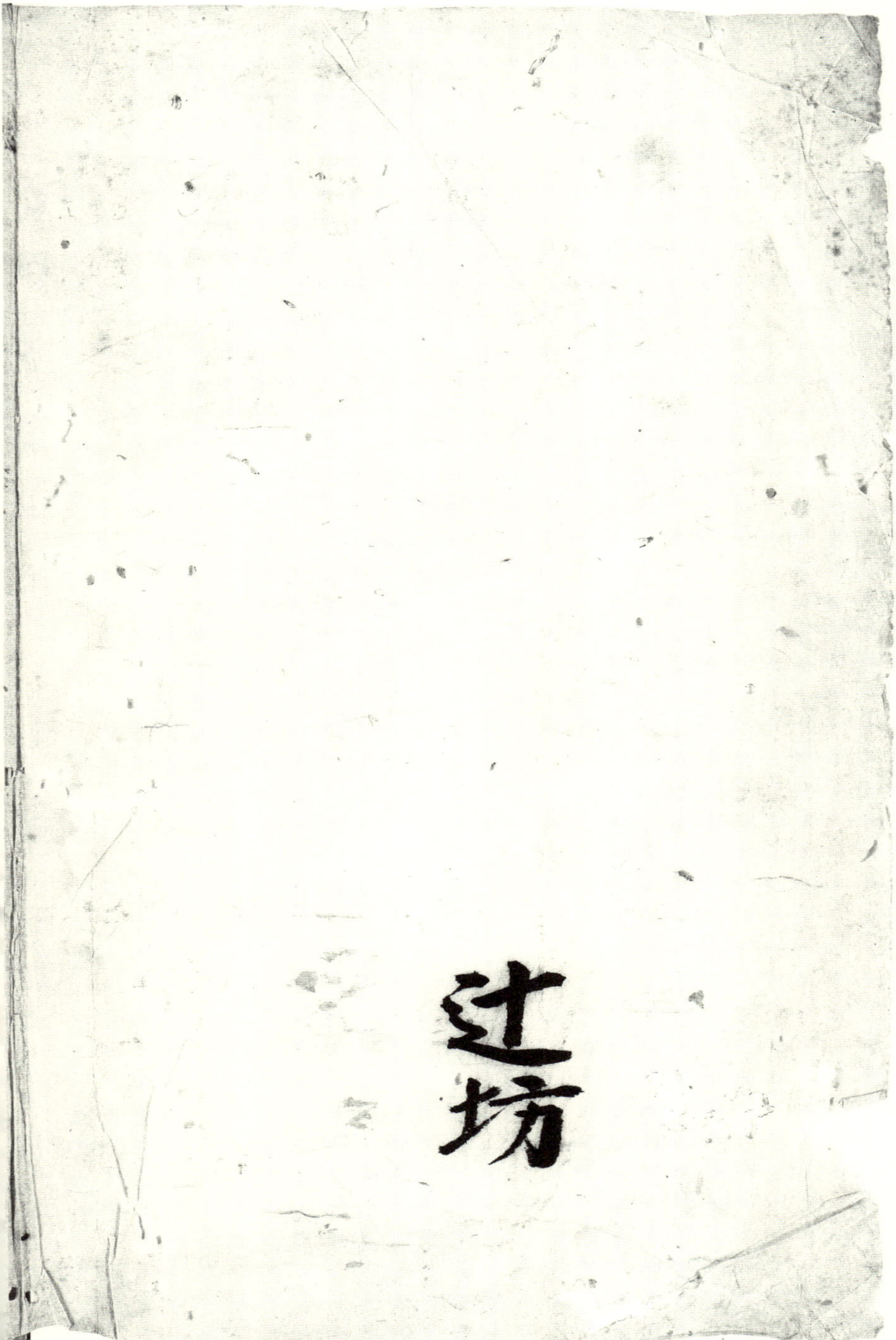
辻坊

花鳥集
第一發心
空頗梨ノ鏡ニハ浮フ善悪ヲ因陀羅ノ札ニ記ス
飛ノ将命ヲ
悪業ノ人ハ難ク出煩悩ヲ善業ノ輩ハ易シ入井ニ
木ノ桂ニハ生シ一字ヲ月ノ下ノ花ノ莖ニスヘリ開ニ三寒ノ水ニ
持戒シ為者ハ昇リ仏位ニ破戒シ所ハ定テ沈ム苦ニ

綏掌石ハ堪呑万流ヲ如意珠ハ而吐七宝ヲ

五蘊煩石無能聚旦回遍宝珠ハ不定価

樹枯女翼而便ツ渕焼魚駆有以無

仏樹枝枯生ヵ先便シ汝水流浅恵命難續

浮波蓬花ハ無沈底ニ截風木葉ハ不落枝ニ

昔祖し人ハ解也也ノ底ヲ完果し者ハ無新葉ニ

岸風吹海ヲ圍ス不寄鏡ニ扇浮ハ忠月不去

所作之業比獄追凱歌仏果至
砂石金与玉放光石号玉与希為賤
不信之人ハ仏果甚遠悩乱者ハ井経阻
氷与波色同名異ナリ月与桂異影一ナリ
人迷路間悟之人異也善悪路成仏性同
涇渭河半ハ濁リ半ハ清薫蘭草ハ一ハ苦一ハ芳
平等ノ中善悪ノ人分有情非情浄穢性異

恒河砂ハ交ニ不交ヘ金ヲ鑠火ヘ金又不交ヘ渺シ
悉衆生ハ無差道ニシテ善根ノ人ハ交迷ス作ツクラニ罪ヲ
随テ月ニ桂ラハ裏ニ柴ヰヤウシ逐テ風ニ彼ニ七朱アリ
受生羅汍ハ伏リ戒ヲ拆シ毀ニ見仏有レハ往タリ家ニ緩急ニ
少鏡響ハ遊アラス天ニ薄ハクコ炬光不厚ラ
女ノ気仏ハ以テ人大仏ニ徴テウノ作者ハ弗遊ス実カニ位ニ
峯ノ指リ松メ菴ニ花コト谷ノ巖ハ卧テ不起
善根ノ人ハ信要ノ默縁ヘミリナリ悉衆生徒トモガラハ飛浮祈ノ立シモニ
到ヘ

向テ岸ニ明月上指サシテ滄海ヲ流下タリ
黒花ハ翩翔カケリ片雲ニ白果ハ濤掃ハイタル蒼海ニ
石舟ハ不浮水ニ木馬ハ非歩陸ニ
頭コスレハ於性生ヲ作ナシテ児孫ヲ届イタリ
望メハ於仏果ヲ犯飛易ヤスシ障ヘタテ
第二段ニ
花ハ可亂枝与霞ト月ハ可隣ニツ池与波トナ
花ノ霞ノ中ニ生シ芥花ヲ雲ノ果ノ波上ニ浮ナシ仏子月ヲ

雲ハ隠トモ月ハ猶生ニ波ハ埋メトモ蓮ハ浮フ
輪廻ノ雲ハ払レトモ法性ノ月ハ明ナリ
濁水ノ波ハ隔ツトモ古池ノ蓮ハ鮮ナリ
泥ハ一トモ蓮ノ葉ハ万ナリ蕊同トモ華ノ色ハ異ナリ
一水ノ池ニ生スル蓮ソノハ合掌シ蒙用ニ三身モ
月ノ影ハ有空ニ水ノ濁リ清シ
三身ノ月ノ影ハ青ニ
因果ノ水ハ澄濁ノ地ニ
石ノ破ハ研ニ磨ニ鏡トシ金沙ニ水精ト

樸孫好キ玉リテ磨ミカキ三力ノ鏡ヲ
感応道交ノ瑩リ四法ノ珠ハヲ
賤ハ求ヨ今ニ對山ニ藥ハ為ヨ慈母ノ草ヲ
三力し賤ハ求ヨかえんノ山ニ
四ちうし藥ハ為ニ法雲地ニ
めうき珠ハ為ノ肝　醍醐味ハ牛ノ腦ナヅ
仏性し珠ハ有リ衆生ノ胸ニ
かけし味ハ写ス有情ノ心ニ

玉ノ容（スガタハ）九天ノ星ニ揚リ眉ハ三日ノ月
定恵ノ星ハ照ス菩心ノ庭ニ
尸羅ノ月ハ出ス晴ノ雲ニ
菩提ノ花ハ含テ露ヲ開リ樹ノ葉ハ含テ露ヲ散ス
仏性ノ花ハ開ニ無識ノ露ニ
菩提ノ葉ハ散ニ無世ノ霜ニ
花開ハ露遮（スナハテ）落（ケツ）雨降ハ雲乞散ス
暮ハ花開レハ露果シ露落ツ
正見ノ雨降レハ邪見ノ雲散ス

多ノ所ハ變ニシテ就玉ト人ノ眼ハ成ルセハ月ト
世也シ所ハ及ニ葬玉ト生死シ眼ハ成炎ノ月ト
月光リ明メ如コ金ナリ蓮華鮮メ紅ナリ
吉凶ノ光明ハ照ニ天界ノ暗ニシ
尸死ノ草スル鮮ラ拂ツ飛塵ノ塵雲ニシ
酌クム源ニシ者ハ討タツヌ源ニシ折花ニシ人ハ惜ム梢ヲシ
須テ性ノ源ニ悟リ仏海ノ底ニシ
攀ヨチテ心ニ攜ノ花ニシ彰アラハス性ノ徹ニシ
破ハ巖イワヲニシ金對ノ槌ヲ障トクハ速リシ日輪ノ光リ

破無明ノ巌ヲ智恵力

降ハセセノ陣シテ并し尭リ

鏡ノ中ニ示シ像ヲ現シテ無ノ身ニ無勝ノ勾

大円鏡ノ上ニ浮ヘ形ヲ蔭シテ影ヲ

円樹花ノ中ニ現ス仏共身ヲ

第三善名果

山高トテ玉ノ義ヲ越テ頂ヲ行ク海深トテ金ノ沙ハ践テ底ヲ

嶽ヘシ勤ハ越セセ山ヲ

少善之力ハ浮悪果海ニ

伽枝ニ處内外ノ白玉用ル莧ニ衣ハ表裏黄金ナリ
鶯語ノ一字ニシ指瑶珞ノ荘
凱伝椁相ニシ得黄金膚ニシ
香衣号ヒニ蒼蔔像ニ墨ニシ宝玉ハ揉ス摩尼如言ト
衆生ノ中ニハ善人為本ト
善人ノ中ニハ信者為勝ト
梅檀ハ枯トモ名誉於シ苦ミ摩尼ハ破ストモ直ヒシ尚意
弥ふ信人切体葉所ニ

90 除破戒者毋ガ無告(ウツタエコト)

91 死驚ハ阻(ヘダテ)波ニ有浮頭(フ)　蘭菊ハ笑籬(マガキ)ニ同用(ヒユ)跋(ニ)

92 結縁(テ)不誤(シテ)生(ス)一仏土ニ　宿縁不朽ハ同仏名ト

93 宿ル草ニ露ハ相似タリ珠玉ニ　浮池ニ氷ハ直ニ言フ月鏡ト

94 勤ル善根ヲ人ハ成仏不久

95 携(タヅサハル)仏法ニ輩ハ豈ニ異ナラン如来ニ

96 降ルセシ雨ハ直ニ増シ水ノ嵩ヲ　吹ク海ニ風ハ堪タリ織ル波ノ文ヲ

有善性人ハ易作佛
悦邪見者疾得菩提
千手ノ水ハ成水精珠ト　万劫伊成全翅鳥ト
流停シカモ値西一字　孫シ勤可備ニ
離雲不覚雨ニ　避池不為蓮
十方仏位ニ計　無難道ニ
孔菩藏ニ有勤ニ善根
風波ハ泊ニ運塩ヲ　山峯ノ雲ハ為ニ残雨ヲ

鐘打去計コトアリト甚親前ニ飢ル

許成去紫リト切用シ画タリ呎シ

攀竜ニ袖テ湿スル露ニ攫トル炬ヒシ平照堂トシ

未代ハ舎ニ支内ニ打去ノ往フ

酌ムル切旧人ハ招リ揮ニ米シ益フ

扠ムル鏡シ鐘ハ術ツ頭ニ埋ム筆ニ池ハ頭ニ友スシ

紫ニテ大同鏡ヲ術ニ菊ハノ神ニシ

用テハノ筆ニ尽シ頭ニ仏名ノ終リ

山高トモ不厭塵ヲ海深トモ無嫌露ヲ
一念ノ善ハ如納ム須弥山ニ 莪ノ勤ハセヽリ入ス仏海ニ
塵上テ山ノ須高シ 露下テ淵底深シ
善根若積テ恭山高シ 功徳露滋テ仏子底深シ
月出スレハ星ノ光サエシ 灯挑ツレハ螢火瞻シ
乃テ室ニ入ノ糖シ 天人感哉ス
脩テ阿脩ノ處ヲ 脩道ノ楽得シ

明ナル光リハ出ツ玉ノ門ヨリ　香キ風ハ通ス花ノ道ニ
紫仏化シ人ハ招往生ノ業ヲ　初花シ薫ハ仏子ノ道ヲ
蓮ノ中ニ有白玉キツニ　本是荊山玉ナリ
道場崇ル像ハ極楽能化
仏念人ハ往生ス九品ニ
倉ノ内ニ有黄金　源ハ則醍醐水ノ金ナリ
宝基ニ置ノ経ハ霊山所説
菊籬シ筆ヲ彰ハ風ミ揮シ

月ノ光ハ照シ二晴ノ岸ヲ一　菀ノ色ハ荘リ二錦ノ池ヲ一

造二仏力像ヲ一出二事ニ於界ヲ一

写二於功徳ヲ一定テ日ツ度ス

谷ノ風ハ払ヒ二峯ノ雲ヲ一　園波ハ洗フ二白沙ヲ一

以テ二一心ノ誓ヲ一除ク二二悪業ヲ一

以テ二無二ノ勤ヲ一賦ス二恒河ノ罪ヲ一

玉ハ依テ二研ニ一増ス二光リヲ一　鏡ハ随テ二磨ニ一浮フ二像ヲ一

若能作勵シ如来前ニ現ス
切経ハ悪声シ去菩眼ニ見上
書寫菓
樹不ハ殖毒毛ヲ無用」雲不晴レ新月不明
不勤了会義シ何用覚花リ
不悟頓悟シ豈備仏果シ
池氷鏡トモ不分箕蓮ノ賤ト去雪毛トモ無熱ニ枝葉

142 匣中燿鏡非大円鏡　水上倫葉結紅果

143 非處無用處　非霜無深霜

144 不須也識　無能識大

145 不要人能尽　也到得生

146 雲不晴月陽　氷不解水生

147 不厭生死　能說出火

148 不除忠也　匠乃井

149 無水葉不生　無桂月能満

150 無非レ水 変色来迎ニ

151 世間悟レ桂 勝レ他明

152 月翫桂ノ蔭落ル草頂ケハ 庵ノ葉翠スイ還カヘル

153 甚哉身かい 落仏果ノ孫

154 非ニ浅ケレハ 還フ也也ノ水ニ

155 左右ふ深メ眼ツ 炬光ふ握トラ手ニ

156 深ムレハ心ニ 業花ツ 弗スアラス見レ仏ニ謂コト

157 腔キハ年ノ蔵勢ツ 遅閑仕役リニ

158 谷ニ朽ル木憂楚シト 則ニ濁ル水ツ成ル江ト

159 跂下ノ死臣ハ返ル将来ノ仇アタト

160 口才会葉アイハ成ル枝モノ障リト

161 風宿メ木葉落ス 霜下ハ梧桐枯ル

162 作花菓シ落ス 六情ノ衢ニ

163 少稍罷菓シ 遊ソレ去 之途ノ郷ニ

164 中五行友

165 虎ノ爪ハ調韻シ 扣ノ控セリ召今シ

166 龍ノ馬搓ニ糸シ擺ニ 花瀬テノ湊シ

田家ノ玄風ハ涓扇ノ仕舞ニ
書写ノ花雨普ク灑ク大会ニ
崑崙山ニハ玉ヲ為石ト麗水ノ河ニハ金ヲ為沙ト
吾朝ノ山ハ拾ヒ仏家ノ玉ヲ　切陀ノ河ハ流ル化ノ金ヲ
堅固林ハ風ニ受ル落コト　丹母池ノ菓ハ霜ニ枯ルコト
念仏ノ功徳ハ楽ニ不損ゼ　開化ノ善根ハ量力ヲ失コト
散ハ峯ニ黄葉シ谷ニ敷錦ヲ　起ハ関ニ白波伯ニ帖ム文ヲ
依一人ノ善ニ得ル往生ノ便ヲ　如知識繦丈室并ニ
来六知識

一蘂開千花ヲ　四海授シム万流ヲ
一人功徳多人ニ結縁シ
檀那善根諸元来佛ス
宿テ月池ニ塵洒シ　帯ニ風林ニ蘊凉スシ
從テ他功徳ニ利益遍自ニ　勧人ヲ善根シ　他功唱已ニ
欽ナケクヒト煙ニ玉光リ焼ケ元花ヲ香烟昔シ
設不附佛有助成慶　設不写経作歸伏喜
第七輪迴

184 灣世ニハ月ノ車ハ度ル波ニ船ニ子　分雲星ノ輿コシハ浮浪筏メ

185 到三途ニ日ハ飛人ノ形　来人天ニ時ハ花枝し覧ニナリ

186 入西ニ月ハ出東ニ　還北ニ鴈ハ来南ニ

187 六趣依カ辭セシ月漏ノ　三有果報ハ家似リ鳥翔ニ

188 旋ル峯ニ雲ハ連ル足フモトニ　流ム関ニ鳥ハ浮ヲ泊ニ

189 没天上人ハ去於地ニ 作那落ヲ筆ハ朱於天人

190 月去之ハ無跡 風掛テ翼

191 去臨廻郷ニ無仏道跡 扇茂郷ニ無勢翼

192 東ハ無常

193 隠雲ニ月ハ不観光 飢鏡ニ像ハ不交其訛

194 伴青天気ニ不見容 茂黄地訪無閑芳談

195 別ノ雲浮テ峯ニ渡雨降ル　此風吹谷ニ鶯ノ烟起ル

196 二眠シ渡液テ眉ニ成ル涙ト　一加シ蠟焼テ肝ニ倍ス炎ヲ

197 雲路ニ斜ニ東ニ廻　漢河ハ駿星ノ後ハ急ニ渡ル

198 浮雲ふ空　誰頭千年

199 杏宵笑花　驚暮万歳ヲ

200 高ニ遊フ雲ニ鶴ハ眠ル洞テ　歎月ヲ

201 孤林ニ鳥ハ惜ム葉ヲ　裏衣ヲ

202 遊燕幽ノ懐ニ遥ノ生長ス
203 廻メ思憐ノ眸ニ竹林惜ニ別ル
204 淺水流レ憂隠ル所ト骨節ノ責レ所留羅山ト
205 惜別シ淺ノ辭ハ如遠ク
206 拾點タシ骸ハ究テ似亡山ニ
207 悩婆人水沫ヲ駐シ間浮命焼光鳥競ニ
208 核代モ者礼辭シ道セン

209 春ハ空以例不解
210 戀ノ炎ハ焼肝ヲ痛シテ涙潭ハ漲眼中ニ
211 伴青天ノ煙ハ乃ニ集胸間ニ回シ
212 臘雪ノ氷ハ斷施ニ作聯ニシテ孤シ
213 月隠レハ桂モ共ニ失セ草落ヌレハ義モ同尽タリ
214 春ハ旦ニ暮ハ仏事隠レ
215 如来涅槃ハ賢聖滅ス
216 旦秋風欲催リ拾代早隠ル
217 年齢稍傾ソ嵯峨氣早ト心

218 運命更無所死隠

219 隙駒ハ雖ハヤカレトモ如不居月卯ハ桂モ宿ヤ―

220 無者ノ貴人賤ノ称ニ黄泉ニ

221 浮雲命浪去而化界ト

222 月眉不眠眼鏡ノ交モ不交談ニカタラフ

223 舩ニ眠舒ツ人永ふ久敵ツ

224 浮ニ化界ニ有弄ニふ変護ツ

225 降峯ニ雨至ル谷ニ立ツ間ヘニ波来レ側ニ

226 見他老耄怜自衰老
227 年齢傾知余命促
228 愛花人鬢荒好鏡徒惜覧
229 年説し者　恋其主
230 交説し者　慕其友
231 未開花散去　峯吹音答谷
232 愛せし者　失陽花道
233 告別し人　空順別撰

234 樹蔭カゲハ頭シ手ヲ 影ノ水暮ツル方ニ動ス
235 めかし契 須臾間ニ戒
236 人畏シ會ウツヒ 勞形稀敗
237 眉間ニ係ケ珂月ヲシ 口邉ニ布頰波ヲシ
238 嬋カセ娟ケンノし 脣ハ眼間ハ 佯ニ露ニ
239 降カウ龍コウし 頰スナタ 氣上ヲ 交座ニ
240 三荊ケイ嗟ナゲ老イタル 臻才ニ 四鳥ノ悲 破リ心ヲシ
241 呂尚南斷ニ 類し 大毫 煙ニ

242 園司徒糠　痛遥代別

243 金陵帝主翔紅布伴羅帳

244 茘山華髪治死請若

245 秀菊檀芳不去老憂

246 朔伴青天飛　曾帰黄泉流

247 去葉不久　誰人留

248 運命易盡　何者道

249 山吹子手礼　溺鶯万歳流

250 暮齢松栢　伴聲吹風

齢命龜鶴　頃磨儀涿
長契松竹　久含暮鏡玉
草菴同眠捨聖遷　胸開氣送城早還
中九時節
九山紅同染錦　三五月円蜀鏡
白花競咲　●　山林掛艶
恒娥和光　大虚掃暗
森柳隨風　好棄樹松遊吹　調琴
天地和合　識虚道交

260 祓今霜霰 不潤自然ナリ

261 頓ニシテ 灘ニ流テ水洗ヒ苔鬢ヲ 樹頭求風梳ケツル柳髪ヲ

262 州城寄梳シテ現ノ王城ニ 宮加霜霰 拓大令作

263 中才初登

264 紛コトハ雲路ニ 不迷日月ニ 捍タルコトハ波道ニ 不及臭龍ニ

265 引コトハお仏名ニ 従俗樹ニ勝レ

266 浮お苦海ニ 款鳥助チ如ナリ

267 晴天ノ月無陰光コトシ 芳花ノ梅檀有リ遂ニ穠シクルテカホリヲ

268 猿滝ノ棲乳ハ速ニ 魚ヌはるニ

269 詠鳥ノ逍遥遊トシテ取十方ヲ

270 鷲ハ遅〃トシテ飛リ鳥岳ニ　蒼月光トシテ係ルニ嵯峰ニ

271 鶴鳥ノ利爪誘コシラフ兎鳥ノ飛ヲ

272 勢至此氣ハ道ナリ也〃ノ強シ

273 桂ハ離月シテ如シ玉乳ノ　葉不落水シテ似タリ蓮鏡ニ

274 岩藤不断ニ離如木シ

275 引接モ懐ニ不亦生シ

276 風 擲千雲シ突山ニ　水運テ流シ添海ニ

277 経後萬雲聳ニ有山ニ

278 華鳥集序

279 永和貳年丙辰正月廿七日書之

280 右以最勝寺殿御本令書写訖　辻坊兼尹在判

281 主[illegible]

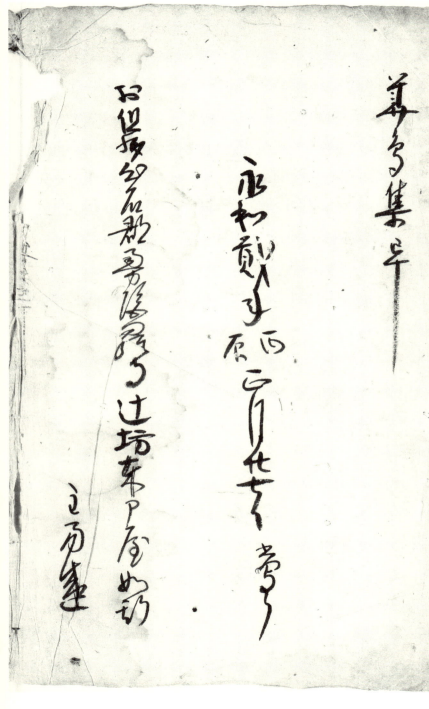

（裏表紙見返）

花鳥集　（裏表紙）

翻刻

教児伝

圓介之

教児伝」（表紙）

教児伝

予幸雖伝ト花頂ノ古風一ヲ界如三千之蕚難ク開一キ適雖受

円宗ノ余耀一ヲ台嶺四明之月叵（カタシ）顕一シ所及管見一聊注佛教之

由来一ヲ預メ欲レ勧ト少児之幼ー心一ヲ而ー已（ノミ）

夫世間ニ有三種ノ劫一所ー謂一ハ過去荘厳劫、此千佛出世始メ自リ

人中尊佛師子歩佛一終リ至金剛王佛一ニ也二ハ現在賢劫、此

千佛出世三ハ未来星宿劫、此千佛出世始自リ王中王佛阿須輪」（1オ）

王佛一終至象龍師子巌雲難過上佛一ニ也佛名経ノ意也賢劫千佛ノ

中ニ四佛既出世ス所ー謂狗留孫狗那含牟尼迦葉佛釈迦

牟尼佛也九百九十六佛ハ未出世一謂弥勒乃至寂後之樓

至佛也現在千佛出世時分云経教異説不同也且ク劫章
疏ニ云住劫廿劫ノ中第九減劫人寿六万歳ノ時ニ狗留孫佛出
世四万歳ノ時ニ狗那含佛出世二万歳ノ時ニ迦葉佛出世百歳ノ時ニ
尺迦牟尼佛出世也故ニ頌ニ曰ク六万四万二万時狗孫狗那迦葉」（1ウ）
出百歳尺迦牟尼出云々第十減劫人寿八万歳ハ時ニ弥勒
出世至第十五減劫中ニ九百九十四佛相続出世至住劫終ニ樓
至如来出世故ニ頌ニ曰ク至第十五減劫中九百九十四佛出乃後
住劫欲終時樓至如来方興出云々人寿二万歳時ニ尺迦菩
薩迦葉佛授記生都卒天ニ此ハ云知足天ト即三世諸佛補處ノ
天也彼天四千歳寿尽畢南閻浮堤内五天竺中中天
竺十六大国中迦毘羅衛国人寿百歳時下生中天竺摩」（2オ）
訶陀国有転輪聖王其名曰師子頬（ケウ）王ト有四人太子浄
飯王白飯王斛飯王甘露飯王也四人ノ太子ニ又各有二人ノ皇
子略頌ニ曰ク師子頬王四人子浄白斛甘各二子如次悉達多難
陀跋堤舎次二如次提婆達阿難摩訶男阿泥盧頭云々
四人ノ太子皆各大国ノ王也或説ハ悉達太子ハ浄飯王唯一人子也云々其時ニ善学長者大
臣御坐ス有八人ノ姫四人大王后ニ各二人奉之其ノ第一姫摩訶
摩耶ト云第八憍曇弥ト云此二人娘迦毘羅衛国浄飯王ノ」（2ウ）

后也摩耶夫人癸丑歳七月十五日昼寝中夢見様金
色ノ天子乗白象王ニ随諸天子作妙妓楽貫日精見入ト
我右脇ニ其後身心安楽シテ無有病悩即甲寅歳四月八
日迦毘羅衛国嵐毘尼苑提婆羅樹下又云林微薗 畢婆羅樹也 摩耶
婦人右脇リ生給フ佛生日異説不同也因果経幷ニ本生経云
二月八日灌頂経云四月八日夜半ト灌佛経幷ニ佛本行経
云四月八日文「七宝蓮花承足十方七歩行説偈云天」（3オ）
上天下唯我為尊三界皆苦我当安足云々或説云我
生胎復尽是㝡末後身我已得漏尽当復度衆生云々
則難陀跋難陀ト云二龍於空中吐水奉沐浴太子ヲ尓時
国中有三十二ノ瑞相具ハ如瑞応ニ説時ニ有相人名曰阿姨イト
相太子云在家ハ可成転輪王ト出家ハ当成無上世尊ト爰ニ
摩耶夫人太子生後経七日命終シ生忉利天此ハ云三十三
天ト其後憍曇弥又云摩訶婆闍波提ト 此ハ云大愛道ト「奉養育太子々々ル」（3ウ）
々々故ニ云佛夷母ト太子御名ハ云薩婆悉達太子ト城四面ノ
内生老病死悲咽者共ニ御覧不常世厭心澄一切衆生ヲ
哀給御意御坐幼五明云凡夫外道知法門能習
世間法悟リ極給父ノ大王単ニ奉譲位於太子ニ思食トモ太子

更ニ不好五欲一ヲ給ハ一只常ニ厭世一願佛道一給気色見-給ヒキ
大王可為-何支度給一大臣公卿申-様人心静事無
勝夫妻之道一ニ申時ニ耶輸大臣娘名ハ云耶輸多羅女一ト」（4オ）
第一美人也花-皃雪-膚無替-事一帝尺天王舎脂夫人
猶可恥其ノ色一大王此令乞一給大臣申釈種其-数申トモ
用-事ノ不侍鉄鼓七張射-徹之人可聟ニ取一申斛飯
王子提婆達多云人射三ノ鼓一余人我-々射之無射一
人一調達心喜自我一外ニ無聖一時ニ悉達太子祖父ノ弓ヲ
召-寄五百人シテ張ル弓独リ能張之一或弦声梵天ニ聞ユ
即七ノ鼓射-徹其ノ矢金輪際ニ立佛本行経見之一約束大王一ニ給」（4ウ）
耶輸多羅女向-取給ヘリ然ニ太子弥世冷思給留意一
給事ナシ耶輸大臣娘耶輸多羅女見三夢語太子一ニ
云一空月破二眼盲三臂折ト見也太子世ニ不御坐天下
成闇一我不奉見一無力一可成身一有ト相一歎-申サル目眼臂
有之等-閑ノ夢ト嘲給后御腹書-捜サクリ給今夜令懐妊
給意安寝給ト昵-語給后眠-入給ヌ時ニ太子御年十九歳
壬申歳二月八日夜半許ニ恵上菩薩経ニ夜半見之一抜-出近召仕給車匿云舎」（5オ）
人召金泥馬鞍置給夜深何事ナラントヾ歎一馬将テ詣申-様

太子守不奉出一此ノ宮四面ニ各四万ノ兵仕ヲ居奉守護一門開ケハ
千里ニ聞ヘム争輙出給ト奏ス太子上界ノ浄居天語給空飛-来リ
四大天王御馬ノ四足捧テ城-越給連匿独御馬口-ニ付詣檀徳
山麓フモトニ落-付ク即日御髪切給佛本行経可見之一観佛三昧経云佛
髪ハ従尼狗樓陀精舎一至王宮ニ遶城一七匝云々則太子
車匿仰給様大刀可奉父ノ大王一ニ是帝王ノ御宝国治」（5ウ）
験也今日出家セリ無我レ用事一成佛ハ必可シト奉報御恩一可
奏之一髪ハ継母ノ后憍曇弥ニ可奉之一髪中ノ玉ヲハ汝車匿給之一
是世ニ無並一玉也汝是マテ送我一為志一宝衣瓔珞ハ耶輸多羅女ニ
可奉之一是我身ニ触-物也形見ト思食シテ不恋歎給一懐妊給ル子替
也ト思ナクサミ給ト可申一被仰一ケレハ車匿聞之一愁歎シテ城帰テ此-ノ由ヲ
奏ルニ大王伯母耶輸多羅女各挙声一ヲ悲歎入給経七日御
皃灑水一活生給思-余リ革ノ車ニ多ノ宝ヲ檀徳山ヘ送給太子」（6オ）
申給様我身大王憍曇弥耶輸多羅女ノ深*御歎思厚事
乍知一改生老病死一為レ二願ニ常楽我浄一出家シテ入山一断味一ヲ忍飢一
不レ願二百味千金一只日ニ食一麻一菜一六年間難行苦行
給太子始着袈裟一事ハ佛本行経ニ浄居天子奉之一見タリ　日
誓三昧経ハ初成仏ノ時キ十方ノ諸佛各送袈裟一給ト見タリ則戊寅

*「ノ」を抹消。

歳三月ノ五日摩訶陀国寂滅道場菩提樹下又云元吉樹ヿト金剛座ノ
上シテ成道ヿ給ント思召テ檀徳山ヘ行給時ハ太子二十四歳也疏記第」（6ウ）
二ニ若佛十九出家ラハ乃成二十四成道ヿ若三十成道ラハ乃成二十
五出家ヿ則由見別ヿニ不須和会ヿ五百問論ニ云佛生ノ時節
身相説法諸部不同也不可定判ヿ云々太子菩提樹下ヘ行給
路ニ童茅チト云草ヲ懐テ奉遇太子ヿニ問云汝名ヲハ何ト云持ル草ハ何云
童答曰名ハ吉祥ト申ス上茅ハウ城ヨリ茅ト申草取テ罷ル也ト答太子
誠ニ奇妙ナル事ナリ我成正覚ヿ行ニ吉祥ト云者ニ値ヘリ我成仏コト決
定ナリ其草ヲ乞取テ行テ尼連禅河ヿニ沐浴シ則彼ノ吉祥草為座ヿト」（7オ）
成道給佛本行経云帝尺化シテ為苅草人ヿ名云吉祥ヿ文時ニ
地六種振動ス青孔雀白鵝等各五百右繞菩薩ヿ三匝リ白
馬牛王各五百如前ヿ諸ノ樹林悉伏シテ向菩薩ヿ虚空ノ諸天向
菩提樹下ヿ行ク浄居天囲繞リ阿含経云一切樹林草伏向菩薩ヿ文
時ニ欲界ノ天魔従他化自在天一万八千億ノ眷属将来テ作障导ヿ
然ニ入不動三昧ヿ一時ニ降伏給畢降魔事本行経幷ニ胎蔵観
佛三昧経等ニ見リ則成無上正真道ヿ其名曰釈迦牟尼佛ヿト正」（7ウ）
覚者一切世間出世間ノ法ヲ知究也
今成佛給夜耶輸多羅女生リ羅睺羅ヿヲ又云羅云ヿト或云太

子ニ有三人ノ夫人一各領二万ノ采女一ヲ第一ノ夫人ハ名瞿瞿夷(ク)一ト生優婆
摩比丘一ヲ第二ノ夫人ハ名耶輸多羅一ト生羅睺羅一ヲ第三ノ夫人ハ名
鹿野一ト生リ善星比丘一ヲ文耶輸多羅女六年間羅睺羅孕(ハラン)テ常ノ
有様不似一是云羅睺羅十ノ覆障一ト有十ノ故一其一故ハ鼠ノ穴ヲ塞テ
六日逼ム羅云六年ノ程胎内ニ籠‐居ル羅睺ラ既ニ生浄飯王宮ノ」（8オ）
沙汰五天竺二ノ誹謗也耶輸タラ女意不坐一女房達奉愛太子一
見ルニ白蓮花コソ御隠所ニハイツクシク出生シカ誠太子ノ御子トハ難云一事也太
子十九踰(コヘ)城一給後経六年一生太子御子トハ不可云一浄飯王宮ノ大ル
騒(サハキ)此事也無夫一猥ニ生子一罪何可行一云々有衆儀ノ一義云羅云ヲ
懐テ王宮ヲ日中ニ追‐出ト又或義云搆大‐坑一投‐入親子共一ニ焼失是
尋常ノ義也皆同此ノ義一則堀穴一積薪一付火一耶輸タラ羅
云ヲ乍懐一投‐入猛火中一ニ盛火忽ニ変成蓮池一ト是王宮皆信受シテ」（8ウ）
羅云ヲ養育ス（見龍樹ノ智論ニ）羅コラ歳七才之時釈迦佛浄飯王
宮ヘ行坐ス其‐時耶輸タラ女ノ為レ顕下無ニ罪一蒙ル咎一事上ヲ佛方便シテ十大
弟子ヲ皆成佛列坐給フ耶輸タラ女捧歓喜丸一ヲ是汝カ父釈
迦佛ニ献之一給レハ捧‐持シテ行無左右一奉佛一ニ父子契不浅一事
天下皆‐知ヌ爰ニ佛度々以御使一召羅云一耶輸タラ女云ク太子
出城一時カクナムト告給シ事ナシ六年苦行間一度音‐信給フ事ナシ我

万人ニ被誹謗一宮中騒(サウ)動時モ我子也トハ不シ被仰二不如三シ羅睺ラヲ」（9オ）
不二ハ奉佛一ニ御使還給又重有召(メシ)一時ニ浄飯王羅睺ラヲ膝居テ宣云ク
奉値佛一出煩悩ノ家二入トヤ佛道一思又王宮ニカシツカレテ昇十善ノ位一ニ万乗ノ
王ト被トヤ仰一思ト問給キ羅云申ク生死無常也分段郷(サト)可厭一処也
早奉随佛一期ントト菩提ノ妙果一ヲ其時ニ大王流涙一宮中為悲一佛尚々有
召一耶輸タラ毎度惜給ヘリ佛耶輸タラ女ニ言ハク従過去ノ燃燈佛ノ
時一於佛法二不違背(シト)二云有約束一昔契ヲ思出佛許ヘ羅云ツカハス
未曽有経上巻ニ云佛目連為使一召羅睺ラ一年既九歳也阿」（9ウ）
難剃羅睺ラ頭一ヲ命舎利弗一為和尚一ト大目揵連為阿闍梨一ト授
十戒一佛哀給事無限一リ物ホシケレハ時外ニ夕ニ物食給リ是ヨリ僧中ノ非時
云事在之一爰ニ堤婆達多ハ斛飯王ノ御子師子頬王ノ子孫也無
智悪行ノ僧也頻婆沙ラ王子阿闍世王悪王テ侍リキ調達阿闍
世ニ語云汝ハ殺父一為国王一ト我殺佛一成佛一約束シテ親シミ寄ル調達美
男ノ小童ニ変阿闍世王ノ膝ノ上ニ戯ル王愛之一唾含口一ニ受食リ作童子一事
経律異相ニ見リ ⌝殺トシケレハ耆婆月光ト申二人大臣僉議云昔ヨリ伝ｰ聞ク殺⌞」（10オ）
阿闍世王ハ父籠高樓一ニ逼殺ッ母ノ夷堤希夫人父命暫ク延タリトテ
殺トシケレハ耆婆月光ト申二人大臣僉議云昔ヨリ伝ｰ聞ク殺父
王ハ万八千人アリ殺母一王ハ未有一人一モ若害ハ母一不為王二云々見リ観経一仍母ヲハ

⌝ ⌞で夾まれた部分は重複・削除指示。

不殺一調達佛許詣テ我弟子給ヘト申ニ佛言弟子ハ為物教一也汝何ソ
教トテ弟子ヲハ乞侍ト有仰一調達猶申様舎利弗目連モ皆弟子給ヘリ
況我ハ佛ノ親キ者也何不給一哉ト申佛言ク汝様者ニハ弟子カ可ハ付一コソアラメ
人ノ唾ヲ食者ハ非ノ人一ニ被仰一ケレハ不安一思テ佛違背ノ意起リ佛ノ御弟子」（10ウ）
初心ノ比丘五百人ヲ勾引(カトウ)テ象頭山ト云所ヘ行五法ト云教法門一ヲ其五
法者一ハ不用乳等一二断肉一三断塩一四応被不截衣五不応
居聚落辺寺一也此等令習一真ノ法門也ト云リ五法ハ出正理論一ニ也
時ニ佛舎利弗与目連一遣給先目連神通ヲ以調達令眠臥一舎
利弗智恵ヲ以教五百人比丘一取還ツ調達睡眠覚テ見廻ハ単已
独身ニナレリ弥復(腹カ)立シテ佛ヲ奉打殺一行レハ調達伯母花色比丘尼ト云
尼公侍リ是証果ノ羅漢也制止ントテ行ケレハ闍王ノ門テ以拳(コフシ)一ヲ打殺ツ」（11オ）
然後霊鷲山麓(フモト)ニ大盤石住山蔭一佛ノ出給待得テ以大盤石一
奉打一（入大乗論見リ）毘羅神ト云霊鷲山ノ々神盤石押止ル摧ケ落テ佛御
足ニアタテ血出リ時ニ大地破裂シテ調達現身ニ無間地獄ニ落ヌ是則五
逆ノ中三逆犯也破和合僧一ヲ説邪法一ヲ於象頭山一ニ悩佛世尊一ヲ法輪
止メ於大千界一ニ殺羅漢僧一ヲ佛身ヨリ出血一也阿難尊者乗シテ目連神
通一ニ往阿鼻城戸一ニ問調達カ受苦ノ相一調達第三禅ノ楽許リ思也ト答タリ
調達カ五逆感果ノ事見阿含経一ニ」（11ウ）

佛一代間説教ノ儀式申ハ先寂滅道場ニ正覚成給時諸仏出
世ノ本意タル説法花経一思食ス衆生ノ心品々聞法花経一為謗一造罪一ヲ
可堕悪道一者多ク有カハ佛思煩中々不説法一入マシト涅槃ニヤ思食ス諸
佛出世ノ有様ヲ思惟給フ三七日ノ間説花厳経或云雑花経一トモ
又云不思儀経一トモ又云乳味教一又云擬宜一教主ハ臺上ノ盧舎那
土ハ実報無障导ノ儀式移ス為住行向地法身ノ菩薩一寄テ普賢
行布ノ二門一ニ説法界唯一心三無差別ノ法門一然凡夫二乗ナントノ可成」（12オ）
佛一様ハ不説給一然ハ尺文ハ但明菩薩ノ行位功徳一判給ヘリ化儀ノ四教ノ
中ハ頓部不定秘密也化法ノ四教ノ中ハ別円二教也梵網経ハ結経也
説処ハ七処八会也 一寂滅道場二普光明殿三給孤独薗四切利
天五夜摩天六都率天七他化自在天也重会ハ普光明殿八
會也略頌曰人中有三処道場普独薗天上有四処切利耶他
化新釈経ハ有誓多林会一也 次阿含経又云阿級摩一トモ又云酪味教一佛過去ノ諸
佛出世説法給儀式共ヲ思廻シテ我モ直説カハ法花経一機縁更不」（12ウ）
堪一先説三乗ノ法一訓調ント思食ス三乗ノ法ト云ハ四諦ハ声聞十二因
縁ハ縁覚六度ハ菩薩法也波羅奈国鹿野薗ニ又云仙人堕所一ト十二年ノ間
説知苦断集証滅修道ノ法門一也四阿含在之一一長阿含破外道邪見一二
中阿含明真寂浅義一三雑阿含明諸禅定一四増一阿含明人天因果一遺教経ハ結経也

化儀ハ漸部ノ始不定秘密也化法ハ単三蔵也彼鹿野薗ノ中学シテ
外道夷陀典籍ト云文一僻事好習宗トスル者有五人二其名ヲ云一頞鞞
二跋提三倶利太子四釈摩男五十力迦葉一ト此等人ハ釈迦如来ノ往昔ニ」（13オ）
奉訓一人共也然信外道法二可堕悪道一由御覧哀之一脱(ヌキ)瓔珞細
耎ノ衣一着ハ鹿弊垢膩ノ衣一現丈六卑小ノ姿一菩提樹下ヨリ赴鹿野薗ニ一
給フ道中ニ提謂長者婆利長者ト云二人長者五百人眷属具足シテ
蛤遊シテ取蚌蛤(ハマクリ)一行ク路中ニ麦粉ヲ取出食ル所ニ佛来給フ此二人長者
奉請佛一麦粉蟲ト云味目出キ美物ヲ合奉供養一佛受之一楊枝
ツカヒ給トテ殺生云事ハ冷事也仰出シテ説五戒十善一給フ十善者一不殺生
二不偸盗三不邪婬四不妄語五不綺語六不悪口七不両舌八不貪欲」（13ウ）
九不瞋恚十不邪見也此五ヲ持ツヲ名五戒一不殺生戒者生者ノ蟻卵子
一ヲモ不殺一也自不害一教モ他一不令殺一也凡有生一皆以命一為宝一也住山一鹿
宿海一鱗翔(カケル)空一翅走地一獣大小異類異形ノ物多ト云トモ皆倶労身ヲ一
皆同惜命一也害之一定堕三悪道一若生人界一身分ニ多病一寿命短
促ナリ一日モ持此戒一免悪道一寿命長遠也二不偸盗戒者惣有主一
物ヲ一紙半銭不盗取一教人一不令盗一也破此戒一堕在三途一
適受人身一貧窮孤独報シテ宝難得一縦希得トモ又易失二」（14オ）
常遇盗賊之難一也三不邪婬戒者流転生死之業因悪趣

輪廻之根本無過愛欲之道四不忌語戒者触善悪之二
事一ニ付世間出世一露計モ虚言不用一也破此戒一沈三途一業也或
成瘂ヲシニシテ詞ハ不正一人被致嘲哢一也五綺語者是非乱リ人令煩一
人誑是似虚言一也如此一五戒十善説給フニ三百人得信忍一二百人
得須陀洹果一四天王来テ得弟*順忍一一人長者得不起法忍一
此云提謂経一也釈文ニハ若如キハ提謂波利一但聞五戒一得不起法忍文」（14ウ）
玄一*父也然趣テ鹿野苑一為五人一説給フ様汝等カ所学ノ法門ハ招
生死之苦報一也先五見ト云身見辺見邪見々取戒禁取見ヲ
好習也依此諸見一深着虚妄ノ法一不知真実ノ道一是故流ニ転
生死一無有出期一応知見ハ六道因也無漏ノ戒定恵ハ涅槃ノ因也
説給依之一五人証果シテ成聖人一ト其外ノ声聞人咸得道果一ヲ雖然一
可成佛一旨ハ未説聞給一
次方等経者弾呵ノ教ト云又名生蘇ノ教一説時所共不定化儀ハ漸」（15オ）
部ノ中不定秘密、化法ハ四教倶説之一瓔珞経ハ結経也菩薩大行ハ強讃メ
二乗小行ハ強令恥一嫌ヒ給仍鹿薗証果ノ人ヲ令弾呵一給語ニ言ク縦ヒ
雖トモ起ト虎狼野干ノ心一勿起コト声聞縁覚ノ心ヲ一高原陸地ハ無レ生ニコト佛性ノ
蓮花一入無為ノ正位一者ノハ永不反覆一焦失如来種子一無有成仏ノ
望一縦敗種ハ生トモ入二乗一者ノハ不可成佛一以恥貶給カハ迦葉尊者ハ愁歎シテ

*訂正前は「柔」字に作る。

*「父」は「文」の誤写

声響三千世界一ニ善吉尊者ハ亡然シテ投手一鉢一故此教ヲ名弾呵
褒貶ノ教一ト然漸恥小一慕大一意起テ大乗機トナルナリ」（15ウ）
次般若経者名*洮汰教一ト又云熟蘇味ノ教一説時三十ヶ年説所ハ
四処十六会也謂逝多林給孤独薗鷲峯山白鷺池也 仁王
経ハ結経也化儀漸部ノ不定ト秘密ト也化法ハ通別円也説万法皆
空ノ旨一談ス尽浄虚融ノ理一ヲ仍鹿苑証果ノ声聞我等同入法性ノ思
非物一前方等ノ時弾呵シテ二乗小果一恥小一慕大一意起キ般若経ハ
彼小乗ノ人ヲ洮汰シテ大乗ノ法財ヲ令預一給也
次法花経者説本迹二門一開三顕一開近顕遠ノ旨一ヲ此教ハ名醍醐」（16オ）
味一ト無量義経為開経一ト普賢経ヲ為結経一也化儀ハ会漸一帰頓一ニ化
法ハ唯円教也説時ハ八ヶ年説所ハ二処三会也二処ハ霊山ト虚空ト也
又従虚空一帰霊山一ニ故三会也彼始成正覚ノ時機根未熟一此経
不説一四十余年間未顕真実一経四味調熟一後遂出世ノ本意一先
現六瑞一駭（カイ）動衆会心一六瑞者一説法瑞二入定*々三雨花々四地動々
五衆喜々六放光々也説法瑞者説無量義経一給也無相一理リ万法
出生旨説給フ入定瑞者説無量義経一了入無量義処三昧一ニ」（16ウ）
身心不動経一雨花瑞者其時天ヨリ雨四種ノ花一地動瑞者大地六種震
動也衆喜瑞者時衆会皆懐歓喜之心一放光瑞者二眉間白

*「挑」カ。以下同じ。

*この踊り字は六瑞の「瑞」に相当。以下同じ。

豪*ヨリ放光一照東方万八千国土一給也時衆見此瑞相一是何因縁ソト疑フ
弥勒菩薩知衆心一奉問文殊師利一ニ文殊引昔ノ日月燈明佛ノ時
事一ヲ説法花経一給ル瑞相也ト答給ヘリ其後佛定起告舎利弗一説
諸法実相ノ法門一給諸法者不過十界一ニ々々者一地獄二餓鬼三
畜生四修ラ五人六天七声聞八縁覚九菩薩十佛界也実相者」（17オ）
真如平等ノ理也然断善闡提敗（ハイ）種ノ二乗五逆ノ調達五障ノ女
人倶ニ平等法身ノ躰故開佛ノ知見一ヲ是故ニ名諸仏出世之本懐一ト也
次涅槃経名捃（クム）拾ノ教一ト又云醍醐味一法花不シテ悟一漏ル衆生ヲ涅槃経ハ
捃拾シテ令得脱一給也像法決疑経ハ決経也化儀ハ頓部、化法ハ有四
教一四教倶ニ常住ノ理ヲ知ル説時ハ一日一夜也説所ハ倶尸那国倶尸那
城沙羅双樹力士生地呵夷羅跋提河ノ辺リ頭北面西シテ右脇ニ臥
給ヘリ則癸酉歳二月十五日ノ夜半ニ入涅槃一ニ御年八十也其日ノ晨朝ニ」（17ウ）
従面門一放種々ノ光一十二由旬ノ内集ヘリ十方大衆一対四教ノ機一説此
経一佛出御音一如来法里正覚入滅一ニ有今一告給人天大会心細ク
悲満胸一ニ菩薩聖衆無端（アチキ）一愁涙染袂一四弁八音ノ所説ハ常リモ染心
肝一ニ毎詞一哀也僧伽梨衣脱却テ黄金師子胸出シ我身ハ無量
劫間久積難行苦行一身也汝等一心ニ無漏ノ膚可拝一今日リ後願トモ
争又再値遇セン優曇花リモ尚難シト宣給大悲能化ノ教主梵音

＊「毫」の誤写。

和雅ノ御音妙シテ望別一宣給ニ深位ノ菩薩大声聞衆乱威儀一臥シ」（18オ）
マロフ悲歎難忍一涅槃経遠教品意也既金舘蓋閉テ栴檀薪尽御舎利ヲ三ニ分
龍宮ト天上ト人中ト三処配時或発力一或集軍兵一奪取カハ心正直シ
香姓ハラ門分テ止諍ヲ一佛滅後ニ迦葉等ノ一千人大羅漢結集堂シテ
如来所説法蔵ヲ欲令弘通世間一ニ爰ニ阿難尊者ハ佛ノ成道ノ夜生テ廿
五シテ佛許トニ詣ル九百九十九人ノ大ラ漢結集堂ニ衆会一千人中今一人
不足一阿難ハ有学聖者也トテ其中ニ被嫌一阿難ノ云我多聞ヲ好テ不証
無学一成証果ノラ漢一ト寂安（イト）トノ給フ被嫌列衆一ニ堂内不入一ケレハ雷光（イナツマノ）」（18ウ）
様ニ証無学果一ヲ既証果一堂内令入一云フ時大衆証ハ無学一何ノ
処リモ可入一云レハ論穴ヨリ入ケリ一千人中ニ阿難登高座一ニ唱佛所説一余ノ
九百九十九人ハ染筆一写多羅葉一ニ佛説ニ無違一大衆中ニ有三疑一
佛ノ再来給カ他方佛ノ来給カ阿難成仏一給カト疑フ則迦葉等ノ大衆
讃阿難一ヲ云ク面如浄満月一眼若青蓮花一佛法大海水流入阿難身一ニ
然阿難如是我聞ト唱レハ則散三疑一滅後教法流布ニ有三時一正法
千年像法千年末法千年也正法時ハ教行証ノ三共ニ有リ像法時ハ」（19オ）
有教行一無証一末法時ハ有教一無行証一自尺尊滅後一至慈尊出
世ノ時分一ニ五十六億七千万歳也（又説五十七倶胝六十百千年也云々）佛滅後過一千年一
後振旦国ニ佛法始テ来ル漢ノ永平七年甲子歳漢ノ明帝夜ノ夢ニ

丈六金色ノ人入ルト王宮ニ見了則中夜ニ天竺ヨリ迦葉*ノ摩騰笠ノ法蘭ト云二人
聖人佛教ヲ負セテ白馬ニ至漢土ニ所負ノ経ハ是四十二章経十住断
結経佛舎利釈迦像也後漢ノ明帝永平十年丁卯歳都ノ
西ニ立白馬寺ヲ始興隆佛法ヲ其後経四百八十年ヲ大日本国秋津嶋」（19ウ）
第三十ノ王欽明天王ノ御代壬申歳十月ニ百済国ヨリ聖明天王
釈迦ノ金銀ノ像幷ニ経典等ヲ献ル我朝ニ如来滅後一千五百歳
許リ振旦国ニ崇ル佛教ヲ事八品ニ分タリ名八宗ト且如八宗ノ図ノ

教兒伝
本云永徳三年癸亥十月廿九日於悲田院令書写了　　慈照之判
応永廿八年辛丑八月廿八日於無量寿院令書写了金剛子圓尒之」（20オ）
天台山又云花頂峯ト又云五岡山ト
法明抄云凡災患者本無種ト以悪事ヲ為種ト寿福者便無源ト以信力ヲ為種ト矣云々
楞伽経云八九種々識如水中諸波ト云々
帝範云倉廩リムニミナル実ツレハ則知礼節ヲ衣食乏則忘廉レン恥ヲ云々
雪賦云盈ミツ尺ノ則呈瑞ヲ於豊年ニ霽アカル丈ノ則表殃ワサハヒヲ於陰徳ニ云々
勧学院之雀囀蒙求ヲ紫金山之鳥生黄翅ヲ云々
老子経云　蹝履ワラウツ　文選云　芒ワ鞻カハカケワラウツ」（20ウ）

＊「迦葉」は補入だが文意不明。

水繊　紅糟　糟雞　鼈羹　羊羹　猪々　驢腸々　煎餅
伏兎　餛飩　粽　糖　糒　鴨頭　垸飯　碁子麵　麩
水團　饅頭
相看　看経　諷経*○都寺　監寺　副寺　維那　典座　都管
都聞　造主　頭首　旦過　接待　塔頭　直歳　耆舊
柱杖　帽子　陪堂　邏斉　相伴　同朋　人工　兄部」（21オ）
阿耨多羅　三藐三菩提ノ佛タチ　我ヵタツ
ソマニ　冥加　アラセ　タマヘ
御簾　墨斗　顕紋紗　素紗　簀　蟇目　卓
粿　緥イ　褜イ　被物　禄物　机　香匙　火筋
建盞　胡盞　饒州　櫑茶　茶杓　茶盞　薬櫑
薬器」（21ウ）
無常之句　　浮雲不定　　誰期千年
世間無常　　豈募万歳」（裏見返）

＊「○」は補入符か。

天台伝南岳心要

天台伝南岳心要弁坐禅用心

覚遍」（表紙）

天台伝南岳心要　依止観略類集

問、諸法寂滅相。不可以言宣、有何所以而説止観。答、一切諸法本是仏法。今人意鈍玄覧則難。眼依色入。仮文則易。故以文示之、須知文非文字即解脱。離文字求解脱無有是処也。天台智者伝南岳思大師円頓止観。分二。先略、」（1オ）次広。略者、初縁実相、造境即中。無不真実。繫縁法界、一念法界、一色一香無非中道。己界及仏界衆生界亦然。陰入皆如無苦可捨。無明塵労即是菩提無集

可断。辺邪皆中正無道可修。生死即涅槃
無滅可証。無苦無集。故無世間。無道無
滅。故無出世間。純一実相。々々外更無別法。」（1ウ）
法性寂然名止。寂而常照名観。雖言初
後無二無別。是名円頓止観。云何名円法。
聞生死即法身。煩悩即般若。結業即解
脱。雖有三名而無三躰。雖是一躰而立
三名。是三即一相。其実無有異。法身究
竟般若解脱亦究竟。般若清浄余亦清
浄。解脱自在餘亦自在。歴六塵境六作縁、」（2オ）
並是因縁生心。常用一心三観観之。即
是行如来行。復須無縁慈悲愍傷一切
自利々他発四弘誓願。依四諦理而発之。
衆生無辺誓願度依苦諦境。煩悩無数誓
願断依集諦境。法門無尽誓願知依道諦
境。無上仏道誓願成依滅諦境。雖知衆生
煩悩如法界。以大悲故誓抜如法界衆生々」（2ウ）
死之苦。雖知法門仏果非修非証。以大慈

故修而証、与衆生涅槃之楽名真正菩提心。亦名六即仏。一切衆生心性即理即仏。了心三諦名字即仏。観念相続観行即仏。六根清浄相似即仏。初住至等覚分真即仏。唯仏与仏究竟即仏。即故初後皆是。六故簡監。中論云、真法及説者聴衆難得」（3オ）故如是則生死非有辺非無辺。説時如上次第、修行一心中具。略説竟。広者惣有十境。先明陰境中識陰。夫一念心起即具十法界。々々互具即百法界。一法界三種世間、即三千世間。三千只一念心。是三千。所以不縦不横不並不別名不可思議。只無明心法々性而生諸法。直以止観安於法性。観無明痴惑」（3ウ）本是法性。以痴迷故、法性変作無明。起諸顚倒善不善等。如寒来結水変作堅氷。又如眠来変心有種々夢。今当躰諸顚倒即是法性、不一不異。雖顚倒起滅如旋火輪。不信顚倒起滅。唯信此心但是法性。起

是法性起。滅是法性滅。諦躰其実不起滅、
妄謂起滅。只指妄想悉是法性。以法性」（4オ）
繫法性、以法性念法性、常法性無不法性。
時躰達既成、不得妄想亦不得法性。還
源反本、法界倶寂。是名為止。如此止時、上
来一切流動皆止。観者観察無明之心
等於法性。本来皆空。下等一切妄想
善悪。皆如虚空無二無別。譬如劫尽従
下至初禅炎々無非是火。又如虚空蔵菩」（4ウ）
薩所現之相一切皆空、如海恵初来所現
一切皆水。介爾念起、所念々者。无不即空。
空亦不可得、如前火木能使薪燃亦復
自燃。法界洞朗咸皆大明。名之為観。止只
是智。々只是止。不動只是不動智。々々々
只是不動。々々智照於法性。即是観智
得安。亦是止安。不動法性相応即是止安。」（5オ）
亦是観安。無二無別。復次観根塵相対一
念心起。即空即仮即中者事者、若根若塵並

是法界。並是畢竟空。並是如来蔵。並
是中道。云何即空。並従縁生。々々即無主。
無主即空。云何即仮。無主而生即是仮。（私云正仮随縁真如ナルヘシ）云
何即中。不出法性並皆即中。当知一念即空
即仮即中。並畢竟空。並如来蔵。並実」（5ウ）
相。非合非散而合而散。非々合非々散、不可
一異而異。譬如明鏡。明喩即空。像喩即
仮。鏡喩即中。不合不散。合散宛然。不一二三。
一二三無妨。此一念心不縦不横不可思議。非
但己爾。仏及衆生亦復如是。花厳云、心仏
及衆生是三無差別。当知己心具一切仏
法矣。復次一心修止観又二。一惣明一心。二歴」（6オ）
餘一心。惣者只約無明一念心。此心具三諦。
躰達一観、此観具三観。前説一念無明与
法性合即有一切百千夢事。一陰界入一
切陰界入。無量単複具足無言等見。三
界九地諸思、十六門破等一切諸法、先已
次第横竪聞竟。今聞一心因縁生法者、

即懸超前来一切次第因縁生法。懸識（6ウ）
不思議因縁生法。前説諸法皆三仮四句。
々々求実不可得。単複諸見皆空。九地諸
思皆空。十六門皆空。先已聞故、今聞一心即
是空。懸超前来次第諸空。懸識不可思議
畢竟妙空。前来所明諸仮、覆疎倒入。分
別薬病授薬等法、先已聞故、今聞一心即
仮。懸超前来次第之仮、懸識双照二諦（7オ）
之仮、今聞非空非仮者、懸超前来諸空非
空。諸仮非仮、又有前来分別。一切非有非無、
単見中非有非無、複見中非有非無、具足
見中非有非無、三蔵中非有非無、通門非
有非無、別門非有非無。前已聞故、今聞非
有非無、懸超前来諸非有非無、懸○中道
不可思議非有非無。如此三諦一心中解（7ウ）
者、此人難得。何以故約心論無明□約心
論因縁所生法。故有前来一切諸法。約心
即空。故有前来諸空。約心論仮。故有前

来出仮等。約心論法界一。故有中道非空
非仮。三諦具足只在一念心一。分別相貌一如次
第説一。若論道理一、只在一心一即空即仮即中。
如一刹那而有□相一。々々不同生住滅異。一」（8オ）
心三観亦如是一。□喩仮有。滅喩空無。□喩
非空非有一。三諦不同而只一念、如生住滅異
只一刹那一。三観三智三止三根例則可レ知。如
是一観者即衆生開仏知見一。言衆生者貪
恚痴心、皆計三有二我。々即衆生。我遂心一起
心起三毒一、即名衆生一。此心起時、即空仮中。
随三心起二念一、止観具足。観名仏知一、止名仏見一。」（8ウ）
於念々中一止観現前。即是衆生□仏知見一。
此観成就名初随喜品一。読誦扶助此観一
転明成第二品一。如行六度一、而説資心一転明
成第三品一。兼行六度一功徳転深成第四
品一。正行六度一事理無減一成第五品一。転入
六根清浄一名相似位一。故法花云、雖未得無
漏而其意根清浄如此一。従相似進入銅」（9オ）

輪一、破無明一得無□忍。四十二地諸位一。□□□云、
得無是無漏清浄之果報一。亦是三賢十
聖住果報一。唯仏一人居浄土一。以賢聖一例仏
指妙覚一是報。歴餘一心者。若惣無明心。
□必是宜。更歴餘心、或欲心、或瞋心、或慢
心、此等心起即空即仮即中。還如惣中所説。
前来所説但観識陰作如此説。餘四陰亦」（9ウ）
如是。十二入十八界亦如是。是名観陰入境
竟一。二煩悩境者、三毒卒起、不可控制一。三
三病患境者、四大違反致有病生一。四業
境者、欲離生死一諸業競起。五魔境者、恐
出生死一化他民属一魔用力一制。六禅境者、
止観静心一、事禅互発。七見境者、逸観
諸法一触境一生着一。八増上慢境者、得□□□禅二」（10オ）
謂是無漏。九□
乗境者、先世小習因静而生。十
菩薩境者、愛見大悲因之二而起。如此二一々
境即識是因縁生心一還以即空即仮即中

観一観之一、如二前陰境略説一。無四不三隔二凡一成レ聖。故大師傷歎曰、説己心中所行法門一。復与修多羅合。而人皆不レ肯服。韻高和寡。」（10ウ）吾甚傷之一。

妙法印云心要云、云何即空、並従縁生、々々即無主、即空。云何即仮、無主而生即是仮。云何即中、不出法性、並皆即中。当知一念即空即仮即中。」（11オ）

記六云、即依自受用在一実慈悲求子不得、故今正於自他中間文。」（11ウ）

坐禅用心

天台坐禅止観要門云、夫泥洹真法、入乃多途、論其急要、不出止観二法一文。

入定出師口伝云、問、有人云、経説禅定窂固者如来滅後第二五百年也。時今遠矣。不合修禅差機、此言合修禅所也。答、経亦広云、仏本不滅何論久近也。宜」（12オ）

於聖授偏挙一文、以蔽多義者□当
魔説聞文。
又云、問、性多散乱者学定何由可得也。答、
猕猴尚能坐禅。況乃於人何不得也。
昔有国王聞禅定之益、雖理国務、兼
後習禅文。
禅要云、習禅之人、仮現身無其益、臨命」（12ウ）
終之時必得正念。猶如飲酒人忽雖無其
過、臨命終時不得正念文。
口決第四云、聞不習観、尚得遠為住行乗
種文。

縄床

坐禅伝授秘要云、縄床作法者、高八寸、広
一尺八寸計也文。」（13オ）

坐具

禅要云、謂西天草座上敷座具。今亦可
爾也。縄床上置草座。上可敷座具也。而
煩故、只以耎物中入、茅薦等物可敷

縄床也。不可用座具等。煩故也。

鏡一面懸座後

入時」（13ウ）

禅門口決云、仮令将就坐時、先作是想、我当於彼処坐。彼処去此、応若干歩随下足時、稍申其気、漸放其身躰、住風稍来行風漸去。其餘威儀亦復如是。々々想者名安身也文。

先踞床、後安身心、令安穏而後坐禅久々無妨也。乍踞床非久々居云々。」（14オ）

定印

禅門口決云、以左手置右手上、令左手小指頭拄右手大指本下。両手大指頭纔令相詣。

坐禅止観要門云、若半跏者、以右脚置右脚上文。

禅門口決云、小小開歯微々挙舌、四五過長」（14ウ）吐気。漸次平視徐々細閉目、勿令眼瞼

火急当使眼中　朧々文。
　住時
禅要云、観念只在行者意聞文。
金錍論云、客曰、観道者何、仁師誰耶。法依何
耶。余曰、子不聞、天台大師霊山　親承、大蘇
妙悟。是余師也。摩訶止観所承法也。以廿五」（15オ）
法為方便。十法成乗観於十境一、々々互発観
時進不。此観道之大略也文。
止観第五云、若従一心生一切法者、此則是縦。若
心一時含一切法者、即是横。縦亦不可横亦
不可。只心是一切法、々々々是心故、非縦非横、
非一非異、玄妙深絶、非識所識一、非言所言一、所
以称為不可思議境二意在於此文。」（15ウ）
［　］懺法云、如経中説、釈迦牟尼名毘盧遮
□遍一切処。当知一切諸法悉是仏法。妄
□分別受諸熱悩一。是則於菩提中見不
清浄一。於解脱中二而起纏縛一文。
大日経疏云、住此乗者、以不行而行、以不到而

到。一切衆生皆入其中。実無能入者実無所入者、実無所入者、故名平等。々々法門。此」（16オ）経大意也文。

出時

禅要云、入時従麁至細、出時還従細至麁也。

即前入時次第今出時如次逆用之文。

□次摩手令煖以掩両眼、却手然後開

「　」

「　」口決云、一息治身中種々病法、取気従」（16ウ）鼻却入令気満身竟、然後細々閉口、随気自細置此息去、引心従骨中直下出不浄門解。住眼時引息内脚心。行住坐恒用此心。自四処有雑病時須此息々通。然後随痒処所引気息、従病処出入空無有閡者即差文。

又云、出此時中有無量相。行者爾時一切勿著。」（17オ）但努力一心、而已自然得度文。

又云、初坐之中其外種々変形、或作父母師僧国王美女形像師子虎狼。如是謂魔鬼。
行者当仮想心、作金剛刀擬之即去文。
又云、欲上厠用心法、大小便出時可作一切痒
出想文。
疏記十云、唯願諸仏冥薫加被、一切菩薩蜜」（17ウ）
借威霊、在々未説皆為勧請。凡有説
処親承供養。一句一偈増進菩提、一色
一香無退転文。

本云
正元々年五月八日、被書進仙洞草本也。
即此一本書写之処、弘長三年夏比、
自 仙洞俄儀有御尋。不及別書写進
入愚本畢。」（18オ）
正安元年五月十二日、於河内国
八上郡中村法明寺書写了。
不審多以他本可為校合也。　僧覚遍」（18ウ）

（後藤昭雄・米田真理子）

聖徳太子伝記

(表紙)
太子伝記

(本文)
聖徳太子伝記

夫、聖徳太子ノ本地ヲ尋奉レハ、救世観音之垂迹也、然ハ、
衆多ノ身ヲ受テ、衆生ヲ化度シ給ニ、我朝ニ、聖徳太子ト顕レ給也
先ノ生ニハ、晨旦国衡州衡山ト云所ニ、恵思禅師ト申シケリ、
彼ノ衡山ニ五岳アリ、一ニハ般若峯、二ニハ柱栝峯、三慧日峯、
四嘱融峯、五紫蓋峯也、爰ニ、思禅師ハ、彼第一ノ
般若峯ニ住給ヘリ、于時、隋(ママ)ノ文帝大和八年丁未、天竺ヨリ」（1オ）
達磨大子ト云テ貴キ上人来テ、禅師ヲ勧メテ云ク、自レ是東
海ニ国アリ、其名ヲ日本ト云、彼コニ佛法イマタイタラス、然間、生ヲ
受ル衆(モノ)、一人モ生死ヲハナレスシテ、空ク三途ニ堕在ス、此ノ山ノ
化ヲ留テ、彼国ニ到テ、衆生ヲ教化シ給ト勧テ、我ハ先立(サキタチ)テ彼国ニ

往キ侍ヘル也トテ、衡山ヲ飛出テ、、東ニ向テ、白雲ニ乗テ、去リ給ヘリ、
其後、禅師、何程(イク)ナクシテ、達磨ノ勧メノ如ク、衡山ノ化ヲ
留テ、遷化シ給ヒヌ、御魂神(タマシヒ)ヲシテ我朝ニ遣(ツカハ)シテ、人王」（1ウ）
卅二代ノ帝、用明天皇ノ儲君、聖徳太子トソ、名ケ奉リケル、是ハ、
太子ノ先生ノ御在形也、然而、佛法ノ大興ヲ尋レハ、天竺ニ釈
尊出世シ給テ、八万四千ノ教法ヲ説キ、十方三世ノ諸佛ノ妙義ヲ
以テ、六趣四生之群類ヲ覚悟セシメ給キ、又、三宝ノ伝来ヲ
トフラヘハ、日域ニ太子誕生シ給テ、四十六ケノ伽藍ヲ建テ置玉ヘリ、
抑、西天程遠シ、雲海ヲ隔テヌレハ、時代ヲカンカフルニイト
マアラス、晨旦之古風ヲ伝聞クニ、周ノ十四代ノ帝、照王」（2オ）
廿四年甲寅歳ニ当テ、月氏ニ釈迦如来出世シ給ヒケリ、
在世八(五)十年ノ間ニ、大小乗顕密ノ諸経ヲ説キ顕シ
給キ、是ニ、正法、像法、末法トテ、三時ノ教行證アリ、先ツ
正法一千年ノ間ハ、佛法余(ホカノ)国ニワタラス、只五天竺ノ
中チニ利益ヲナス、證果ヲウルモノ数ヲシラス、然而ルニ、像
法ニ入テ十六(三十)年ニ、漢ノ明帝ノ御宇ニ、永平八年ト
云シ時ニ、迦葉ノ摩騰、竺ノ法蘭ト云二人ノ梵僧、佛」（2ウ）
教ヲ白馬ニ負(ヲホ)セテ、西天ヨリ、始テ漢土ニ渡シ奉ル、漢ノ明帝、大ニ

悦玉テ、佛教ヲ請取奉リ、王宮ノ西ニ寺ヲ起テ、白馬寺ト号ス、尓(シカシ)
ヨリ、佛法漢土ニ盛(サカンナリ)也、既(カクテ)三百歳ヲ経テ、百済国ニ到ル、百済
国ニテ一百年、未タ満サルニ、日域ニ伝ハル、是レ、像法ニ入テ四百
余歳、如来滅後ハ一千四百十六年ニシテ、我朝ニ始テ佛法
渡リケル也、此時、我朝ノ帝ハ、人王卅代ニ当テ、欽明天皇ト申ス、
治天下十三年壬申十月十三日ニ、百済国ヨリ、一光三」（3オ）
尊ノ弥陀ノ像、金銅ノ釈迦並ニ智度論百巻、是ヲ送リ
奉ル、試ニ供養ヲ宣フ時ニ当テ、国ニ疫病(エヤミ)起ケリ、是ヲ三宝ノ
咎也トテ、佛像ヲハ捨ラレ畢ヌ、尓ヨリ以来、屡(シハ〳〵)佛法ノ
名字ヲ聞ク、既(カクテ)年序ヲ十八年マテ経(ヘ)シカハ、正月一日ノ
夜、欽明天皇第四ノ皇子ノ后キ、去年庚寅御ヨメイリ
アリケルカ、皇子橘ノ豊日ノ尊ノ后キ穴太部(アナフトヘ)ノ間人(ハシヒト)ノ
皇女、二人御寝(シン)アル所ニ、金色ノ僧夢ノ枕ニ来テ、妃(キサキ)ニ示シテ」（3ウ）
云、吾ニ救世ノ願アリ、妃ノ胎(ハラ)ニ宿ラン、妃答テ曰ハク、妾カ胎内ハ汚
穢不浄也、何テカ貴人ヲハ宿シ奉ラント、僧ノ曰ク、吾レハ更ニ垢
穢ヲ厭ハス、只、望ラクハ、少(シハラク)人間ニ感セン事ヲ、妃又問テ云ク、
是レ誰トカセムト、僧ノ云ク、吾ハ是レ、救世ノ菩薩也、家ハ西方ニアリ、
暫ク衆生ヲ度センカ為ニ、妃ノ胎ニ詑生セムト思ト、妃敢テ

辞玉ハス、左モ右モ命ニコソ随ヒ奉メトアリ、僧悦ノ色ヲ含テ、
躍テ妃ノ口ノ中ニ入給フト思テ、妃即チ驚キ悟(サメテ)、喉ノ中ニ、猶」（4オ）
杭ヲ呑メルカ如シ、妃大ニ奇テ、皇子(用明)ニ語ハ玉フ、皇子答曰ク、
你(ナンチカハラメラン)育　所ハ、必ス聖人ヲ得テン、生レ給ハヽ、吾養ヒ奉ラント
アリ、妃、即御懐妊ノ御心地アテヨリ後ハ、性睿敏(智也聖也)ニシテ、
動止閑爽(良也明也)ニ、枢機(揺也作也)弁悟ナリ、八月(ヤ)ヲ経テ、胎内ニシテ
言(イフ)コト外ニ聞ヘキ、天王幷ニ后、是ヲ聞キ給ヘハ、生レテ生ヲスクイ、
悪シキ事ヲイサメツヽ、法(ノリ)ノ扉(トホソ)ヲ開キテ、聖リノ道(是胎内ノ四弘也)ニ入ナン、
又云、」（4ウ）
我レ、急キ世ニ出テヽ、迷ノ娑婆ヲ救ヒ、我カ本師ノ居(イタマヘル所ニ)、疾(トク)
往生スルコトヲ得セシメン、
既ニ、御産モ近ク成リ給フカト恡シム、然而ニ、其年モ御産ナク
シテクレシカハ、后、王子ニ語テ云ハク、吾父欽明天王、天
下ヲ治玉フコト卅二年辛卯四月廿三日、御年六十三ニ
シテ磯城嶋ノ宮ニシテ崩御成給ヒヌ、
即、高市郡檜隈(ヒクマ)ノ陵ニ葬奉、今檜隈寺ト云ハ、」（5オ）
彼御廟ナリ、　然レハ、妾有待ノ身ヲ以テ、空ク
月日ヲ送レリ、凡、女人ノ懐妊ハ、死期ニ近シト云ヘリ、産

ナクシテ、去年モ既ニ過キヌ、定テ、死ノ道チノカレカタカル
ヘシ、今日(正月一日)ハ、娑婆ノ思出ニ、宮中ヲ巡テ御遊ヒアルヘシト、仰
アリシカハ、王子、誠ニシカルヘシトテ、宮中ノ四方、時ニ随フ
荘厳幷ニ宴ヲ構テ、諸ノ女孺侍従ヲ付奉テ、御遊
アリ、既(カクテ)、御馬屋(ミマヤ)ニ到テ、御馬ヲ御覧セラル、所ニ、后、」（5ウ）
覚ヘスシテ御産アリ、女孺驚キ寄リテ、トク抱キ取奉テ、
寝殿(ネヤ)ニ入レ奉ル、妃亦恙(ツヽカ)マシマサスシテ、静ニ幄(アク)ノ内ニ宿(ヤト)シ、
皇子大ニ悦給テ、彼ノ産所ヲ見給ヘハ、赤ク黄ナル光明、西
方ヨリ来テ、殿ノ内ヲ照ス、良久シテ、光モ止ミヌ、此異ヲ聞
召テ、駕ニ命シテ来テ問ヒ玉フ所ニ、又金色ノ光明アテ、照曜ス、
天王(敏達)、大ニ異(アヤシミ)テ、群臣ニ勅シテ曰ク、此児(ワウシ)、後ニ必ス世(ヨノ人)ニ異ナルコト
有ントテ、即チ有司ニ命シテ、大湯坐、若湯坐ヲ定テ、沐」（6オ）
浴セシメ給フ、千歳、赤染、春井、此三ノ井ヲホラシ
メラル、千歳ノ井ト云ハ、厩戸ノ西南(ヒツシサル)ノ谷ニアリ、赤染ノ井ト
云ハ、宮ヨリ西北(イヌイ)ノ原ニアリ、春井ト云ハ、此ノ宮ノ東南(タツミ)ナル
仙ノ洞ト云谷ニアリ、太子沐浴ノ後、天皇、先ツ吾レ懐(イタ)キ
始メトテ、綾ノ褓(ムツキ)ヲ以テ、太子ヲ請取リ給ヘリ、太子ノ身躰
厳シク、形チ玉ノ如シ、膚(ハタヘ)馥シクシテ、栴檀沈水ニモ過キタリ、

天王、弥ヨ悋テ、吾カ御后ニ抱セ奉ラル、此后ト申スハ、後ニハ推」（6ウ）
古天王ト申シ、、卅四代ノ帝是也、此后ヨリ、父豊日ノ
尊ニ授ケ給ヘリ、尊ヨリ、御母ノ間人(ハシ)ノ妃ノ尊ニ渡シ奉リ給フ、
后ハ、懐ヲ開テ太子ヲ抱キ給ヘハ、太子ノ御身ヨリ異香薫シ
テ、ナノメナラス、一度モ人ノ衣裳ニウツリヌレハ、数月ヲ経レ
トモ消ル事モナシ、サル間、宮ノ内ノ人々、我モ我モ争ソヒ懐キ
奉ル、御乳母(メノト)五人ヲ定メラル、所謂、玉照姫、玉安姫、月
増姫、日増姫、唐花姫也、玉照姫ハ守屋ノ大臣ノ女、」（7オ）
玉安姫ハ妹子ノ大臣ノ娘、月増姫ハ蘇我大臣ノ女、日
増姫ハ近江ノ大臣ノ娘、唐花姫ハ秦ノ連ノ女也、
此ハ、元興寺ノ記ニ見ヘタリ、平氏カ伝ニハ、三人ト見タリ、松子カ
伝ニハ、十二人ト云ヘリ、然間、上ハ天子ヲ始メ奉リ、下ハ
丈夫(マウチキンタチ)等ニ至ルマテ、請取渡シ奉テ、後ニ玉照姫ニ授ク、
カクノ如クシテ三日ヲ経シカハ、大宴ヲ設(マウケ)テ、皇女ヲモテ
ナシ奉ル事、七日七夜ナリ、天皇ヨリ、諸ノ膳(ソナヘ)物幷ニ」（7ウ）
種々ノ珍物ヲ献セラル、是レハ、今ノ世ニ産生養(ウフヤシナイ)ト云ヘル事ノ
始メナリ、然ニ、沐浴ノ後、左ノ御手ヲニキリ、開キ給ハス、天子
及ヒ卿相達、大ニ此ヲ異(アヤシミ)玉ヘリ、サアル程ニ、四月ヲ経玉テ後、

能クモノカタリシテ、猥(ミタリ)ニ泣キ叫ヒ給フコトナシ、此年四月
三日、嶋ノ宮ニシテ、御諱(イミナヲ) 停名倉太玉敷皇(ナクラフトタマシキスヘラキノミコト) 尊 ノ
御即位成給テ、敏達天皇ト申ス、欽明天皇第二ノ御
子也、御母ハ、石姫(イハヒメ)ト云、宣化天皇ノ娘(ヲムスムメ(マヽ)) 也、」（8オ）
太子二歳癸巳春二月十五日ノ平旦ニ、乳母ニ語テ曰ク、
吾レ今日ハ、年来ノ宿願ヲ果スヘキ也、汝チ、吾ヲ抱テ、東ニ
向ヨト、其時、乳母答申ク、御事始メナリ、争カ私ニハ向ヘ
奉ルヘキカト、爰ニ、太子六借(ムツカリ)給フ色ニテ、自(ミ)乳母ノ
膝ヨリ下テ、東方ニ向テ、掌ヲ合テ、南无佛々々々ト唱テ、
再拝シ給フ、其ノ合掌ノ内ヨリ、光明アリテ、照曜ス、乳
母ハ佛ノ名字トモ知ラス、況ヤ佛舎利トハ思モヨラス、只、尋(ヨノ)」（8ウ）
常(ツネ)ナラヌ御初言(ウイコト)也トテ、アナイマ〱シヤ、此後ハ、此御
言(コトハ)アルヘカラスト申ス、太子御ニラミ有テ、御乳母ノ制シ
申スニヨリ給ハス、然而ニ、太子ノ御指(ユヒ)、子細モマシマサス、乳
母、コレヲ大ニ喜フ、然ルニ、猶太子ノ御初言ヲハ、深ク諫メ奉ル
トモ、七歳ノ御時マテ、是ヲ所作トシテ、南无佛ト御唱ヘ有テ、
礼拝シ給フ、彼ノ南無佛ノ御初言ハ、誠我朝ニ、佛法伝
燈ノ始ナリ、其拳内ノ御舎利ハ、今ノ法隆寺ニ御在(マシマス)、」（9オ）

是也、抑、此御舎利ハ、太子前生ニ、勝鬘夫人タリシ時ニ、御父波斯匿王ヨリ伝ヘ預リ給ヘル御舎利ナリシヲ、夫人ノ佛法弘宣ノ宿願ニヨテ、東海ノ国ヘ来生ノ為ニ、遷化シ給シ時ニ、御口ニ含テ終（ヲハリ）給ニケリ、晨旦ノ衡山ニ六生マテ生レ給ヒケルニモ、生ル、コトニ、悲母ノ胎内ヨリ、手ノ拳ニ持シテ、生レ給ヒケルトカヤ、今日本国ニ来生シ給フ時ニモ、母后ノ胎内ヨリ、持シテ出給ヘル」（9ウ）也、夫レ、昔ヨリ、太子ノ南無佛ノ時ニ至ルマテ、我朝ニハ、佛法ノ名字ハナカリキ、然而トモ、敏達天王二年癸巳二月十五日ノ南無佛ノ称号、遍万法ノ根基也、一葉之粟（アハ）ヲ蒔（マキ）テハ九穂ノ果ヲエ、一称之因ヲ以テハ万法ノ種トナルナリ、彼御舎利ハ、七歳以後ハ、瑠璃ノ壺ニ入テ、安置供養シ給フ、

昔、天竺ヨリ摩騰迦葉、竺法蘭ト云二人ノ梵僧、佛法伝燈ノ為ニ、聖教ヲ白馬ニ負テ、大唐陽門州ニ」（10オ）来テ、此由ヲ奏聞ス、漢ノ明帝、此趣ヲ以テ、国中ニ告勅アル様、此聖教ヲハ、信受スヘシヤ否ト、群卿並ニ道士、儒者等、各々異計ヲ成シテ、共ニ是ヲ信受セスシテ、大ニ軽慢シテ、即捐（エン）捨（ステスツ）セント擬（キ）ス、爰ニ、二人ノ僧聞テ、奏シテ云ク、

西天ノ教法ハ、尺迦大聖ノ内教也、東夏ノ典籍ハ、俗典ノ
外教也、争テカ外典ノ法ヲ賞シテ、内典ノ教ヲ捨ント、頻（シキリ）ニ
訴ヱ申ス、コレニヨリテ、勅シテ曰ク、所詮両方ノ教法ヲ」（10ウ）
会合シテ、験徳ヲクラフヘシ、其ノ勝負ニ随テ、信不ヲ定ム
ヘシト、是ニヨテ、各験徳ヲ施ス、忽ニ、天ニ昇リ、地ニ入リ、火ヲ出シ、水ヲ
流シ、風ヲ吹セ、雨ヲ降ス、或ハ、唐土ヨリ象王ヲ出セハ、天竺ヨリハ師
子ヲ出ス、又、唐土ヨリ大龍ヲ出セハ、天竺ヨリハ金翅鳥ヲ出シテ、互ニ
勝劣都ヘテ見ヘス、爰ニ、道士巧ヲ廻シテ、日光ヲ奪ヒ取テ、彼ノ
天竺ノ僧ノ頂ヲ、ヤケヨコカレヨト、照シケリ、今ハ、天竺ノ僧ハ
負ナムト見ヘケルニ、僧ハ最（イト）サワカスシテ、佛舎利ヲ」（11オ）
取出テ、咒ヲ誦シテ、虚空ヘ投ケ上タリ、舎利、忽ニ空中ニ
上テ、大光明ヲ放給ヘハ、日輪ノ光ハ舎利ノ光明ニオホワ
レテ、清涼ノ影ニ成ニケリ、其時、明帝ノ曰ハク、詮スル所、天
竺晨旦ノ典籍ヲ、一ノ火坑（キヤウ）ニ投入テ、共ニ以テ是ヲヤ
カンニ、ヤケサランヲ実教トスヘキナリト、勅命ニヨ
リテ、両方ノ教籍ヲ以テ、火ヲ放テ是ヲヤクニ、佛教ハ
一巻モ更ニ以テヤケス、大唐ノ典籍等ハ皆々焼失ニ」（11ウ）
ケリ、但シ、残ル物トテハ、孔子、老子ノ教文計也、其時、

天子、大ニ驚キ敬給テ、彼佛教ヲ仰崇シ給ヘリ、惣シテ、佛法ヲ興行シ、衆生ヲ利益スル事、併ラ舎利ヲ以テ先トス、故ニ、上宮太子モ、悲母ノ胎内ヨリ、手ニ舎利ヲニキリテ、南無佛ト称シ給フ、是偏ニ、救世観音ノ方便善巧也ト、知ルヘキナリ、」(12オ)

太子三歳甲午春三月三日、桃花ノ朝ヲ以テ、御父豊日ノ尊、御母間人ノ皇女共ニ、太子ヲ乳母ニ抱セ奉テ、厩戸之宮ノ春井ノ園ニシテ、桃花ヲ御覧シテ、遊ヒ給フ、時、御乳母ニ抱カレテ、太子、皇子ノ御ソハニ御在ケルニ、父ノ尊、太子ノ御心ヲ見ン為ニ、桃花一枝、松葉一枝ヲ折テ、御手ニ擎ケテ、吾カ児何レトカ思フ、桃花ヲヤ楽ミトスル、松葉ヲヤ賞セント思フト、太子、左」(12ウ)右ノ御手ヲ伸(ノヘ)テ、松葉ヲ取リ給フ、父ノ王子、甚タ奇テ、問テ曰ク、幼少ノ心ニハ、皆色アル物ニ耽ル事、常ノ習也、汝、今色アル花ヲ捨テヽ、色ナキ松ヲ取ルコトハ、何ノ心ソヤ、太子答テ曰ク、実ニ、桃花ハ色モ目出タク、香モナツカシク侍レトモ、梢ニ開クル花ハ、必ス七日ヲフルヨリ、日ニ萎(シホミ)、風ニ散ル、松栢モツイニハ雪ニウツモレ、霜ニシホレテ、替レトモ、

必ス千秋ニ色深クシテ、仙洞ノ翫モノタリ、故ニ、阿児カ」(13オ)
愚ナル心ニモ、色香ニハ耽ルヘカラス、偏ニ、近クハカナキ
物ヲ厭テ、久ク妙ナル物ヲ翫ヒ侍ント思心ナリ、夫、桃花ハ
一旦ノ栄物、松葉ハ万年ノ貞木也ト、答玉シカハ、御父ノ
皇子、是ヲ聞食シテ、汝カ言ハ定テ理リ有ラン、吾カ知ル
所ハ及ハストテ、大ニ悦テ、鍾愛シ給テ、則乳母ノ手ヨリ、
吾カ御膝ヱ抱キ取給ヘハ、太子、恐畏テ曰ク、阿児物ノ
儀ヲ案スルニ、人ハ天地ノ間ニ生レテ、栄花ノ春ニアサケ」(13ウ)
リ、官位ノ秋ニホコル、皆是レ二親ノ恩徳也、恩山実ニ
高ク、徳海是レ深シ、報謝何ソ及ハン、然而ニ、今マ愚児カ
身トシテ、御膝ニ侍ランコト、百丈ノ巌ニ昇テ、千尺ノ波ニ浮カ
如シ、太ハタ畏レ、太タ危キ事也トテ、太子ハ、敬ヒ辞シテ、
御父ノ御膝ヨリ下リ給ヘハ、皇子弁ニ妳母(メノト)以下ノ侍従(オモトモト)
等(ラ)、不思議ノ御物語リ也トテ、敬ヒ愛シ奉リ給フ、夫レ、我
朝ニハ、昔ヨリ今ニ至ルマテ、佛法ナキ故ニ、貴賤更ニ佛法ノ」(14オ)
縁由ヲ知ラス、賢愚又因果ノ道理ヲ弁ヘス、只神ヲ
敬ヒ、鬼ヲ祭ル行(ワサ)ヲノミ知レリ、サレハ、太子、桃花松葉ニコ
トヲ寄テ、漸ク世間之無常ヲ奏シ、高恩ノ至孝ヲ

申シ給ヘリ、誠ニ是レ、大悲善巧ノ御方便ナルヘシ、」（14ウ）
太子四歳乙未春正月ニ、御父豊日ノ宮之内ニ、都テ
諸ノ少（イトケ）ナキ王子達、其数遊ヒ給ヒケリ、其中ニ他
腹（カタヘノ）ノ王子ニ摩呂古ノ親王、筒城（ツヽキ）ノ王子、林ノ王子トテ、アマ
タ御在シケルカ、勝負ノ道ヲ争テ、太タ以テ、口闘（クチツカライサカフ）スル声高シ、
父ノ王子、聞召テ、六借カラセ給テ、笞（シモト）ヲ以テ王子達ヲ召給ヘハ、
王子達恐怖シテ、皆逃（ニケ）隠玉ヒヌ、太子、衣袴ヲ脱（ヌイ）テ、裸（ハタカ）
ニテ、独ス、ミ給ヘリ、南殿ノ辺ニテ、御父ノ王子ニ行向玉フ、王」（15オ）
子、大ニ瞋テ曰ク、汝達、何ソ兄弟不和ニシテ、喧ク争（アラソ）テ、
穏便ナラサル、故ニ今、笞ヲ以テ追ニ、皆既ニ隠去ヌ、汝何ソ
独進ミ来ルヤ、此時、太子、掌ヲ合セ、膝ヲ屈シテ、王子弁ニ
皇女ニ向奉テ曰ハク、此レヨリ上ニハ、日月星宿光ヲ比テ、物ヲ
照シテ陰（クモリ）ナシ、是ヨリ下ニハ、堅牢地神冥官冥
衆眼ヲ開テ、善悪ヲ勘カヘ給ヘリ、然ルヲ、阿児不
孝ノ身トシテ、橋ヲ天ニ立テモ登ル事ヲウヘカラ」（15ウ）
ス、穴ヲ地ニ掘テモ隠ル、事ヲウヘカラス、況ヤ、宮中ニシ
テ、御命ヲ背テハ、小児争カ遁（ノカ）ルヘキ、倩（ツラ〳〵）以レハ、父ノ其子ヲ
打チ誡ルハ、悪カレトニハ非ス、其身ヲ安穏（ヨカラシメンカ）ナラシメンカ為

也、故ニ、孔子ノ曰ハク、母ハ只悲ミノミ深シテ、遠キ慈ミ闕タリ、父ハ
慈ミ遠テ、悲ハ尚深シト云ヘリ、是以テ、父其子ヲ教ヘンカ為ニ、杖ヲ
以テ誡ルハ、子ヲ愛スル也、佛教ノ印文也ト云ヘリ、阿児遊戯ノ
友ニ交テ、遊宴ヲ先トシテ、今ニ宿願ヲトケス、而ニ、今日ノ」（16オ）
妙ナル御教ヘニ預ル上ハ、衣ヲ脱テ、直ニ答ヲ受テ、御教誡ノ
カタミトモ侍ヘルヘキ也ト、ノ給ヒケレハ、御父ノ王子、大ニ悦給テ、
大ニエミテ曰ク、瞋(イカ)レル拳(コフ)シ笑顔(エメルカホ)ニアタラスト云ヘリ、汝カ
岐嶷(サカシキコト)、只今日非(ノミニ)ストテ、懐ヲ開テ抱キ給ヘハ、太子ノ御身、
甚タ馥クシテ、沈檀匂ヲマシエタリ、母ノ后モ、又同ク、以テ
寵愛ヲ至シ給フ、時ノ人々、大ニ是ヲ貴ミ申シケリ、実ニ、
以レハ、父ノ慈ミ、母ノ悲ミトテ、父母ノ慈悲ハ、佛菩薩ノ慈悲ニ」（16ウ）
喩ヘタリ、然レトモ、世間ノ二親ハ、観音ノ慈悲ニハ替リタリ、救
世観音ノ慈悲ハ、三世常恒ニシテ、昼夜寤寝ニ、暫モ
一切衆生ヲワスレ給ハス、父母ノ慈悲ハ、眠リ覚ル隙モア
ルヘシ、サレハ、観音ノ慈悲、普ク六道四生ニ施シ、十方三世ニ利
益ヲ懈(テコ)タリ給ハス、其ノ慈悲ノ辺ヲ取テ、父母ノ子ヲ思ニ喩
タルナリ、其レ母ハ、只一筋ニ子ヲハ悲キ物トノミ思ヒ入テ、悪ヲモ
ニクマス、善ケレハ弥ヨ愛シテ、ナニワノ事ニ付テモ、心ニ」（17オ）

任セ随テ、所須更ニカヱス、亦父ノ慈ト申スハ、竹馬ニ
ムチ打ツ始ヨリ、介鶏（カイケヒ）ヲタ、カハシムル遊マテモ、父ノ慈ハ
猶シ深シ、故ニ、孝経ニ云ク、母ハ至テ親ケレトモ、而不二尊一カラ、君ハ
至テ尊ケレトモ、而不二ス親一カラ、唯父ノミ、兼二タリ尊親之義一ヲ云ヘリ、
亦、内典ニハ、猶シ母ノ恩深クシテ、報シカタシト見ヘタリ、
其故ハ、経ニ云ク、慈父ノ恩高キコト如二山王一ノ、悲母ノ恩深クシテ
如シ二大海一ノ、我若シ住世一劫説トモ、悲母ノ恩不三能二尽一」（17ウ）
云ヘリ、是ヲ以テ、上宮聖皇、内外ノ両典ヲ法（ノ）□、我朝ニ
孝養ノ手始ヲシ始メ給ヘリ、誠ニ是、伯瑜カ母ノ杖ノヨハルヲ
歎キケルニ勝タリ、曽参カ琴ヲ調（シラヘル）高孝、太子ノ孝ニハ
及ハス、コレヨリ、本朝ニ孝養父母ノ理ハリ、漸ク盛也
」（18オ）
太子五歳丙申春三月ニ、敏達天皇、豊御飲（トヨミケ）太子ノヲハ
炊屋姫（カシキヤヒメ）ノ尊ヲ立テ、皇后トシ給フ、其日、大臣公卿
参内シテ、御悦申アリ、左大臣ハ小野臣妹子、
右大臣ハ蘇我ノ大臣大伴ノ勝海ノ連、同シキ咋子（クイコ）ノ
臣、古勢徳太丸、阿倍境部（アヘサカイヘ）ノ臣、大部（オホヘ）ノ鯨（クシラコ）子ノ連、
大伴ノ糠手子（カステコ）ノ連、大鳥郡松子ノ臣、小野ノ目子（メミコ）ノ

連、嶋角大夫、□多大夫、七（ナヽノ）大夫以下ノ百官」（18ウ）
等参内ス、爰ニ、太子、自衣（ミ）袴ヲ正（タヽシク）ト、ノヘ、礼儀ヲ
直クシテ、左右ノ大臣、七ノ大夫ニ相伴□テ、参内シ給フ、内
裏ハ、十市郡雙槻（ナミツキ）ノ澤田（ヲサタ）ノ宮也、此宮ハ、金銀七宝ヲ
尽シ、栴檀赤木ヲ調テ、造リ瑩キ給ヘリ、吾朝無雙ノ宮
殿也、太子ハ、大臣等ヲ前ニ立テ、徐（ヨソ〱）歩ミ近キテ、皇后殿ノ
庭ニタ丶スミ、敬テ見参ノ板ヲフミナラシ、殿中ニ入テ、
天皇幷ニ皇后ニ向奉テ、奉拝ヲ致シ、御宴会畢（ハテ、）」（19オ）
後、帰テ妳母ニ抱カレ給ヌ、其時、乳母、太子ニ向奉テ言ク、
吾カ君、何ノ故ニカ大臣ト共ニ、皇后ヲ拝ミ奉リ玉フ哉、
太子答曰ク、汝吾カ意趣ヲ知ラス、吾レ利生ノ為ニ、仮リニ
王宮ニ生レテ、既ニ五回（クワヒ）ノ春秋ヲ経トイヘトモ、未タ本
望ヲトケス、然ハ、当帝ノ御代ニモ、吾カ本誓ヲトケカ
タシ、吾朝ニ多クノ帝ノ御中ニ、此皇后ノ御代ノ時、往
昔ノ宿願ヲ要ス果シ遂クヘシ、故ニ、未然ヲ鑑テ、」（19ウ）
是ヲ拝シ奉ル也ト、答ヘ給ヘトモ、妳母（メノト）ハ所由ヲ知ラス、只
不審ニノミ思ヒキ、実ニ、我朝佛法流布ノ由来ヲ考（カンカウルニ）、欽明天
王十三年壬申、百済国ノ聖明王、使ヲ差テ、波地ヲ陵（シノキ）、

霞ヲ分テ、佛像経論ヲ送渡給ケリ、其レニ、吾朝ノ尾越ノ大連以下ノ朝臣等、各佛法ヲ破滅シヌ、敏達天王即位二年癸巳二月十五日ニ、始テ佛法ノ名称アリシカトモ、只初言(ウイコト)ノミ披露シテ、更々佛法トハ思ヒ敬ハサリケリ、」(20オ)然間、敏達、用明、崇峻、三代ヲ経テ後、炊屋姫(カシキヤ)ノ尊、推古天王ト顕レ給ヒシ時ニ、太子処々ニ寺塔ヲ起テ、佛法ヲ興行シ給ヘリ、同年、妳母(メノト)ニ示シテ曰ク、吾レ文書ヲ習ハントロフ、筆墨ヲアタエヨト、時ニ、墨筆ヲ授奉ル、又、百済国ノ学哥(カクカ)ヲ召テ、外典ノ師トス、王右軍カ之書ヲ授奉ル、太子、一日ニ数千字ヲ習ヒ給ニ、三年ヲ経テ、筆ヲ流スコト電光ノ如シ、王右軍カ書ヲ学テ、既ニ骨躰ヲ得」(20ウ)給テ、明筆ト成給ケリ、時ノ人、大ニ是ヲ奇シム、不思議也云々、」(21オ)

太子六歳丁酉冬十月十日、百済国ヘ、大別王(ヲヽワケノオヽキミ)ヲ遣サル、爰ニ経論、聖教、並ニ律師、禅師、比丘、比丘尼等ヲ将来スル由、状ヲ以テ奏聞ス、仍テ、澤田宮ニ安置ス、此時、太子、天皇ノ御床ノ下トニ御在テ、奏シテ曰ク、阿児カ心ニ彼往(ママ)論ヲ披見ント思フト、天王問テ曰、何ナル由シノアルソヤ、太子

答テ曰ク、吾レ昔、大唐衡山ニアテ、佛道ヲ修行シ侍リキ、
佛ノ垂教ハ、非有非無、諸悪莫作、諸善奉行ナリ、」（21ウ）
故ニ、今渡シ奉ル所ノ経論等ヲ見ント思フト、天王大ニ奇テ、又
問テ曰ク、汝六歳也、独リ朕カ前ニ在テ、片時モ相去ラス、何ノ日カ
衡山ニ在シ、何レノ時ニカ其言ヲ学ンモ、何ヲ以テカ、カクノ如ク詐言スル
ヤ、時、太子奏シテ曰ク、阿児カ前身ノ事也、其事、今
心ニ覚ユル所也ト云々、天王是ヲ聞食テ、手ヲ拍テ、大ニ奇給フ、又、
群臣モ舌ヲ鳴シテ、皆貴ミ敬奉ル、凡、太子、彼経論ヲ見給
ハントノ奏聞ハ、宿世ノ御時ノ事ヲ憶念シ玉テ、当代渡奉ル」（22オ）
所ノ経巻ニ、真偽ノ有無ヲ正(タヽ)シテ、信受ノ道ヲ広メ給ハンカ
為也、又、百済国ヘ大別ノ王(ヲヽキミ)丸等ヲ遣ス事ハ、国ノ政ノ
直曲ヲ聞食サンカ為也、然ニ、思ノ外ニ経論聖教ヲ将
来セリ、各安然トシテ、所由ヲ知ラス、依之、太子先ノ如ク、
往昔ノ因縁ヲ述ヘ給ヘリ、其レニ、佛ノ垂教、如来ノ金
言、沙界ニ遍クシテ、音言ノカス微塵ニ越タリ、而ニ、今
非有非無ヲ以テ、如来ノ垂教ト奏聞セシメ給フ事、」（22ウ）
深ク其故ヲ思フヘシ、花厳経ニ云ク、一切有無ノ法ハ了達スヘシ、
非ニストモ有無一ニ如ク是一正ニ観察スレハ、能ク見ルナリ二真実ノ佛一ヲ、

是レ、中道実相ノ妙理ナリ、又、天台ノ玄義ニハ、心ハ如ニシ幻炎一ノ、
但、有ニリ名字一ノミ、名テ之一為ス心一ト、適ニ言ントスレハ其レ有一ト不見(ス)ニ色
質一ヲ、適ニ言ニレハ其レ無一ト又起ニス慮想一ヲ、不可下以テ有無一ヲ思
度(タク)上、故ニ名ニテ心一ヲ為ス妙一ト云々、此レ、一乗実相ノ旨也、生死ヲ
出ツヘキ肝心也、佛教実ニ、有無ヲ離レタリ、亦有亦無ニ非ス、」（23オ）
非有非无也、然レハ、四句ヲ絶スル時ハ、猶シ此レ、非有非无ニモ
住セス、是ヲ非有非無ノ心性ノ妙理ト云也、又、諸悪莫
作、諸善奉行ト者、是レ三世ノ諸佛ノ通戒也、先ノ非
有非無ト者、自浄其意ニ当ル也、
晨旦ニ、白楽天ト云テ、風月ノ達者アリ、内典ニ心ヲカケ、
殊ニ外典ノ奥旨ヲ極メタル文士アリキ、尋陽ト云所ニ
流サレテ、人間ノ無常転変ナルコト、浮雲流水」（23ウ）
如シ、栄花栄曜、又風前ノ燈、春ノ夜ノ夢ト観シテ、一日
尋陽ヲ出テ、、道伴ヲ問ラフ、爰ニ鳥窠(道林禅師)和尚トテ、高キ木ノ上ヘニ
床ヲカキテ、更ニ交衆ヲ留テ、卅余年人家ニ至ラス、四十
年睡眠ヲ断(タチ)、言語ヲ留テ、坐禅行道スル僧アリト
聞テ、楽天即参シテ、問テ云ク、云何ナルカ是レ、佛法ノ大意ト、
僧答テ云ク、諸悪莫作、諸(衆トモ)善奉行ト、楽天又問云、此ハ

是、三歳ノ孩児モ道得シツヘシト、僧ノ云ク、三歳之孩児モ」（24オ）道得スル事ハ、是ナレトモ、八十ノ老翁モ行得スル事不能スト、此時、楽天名誉ノ文士ナリシカトモ、赤面シテ、舌ヲ巻テ、問許シテ帰リキ、太子モ又、多ノ経論ノ文句ヲ差置テ、天王ノ御前ニシテ、此言句ヲ述給ヘリ、生死解脱ノ妙理也、能々可思之也、

一　太子十六歳ニテ天王寺立ツ、四十二歳ニテ廟所太子ヲ見定立、太子五十歳ニテ死ス、」（24ウ）

（近本謙介）

佚名孝養説話集

①（前欠）

応施之時、気勢、大歓喜還本方。是時大王、以十千人為従、送二千連銭。気勢、至先宿殊勝妙山屈成百千仏、誦礼往生仏土経、及、十二仏名微妙典。時、気勢、以二千連銭施仙衆。亦過七日已以油灯炷身上塗之。焚自身、命終後生知足天。彼父母脱□苦所、生忉利天。尓時記見ハラ門、普賢菩薩是。連採者、文殊□（師）利菩薩。気勢者、汝身、楽説菩薩也。閻魔王、地蔵菩薩是也。

②好花女遅母謁悲伝　第四　吉祥天本縁経説　集功徳本記

昔、於婆羅奈国、有一長者。名曰斎悲。其婦名愍（1オ）闍羅。唯有一女子。端正無比、世希有。故名好花。父母愛如眼目。三成間、□（彼）父命終。尓時其母、与子相推

乃経歴。彼子、年七才成間福尽無有飯食。於時母告
子言、「城内聚落都無米稲之侶。云何済命○。汝、自
我住所北方不遠、有豊楽山。名波多落。於彼山林□(有)
甘美之菓。我在夫主時、数々往詣彼往彼所其菓
助汝身続我命。」作是語已母子共相将向北□
其中間有一大河。度人、以常割身云。尓時慇闍羅、
詣彼河辺已語子言、「是河下恒有毒虫。我先
渡。汝後可渡。作是事已河渡。持飯食資」（1ウ）
身以為炎幻之身度河。若我為毒虫所割、汝
奈何。但汝置河岸見後渡。」其子渧哭仰母目
不暫捨。其母稍至河半時、有一毒魚。其名曰奪
精。彼魚王。忽来呑食慇闍ラ女。尓時、子、見母
為毒魚所呑已、悶絶躃地徊良久蘇悟。則懊
悩母為飯食故出舎宅為毒魚所呑害、作是言、
已身擲地間、□(瑠)璃金山吉祥功徳海如来、忽然現其
前而為好花女、広説十二因縁之法○時聞是法
已歓喜踊躍作是念。「我行菩薩道時、無財衆生与
財。所以何。我無飯食故別母也。無父母衆生果其

所欲。」発此願已投身暴渡命終之後北方有」（2オ）城。生天宮殿也。尓時斎悲　輸頭檀是。悶闍ラ女者、法界摩耶。好花女者、吉祥天也。逆刃河毒虫者、調達云々。

③要婆忍婆二人遅母伝　第七　十二遊経説

昔舎ヱ城在一ハラ門。名曰鎮婆。其婦号　普闍羅。有　二人女子。一　名要婆、二名忍婆。大　年四、少　嬰婉ニ父忽命終。尓時母普ラ女恋慕其夫故、常持斎戒。大　年十才　弟八才　其母沈重病相。其極死喚近其両子、摩頂、　悲涙満　眼。作此言、「我汝等別。」又、更告言、「自此東南隅以石作　一塚。彼汝等父所置也。彼　捨我屍、恒可見。若汝等我命」（2ウ）終者、又側可置舎利。」作是語已命終。於是兄要婆女悲泣　懐母頸而高声唱言、「我等何失所棄母。」説此言已悶絶躃地。弟見之母上投身。時聚落人集、収　父骨塚屋内安母屍。其二子入同塚内居母左右側不動雖　衆人教訓　猶不去。尓時随北方南方過、一大仙人乗雲聞二子等涕泣之斎即往空告言、「汝等、経億千才涕泣、不可起其

母。若欲往在母処、為其母可作法衣。長十二尺広九
尺。可燃九灯。如是備応施我。汝母斎戒故今生忉利天
自今以後々有卅七日我来至此。是故汝等速作之
可与我。」作是語已往南方。尓時二女子聞是語歓喜（3オ）
踊躍速疾詣聚落、陳如上事已発歓喜心、各二千
人聞作之。長広如教仙人作已、至其仙教示二日
女子并二千人皆倶洗浴着浄衣而集処。時彼
仙人忽然現前。要婆所作法衣捧施之。大仙取其
法衣身上服之然告二子。「汝等可採法花（衣ノ誤カ）之端。」時
二女子歓喜捕之。尓時其法衣化為金輿乗二子至
忉利天、乃、於歓喜薗得値彼母、其二千人過一生命
終皆生忉利天。尓時鎮ハラ門者我身也。普闍ラ女
者今耶輸タラ女也。要婆者阿難也。忍婆者羅睺羅也。」（3ウ）
二千人者今斯学無学二千比丘也。大仙者文殊也。

④金珠孝子尋父伝　第八　釈迦縁修造破壊精舎因縁

往生仏土経説

昔拘尸那城在一工巧。名曰災作。其婦名宝珠。工自
宅南不遠造仏精舎供養。時其婦懐任未久間

大工為作迦毘羅城并王宝殿*現七年可喚也。尓時栗作工有一環玔値直百千両金。採於婦語言、「汝若産女子、以之可養。若生男是為記応覓我。」*作是語已往迦毘ラ城。時婦満月産一男子。是為記応身体金色。眷属悉大歓喜号金珠。過七年至八年、未来其父。尓時宝珠女夫所授環玔授子語子言、「此」（4オ）是汝父環玔也。汝父是大工也。為造迦ヒラ城并大王宮殿、往去未還来。汝以是環玔為記往迦ヒラ城可尋覓父也。」是時金珠童子持此環玔詣迦ヒラ城。尋覓至作瓶并王宮殿処已見其父大工而於衆囲繞。於此童子、三扠樹端就環玔示衆人。尓時衆人白大工言、「有童子身体金色。具所物。」言。是時大工驚而取其環玔見之知。「是我環玔。令尋父是故来至耳。」尓時大工従座而起懐童子恠未曽有。今更経二年而尚作王宮。其子随順父習諸工術、乃、造王宮已垂還本国之間、大」（4ウ）工沈重病其命将死。是時大工、喚近其子摩頂、悲涙満目唱云、「汝為我来此一生之命

*脱文あるか。

*「是為記応」は衍字か。

難持易病苦所迫。我汝別。」如是涕泣語子言、「我
屍、闍維其骨可持往本国母所。」作是言已命終。
尓時童子、見父死已悶絶躃地。有人以冷水注其
*面利添置母骨側往詣村邑。陳如上所説。是
時、聚落人、各聞。修造彼精舎。修補此精舎已、経
数年命終後生忉利天。尓時大工者父輸頭壇王
是也。宝殊女者我姨婆提比丘尼也。金珠童子者今
我身也。同修理精舎五百人ラ漢也。修毀壊精舎」（5オ）
故今得仏身無別離父母之苦也云々。

第一巻了

第二

⑤教歎孝子遅父母伝　第一　⑥常利孝子□(独カ)父母恋　第二
⑦自然童子遅母伝　第三　⑧花天宝蓋遅父母伝　第四
⑨長尊長善恋父母　第五

⑧花天宝蓋遅父母　第四　信順決義□(頌カ)宿経説

昔天竺国有一長者。於書印算計第一。名曰珠教。其
婦号摩花。有二男子。兄名花天弟名宝蓋也。兄
年七弟年五成間、彼父母被重病命終。時二子、」（5ウ）

＊脱文あり。11丁裏～12丁表が相当。

追恋奉父母。尓時二子、無 父母経数日、無有衣食。兄語弟言、「盍 到山里而芋蕷 堀求 而 食。」語時、二子兄弟入山野返 来間迷道不知行 方。此間時二孤 流涙悲言、「父行何 方吾悲 見。母行何所我等苦見。我等相助。」恋悲間有人相語云、「汝等 何人等。」答曰、「我父母亡孤子也。」其人云、「我相助 已家持行。」云。彼三箇日間養云、「我□(等)養人子無益。合擯 出。」云。二子相語云、「我等細幼稚而 不知行方。生 限為奴 倶 其直 為父母修功徳。」如是語、兄 悲涙満目。弟悶絶良久覚悟ヌ。扣胸捧 手兄弟懸手並 跚跪白 主人言、「生 命」（6オ）限成奴奉仕。但其功 恵施 如油銭等物。為祖善根奉仕。」申時、主人答言、「人子敢 何輒買奴又口食何請。」白主人言、「弟 但駈使 兄往山野拾薪苅馬草等也。幼弟者坐馬屋飼馬草掃庭奉仕申。」於是詣 寺奉供諸仏菩薩。即兄語弟云、「盍作草幡蓋亦奉供仏。」如語作草幡蓋奉上諸仏菩薩。了即還主家亦弟語兄、分食二分。一分 食、一分 備乾 置為父母買油花等奉諸仏衆僧。如言即

持参寺一衆僧合共行供養。遊行仙人所、発
誓願一言、「我昔無功徳助、今世無父母一孤成辛」（6ウ）
苦憂。伏願大徳、我父母成仏生々世々令無如是一
苦。」申。還行。即馬屋上紫雲立。是主人見此云、「此
小児等有通相之徴一。此小児等早擯出。」云々。於是孤子等
被擯出而泣悲談言、「我等不可存聞者、父母置所聞
所死。」云、至父母置（墓ノ誤カ）墓所一云、「花天参来。宝蓋参来。」
申。父母更（無ノ誤カ）元所起答。於是孤子迫飢饉一而墓戸
伏寝。又紫雲立其上。尓時者国王獦見立一紫雲一
遣使一令見此一。使者、具被聞王所於是彼国王悲
哀歓喜即乗輦一而還本宮一譲位一。弟為王一、兄
為大臣一也。時父長者浄飯王也。母者摩耶也。兄者釈」（7オ）
迦也。弟者弥勒也。国王文殊也。昔為父母恩今成仏
也云々。

⑨長尊長善恋父母伝　第五　起啼成仏経説

昔随他羅国有一長者一。名曰、沙渇ラ一。其長者妻名
善貴一。生二男子一。兄名長尊一、弟名長善一。此二子、兄
年七弟年五成間、父母共沈重病一、迫死滅期一。尓
時、父母喚近二子摩頂一流涙作是言一、「金石之念

已変無常体別汝等、又不相見。応向冥闇之道汝等幼稚可無存命意。」如是語悲父母共命終。尓時二子、見父母為滅徘徊懊悩良久蘇。高声唱云、「吾等従何招存活便。」如是泣愁已愛」（7ウ）子父母屍自舎□(宅)西南方置石屋之下。尓時二□(子)恋慕其父母故出春野行採美花行迷道不知行方。

此下如上伝中、不知行方之下、但至墓所之。長尊参来父、長善参来。或母申、皆亦、如上因縁、但人名異也。

余因縁不書也。

⑩第三巻　早離速離二人恋父伝　第五　観音勢至本縁也 往生仏土経説

我、念往昔無量無辺ア僧祇劫、般沙ラ国有一梵志。名長那梵志。其婦名摩紫良女。有二男子。大云早離、弟云速離。云何得此名。小而別母故也。早離年五、速離歳二。其母命終。父長那梵志与」（8オ）二子共活時、父二年間不求婦。率二子活身。其殊母為二子恒成悪邪之思。而間天下発旱魃之災、人民飢死多。是時語婦憂闇言、「為汝等往檀那羅山採鎮頭加菓還来。彼菓一食七日不飢。若久於七日可還、於三日可還来至。」于此時父語此已二子左右喚居摩頂流涙満目。歎曰、*是時兄早離、聞父語云、「罪故母別。而母坐者、忍寒過飢。卒、父公速反。」又、速離見父云、「父不坐者誰我夜明。」如是啼哭其父別。此時外母憂闍女作此念、「我速疾是小児入船送置玄島。」作是念已告二子言、」（8ウ）「速往至海岸最菓可食。於此間汝等我飢渇死。」如是往至海岸送置而即語言、「各別往可取食物。」如是往分自身乗船窃還来。時、二子、其島転見無有水草。何況有食物。時、二子、行転飢来見、母無、亦不見船。尓時二子、挙声涕哭。「飢徹骨髄、母何方往。」如是涕哭。□早離、喚弟、懐其頸而相談云、「飢渇之苦、無数量。遅父母之痛、無辺際也。生々不捨大悲之心、同共求菩薩行也。若有人求大悲者、吾等先往其所処也。是故吾暫令過飢渇之苦。如是嘆、過三日三夜。亦至四日之正中兄早離、其父別往方見檀那ラ山黒雲覆。而流涙満目歎曰、*」（9オ）

*脱文あるか。

*脱文あるか。

涕泣之声、響于天宮。如是啼哭而兄懐弟頸
弟合兄指得並伏命終。仏、告舎利弗、「当知。長那梵
志、今月蔵仏是也。摩紫良女者、阿弥タ仏是。早離者
観世音是也。速離得大勢至也。斎限者補タ落山是也。」

⑪教体遅父母伝　第六　悔罪生天経説

仏告阿難、「我依此多聞大士善知識故、除分段之身
得法性之身。」時阿難白仏言、「唯願如来、説往昔之事。」
仏言、「我念往昔過阿僧企劫、昔堅婆ラ国有一大
獦者。名婦邪。其婦名悪刃。有一男。名教体。時童
子不従父母教而常修清浄行、恒好布施。尓」（9ウ）
時教体童子漸成八間、父母共沈病患既極死
滅期。此時、父、喚其子告言、「死滅難留今将別汝。
従何生長。」如是啼哭命終云。又、其母喚其教体
摩頂流涙啼哭語言、「生死之別難脱、汝、遅母
為孤。何成人。」云、如是語已命終。尓時教体童子、見
父母死滅已奉身投屍上。唱、「何父母捨置我
身長別赴。厳象龍捨子不去。我遅父母独留。」
如是哭音響于天宮。時過無量劫証涅槃。法甚光

明仏忽現童子前告童子言、「汝父母此極悪重罪之徒也。所以、至等活地獄、沈其底。云何汝空依」（10オ）屍為啼。」此時童子聞此言已挙身竪毛。白仏言、「何助父母。」仏言、「童子、持我悔罪生天之蜜要当為汝説之。速受持読誦書写。」時童子作此念。「我何出（書ノ誤カ）此妙典。」作此念時有北方一大士。名殊闍。忽持尼拘陀樹葉現其人所、如来所説書悔罪生天蜜要之義。此時教体童子父自然従等活地獄底出現。尓時大士所捧自蜜要之中出黄金色霞。其霞化為輦、婦邪幷悪刄二人同共乗輦往生忉利天。亦、教体秘蜜要義故（命ノ誤カ）念終同生知足天。仏告阿難、「当知。尓時父者浄飯王也。母者摩耶也。」（10ウ）殊闍者多門天王也云。

教体者我身也。法甚光明仏者、摩尼宝積仏也。」」（11オ）

> 身。良久乃蘇。懊悩啼哭作是言。「無天命而日月□花返哉。父背説別。」如是涕泣哭声至王宮。尓時城邑郡臣輔相人民、如雲集闍維大工身、而童子骨背

＊枠で囲った部分は、5丁表第6行「面」と「利」の間に挿入されるべき内容である。

上担之向本洲。至本国已見我母家、皆悉林木
荊棘苾鬱。見此事已悩、然此事問聚落人。村邑人人
答云、「汝詣迦ヒラ城有半年、汝母命終。汝□□南方造
塚屋置。汝詣可見。」童子聞是言流涙啼哭至安
其母墓開其塚戸見知其母白骨所々散。尓時、童
子於母骨上投身啼哭言、「我、渉万山越千海幾。為
値母来。而何災今成白骨恩愛母不聞声。」当」（11ウ）
⌜ ⌟声云、「汝童子、当知。汝母已為白骨汝
⌜ ⌟年涕泣喚汝母不可答。汝欲非父母別
⌜ ⌟者汝父所造仏精舎皆壊敗。汝彼精舎竪
⌜ ⌟以此功徳応無父母別離之苦。」尓時童子聞此
⌜ ⌟歓喜而以父舎

父十三母二十七⌜ ⌟
⌜ ⌟」（12オ）
⌜ ⌟
以七尺為一搩手半⌜ ⌟
⌜ ⌟為一搩手半

□□為一搩以三寸為手半　合九寸阿含経
□□臂節至于腕節為一搩手半者一金千手中文
□□寸　或二寸也　胎内形也
□□」（12ウ）

（箕浦尚美）

左近兵衛子女高野往生物語

〔前欠〕
而程ニ、三国浦ノ北ノ方、若姫○北ノ方、若姫、諸共ニ、京ヘ忍テ」（1ウ）
登テ、左近兵衛ノ二親ノ墓所ヘ糸テ（ママ）見ケレハ、墓ノ
アタリニウハラ蕀テ、蓬浅茅生ヒシケリタルヲ、折懸
々置テ、人ノ参リタル気色ハ有レトモ、逢事ハナシ。常
々高野ヘノ志シ、深座シ、カハ、何（イカ）様、サソ座スラントテ○
泣々、諸共ニ、京ヲハ秋ノ末ノ比ニ迷出テ、十二月ノ始ニハ、
高野ノ麓、天野ヘ、涙ヲ道ノ指南ニテ、尋ネ登ル○
道ノツカレト申シ、折節寒（カン）フ吹ハ、行（ユク）北方、風ノ心地
出来テ、タヽヲモリニ〱テ、糸惜キ若姫ヲ棄テヽ、
三日ト申スニ、死テ候○兄弟ノ子共、北方ノ跡枕ニテ、」（2オ）
嗚歎事無申計ヿ、山モ里モ無縁ナル物ヲ、人ノ
哀□事カ候ハヌ間、誰コソ、アラ糸惜ト云人モナシ、

然程、タミヲセンスル様モナシ、或、骨函人ヲ語ラテ、
用途ヲ五十文トラセテ、シフ谷ト申ス所ヘ、泣々送下スニ○
シンノヤミニ、折節雪ノ夜、山風ハケシク、寒ク悲シキニ、
函骨人ノ声ヲ指南ニテ、其夜ノ暁程ニ、此谷エ様ニシテ引付タリ、
サテ、帰ントスレトモ、可帰道モ不覚、身ニ着タル物ハ薄シ、
ヒヘハテ、、若モ姫モ、骨函人モ、雪ノフ嵐ニ吹ニ、倒レテ、早ヤ死
候ソトヨ○「誰トモ不知御房達二三十人、其中ニ、六十計ノ」（2ウ）
老僧ノ、香之衣メシタルカ、アラ無慚ノ物共ヤトテ、
三人カ首ヘヲ、アタヽカナル御手ヲ以テ、カキナテサセ
給、時ニ、若姫、函骨人カ、チト生期シテ候、サ候程ニ、御
房達、薪ヲ手々ニ以テ、此死人ヲ、タミシテ、御経ヲ誦シ、
念佛申シテ、夜ノ中ニ御帰リ候ヲ、若姫共ニ、悦申事、無限、
○老僧、若姫ニ仰候様、此火消テ、骨ヲ拾テ、高野
ニ籠テ、念佛申サハ、母ノ後生モ扶カルヘシ、汝等カ父
ニモ会ヘシ、兄弟カ後モヨカルヘシ、南無阿弥陀佛ト
云フ六字ノ名号、不怠ラ申セ、ト教諭、サテ御帰アルト」（3オ）
思タレハ、夜カ明ヌ、○兄弟、泣々骨拾テ、若七歳
ノ心ニ、姫ヲ高野ノ麓ニ留メテ、骨ヲ籠ニ登ントシ

候ヲ、姫跡ヲシタフ、○跡ヲシタハレテ、ハナレモヤラヌ處ニ、或人、三人融リケルカ、兄弟ノ啼ヲ聞テ、アラ哀レヤトテ、兄弟ノ物ヲハ、スカシテ、骨ヲ取テ、高野ニ籠テ候○折節、覚阿ミ、遁世シテ居タル坊ニ、三人ノ人、宿ヲ取テ候ケル、無何ト、其夜ノ物語リシテ○此物語ヲ、覚阿ミタフ聞テ、我子ノ若姫ヨト思ヒテ、其夜ノ明ルヲ遅シト待テ、明レハ天野ヘ下ル、下リ付テ」（3ウ）見レハ、天野ノ里ノ、或湯屋ノ火タク處ニ、若姫兄弟、浅猿姿ニテ、火ニ當リテ候ケル○覚阿ミ、此子トモヲ見棄テ、ヤカテ高野ヘ登ル、○心モ心ナラサルマヽニ、又下ル、下テ見レハ、合モ悲シヽ、合ハヌモ悲シヽ、○覚阿ミ、笠ヲ着テ、ホウカフテ、声ヲナマラカシテ申様、サテモ、我等ハ何ノ人ソ、何ナル人ノ子ソ、ト問タ○我等ハ、骨取念テ候、ト申ス、イヤ〳〵、姿コソ浅猿ケナレ、物云タル気色、尋常ナル間、何様、汝等ハ、侍ノ子ナト云時、若姫申様、侍トハナニ候ソヤ、」（4オ）我等ハ、乞食スル物テ候、ナニシニ、加様ニハ御尋候ソ、サテ、御身ハ何ノ人ニテ御渡リ候ソト、ヨニヲト

ナシヤカニ、帰テ問タ、覚阿ミ、帰テ被問テ、為方
ナサニ、是ハ、遥ノ遠国ノ物ト計答ヘテ、尚重ネテ、
汝等カ生国ハ何クソト、ツヨク尋ヌル時ニ、若姫、
マタ少ナキ物ノ心ニ、鼻皺シテ、「我カ生国ヲハ名
ノラスシテ、乞食ニ向テ、生国ヲ云ヘトヤ、知タリトモ
申スマシ、増シテ、知タル事モナシ、乞食ニハ生国ノ候カ、
ウハノ空ナル乞食ナレハ、父モナシ、母モナシ、生国モ」（4ウ）
ナシ、ナニカノ事モ不知ヤ、アラサムヤ、南無阿ミタ仏
〱ト、若姫クラ〱ト泣候〇覚阿ミ、我モ思ヲスル
物ナレハ、汝等ヲ哀ニ思也、我身、物ヲ人ニ乞テ、汝
等ヲ可養一フ、イサ、ラハ、都ノ方ヘ具シテ登ント云ヘハ、
乞食ハ、中々巷中ニテ、物ヲ乞ヘハヨク候、都ヘハ登
候マシ、ト申ス、ヨシサラハ、都ヘコソ不登トモ、住吉、
天王寺ノ、貴キ名所ヘ進テ、ナクサメカシト申、時、若
姫悦喜シテ、ツレテ行〇サル程ニ、天王寺ニテ、此
二人ノ物ニ、金剛作テ、一足ヲハハカセ、一足ヲハモタ
セテ、渡邊ノ橋ノノ（ママ）許ニテ、汝等、我ヲ待ヘシ、」（5オ）
我ハ、天王寺ニテ、物ヲ乞テ、走合ハント、クレ〱

約束シテ、隠々行程ニ、若姫ハ、橋ノ本ニテ、
此人ヲ待候ケルカ、マチカネテ○若、姫ニ申様ハ、
都ヘ登タラハ、若モ我等ヲ見知タル人モヤ有ン
スラン、ナニカシノ子共カ、勅勘蒙テ、忽ニ乞食
シタルトテ、無云甲斐被思ハタラハ、父ノ御
顔モヨコレ、我等カ生涯ノ恥辱也、浮世ニナカ
ラヘタレハコソアレ、思ヘハ、生キテ由ナシ、イサ、セ
給ヘ、若姫共ニ、此河ヱ身投ント云時、姫モ、サコ」（5ウ）
ソ思サムラヘトテ、手ニ手ヲ取クミテ、河ヱ身ヲ
投テ候、是ヲ、覚阿ミ見テ、「アラ悲ヤ、我コソ父ヨ、
本ノ左近兵衛ヨトテ、ホウカフリ取ノケテ、袖ニ裹
ミタル米ヲモ棄テヽ、手ヲ指挙テ走トモ、不叶ハ、
走リ付テ見レハ、河ノ水ハ、雪シルニ波濁テ、底モ不
見ヘ、若姫ヨト、歎トモ不叶○シハラク有テ、河ノ
ミキワノ柳ノ陰ヲ見レハ、紫ノ雲聳テ、光明カクヤク
タル阿ミタ如来ノ三尊、影向ナル、サテハ、若姫カ此間
申シヽ、念佛ノ甲斐有テ、如来ニ被迎ヘマイラセ」（6オ）
タリト思テ、河ヲ下テ柳ノ陰ヲ見タレハ、若姫

手ニ手ヲ取クミテ、柳ノ根ニ流留テ候、取上テ
見ルニ、兎角ノ言モナシ、覚阿ミ、上ニ着タル衣ヲ
薪ニ替テ、橋ノ本ニテ、タミシテ、若姫ハ大師ニ被
教ヘ進セテ、中念佛ノ功ヲ積マサレトモ、生身ノ
如来ノ来迎ニ預ル事マノアタリナリ、覚阿ミ、
遁世シテ、高野ニ住ミテ、浮世ヲ厭ヒ、真言上乗ノ
法ヲ貴ムモ、偏ニ佛ニナラン為也、只、貴キハ、
六字ノ名号也、南無阿ミタフ〱ト、信心ヲ」（6ウ）
致シテ申ス、念佛ヲ法界ニ廻向シテ、覚阿ミ、
河エツフト入テ候○人々哀ミテ、覚阿ミヲ取リ
アケテ、若姫一ツ火ノ中ニ（諸共ニ）タミシテ候ケレハ、物ノ
貴サ候ヨ、皆ノ骨カ、悉ク舎利ニ成テ候、然程ニ、」（7オ）
〔後欠〕

（近本謙介）

無名仏教摘句抄

〵讃仏　〵寺塔　〵法門　〵菩薩　〵僧
〵神分　〵霊分」（表紙見返）

讃仏

八万四千之相秋月満而高懸開三顕一之文春花貫以永点
真如宮裏三明之月更朗菩提樹下七覚之花弥鮮云々
仏号大日尊遍一切処法称真如理満十方界云々
相好卅二春花如開随好八十種暁星似傾云々
烏瑟緑顕蒼天表上求菩提功徳福輪光示多蓮満
下化衆生道白毫右旋秋月無雲青蓮舒開池水自澄
卅二相容皃静無動八十種好愛敬穏無乱云々」（1オ）

紺青之髪春柳糸翠白毫之色秋月光円云々
万字皎潔シテ覆乎聚日、千輻輝煖超流星云々　卍
因修三祇輪裁（ワタ）リ五階、登四徳果証三身之極云々
五山豪相四海清眼丈六妙体四八相好云々
見妙相随好之容則可断無明惑菩提聴方便譬喩之教
亦説成仏之根源云々
聚日融金之色既彰希有之徴万字千輻之奇誠
標聖人之相。分身百億光照十方化及泥犁（リ）ニ声振尼吒云々」（1ウ）
青蓮新開冬池忽構（ホトコス）　其香満月高懸夜台遍破其暗云々
顕画像於丹青外表応身之相写経巻於黄紙内納法身之舎利
礼金容之朝則真如海之波洗罪垢拝蓮眼之暁亦功徳林
之風払業塵云々
塵潔反飛触之無三業垢微風消去向之開七覚花云々
青蓮之眼鑑閼伽之水朱花之眉媚（コフ）忍辱之眸（マナシリ）ニ云々
仏日高照白毫於帰依之頂法身円応表金容於敬礼之
頭三菩提月照無明闇四涅槃風徐（ハラフ）有為介（アクタ／チリ）ヲ云々」（2オ）
八音纔吐尼乾轍乱七弁暫宣富那旗靡
一瞻一礼万累氷消一讃一称千災霧巻云々

「皎」声点あり

神形六動シ、方行七歩ス、五浄雨リ花一ヲ九龍灑水ヲ、　誕生時
身ノ辺ニハ光色一丈眉ノ間ニハ白毫五尺開万字於胸前躡（フム）千
輻於足下云々
八万四千相好散ス星一ヲ照耀タリ於瑠璃明鏡之膚ニ、四十二位瓔珞
垂露鏗鏘於寂滅忍辱之衣云々
百福荘厳之状如満月之臨蒼海千光照耀類聚日之映宝山云々」（2ウ）
誕生七歩花承千輻之趺（アナウラ）ヲ苦行六年鳥栖（スム）鳥瑟之髪云々
青蓮眼丹菓唇初月眉満月容紺毛之睫白毫光
繊長之指䐗（ヨウ）円之腨（ハキ）云々
現スレハ真身於道場一ニ相好之海湛ヒ于恒沙之界一ニ示始覚於樹下
智恵之花馥千葉之台云々　大日
頂相団円シテ形如天蓋、肉髻相映シテ色金剛宝、黄髪際
光流碧玉一ヲ紅蓮膚（ハタヘ）ノ上ニハ髻束紺青鳥瑟色濃緑於
晴ノ天（ソラ）一ヨリモ螺髪右旋鮮瑠璃筒（ツツ）ヨリモ云々　無見相」（3オ）
毫相鮮白潔頗梨細軟光沢柔都羅綿状如明星懸大
虚之暁光似満月出重雲之暮舒之丈五用施十方巻
之方寸徳統八万云々　白毫相
面輪端改三五月無雲眉好宛転九反ノ張弓双蛾蒼々トシテ亘

「神」「形」「方」「行」「九」「龍」声点あり
「毫白」を転倒符により訂正
「鏗」声点あり
「千」「光」「耀」「宝」「山」声点あり
「䐗」「円」声点あり
「海」を墨消して「界」
一字墨消して「懸」

端厳殊妙之額（ヒタヒ）ニ初月微（ヒ）々現（アラ）ハル修揚皎潔之眉ニ云々　面輪端正相

紺目澄浄湛碧玉之水眼精分明頗梨之光青瀃怡（キイ）之相

面輪増柔軟紅繰（ケウクロム）綺麗（キレイ）之光珠眼弥鮮（セム）潔矣　眼精紺青相

眼睫紺青優曇鬚（ヒケ）鮮双瞼（ケム）相眴（マシロク）　明鏡添光、都羅錦」（3ウ）

睫（マツケ）琉璃舒糸一紅蓮花瞼（マフタ）桃花増艶　眼睫（マフタ）紺青相

法螺梵声響徹大千、天鼓自鳴類音随時、大法商伽ノ声

去々而不窮迦陵命々囀聞々而尚珍　梵音声相

舌翻紅蓮薄（ヒロ）クシテ覆面輪、唇染丹菓一ニ上下相称、五画五

綵照耀舌相上、千脈千光流出西門中（ナカ）ヨリ　舌相広長相

舌下（ト）ノ宝珠流シ甘露於千脈ニ喉中乳泉湧（ワカ）ス上味於五画ニ、

千支々支澍（ソヽ）ケハ上味二不為風淡病一ノ雑百節（ハク）々々出甘露一

定離沈浮延縮（シク）之過　常得上味相」（4オ）

四牙鋒利形如初月、四十歯斉色類珂雪真珠ノ㯁（ハクキ）鮮色映ス丹

菓唇頗梨牙（キハ）潔光爛（テ）ル紅蓮齗（ハシヽ）ニ　牙歯両相

常光赫奕トシテ昼夜無殊面各一尋自照大千白日四（ヨモ）ニ匝（メク）ル

金山妙体増麗（ウルハシク）　円光匝項（ウナシ）一満月尊顔弥朗　常光一尋相

万字皎潔之相光覆聚日、六画奇麗之頬色倍相檀金（キン）ニ

師子身半之相降シ六天之魔軍一ヲ頬車方円之媚（コヒ）翻十仙之邪曲　頷瞼師子相

「微」声点あり、「相正」を転倒符により訂正

「瀃」「怡」声点あり

「紅」「繰」「綺」「麗」声点あり

「双」「瞼」声点あり

「五」「画」声点あり

「雑」「百」「節」声点あり

「光常」を転倒符により訂正、「赫」「奕」声点あり

「檀」「金」声点あり

衆宝荘厳之妙体長短方円相称、周匝円満之身相上下縦囲
量等相好星照耀シ金山王之儀随好散花㆒飄颻尼倶陀之杪（コスエ）㆓ 体相量等相」（4ウ）
聚日融金之体百福濃（チヨウ）淡増綵（イロ）㆒ヲ金台光耀之膚衆宝
荘厳暎光、見者無厭之徳顕黄金之貌（ハウ）容㆒ニ難化能伏□（之）
瑞（スイ）示満月之尊顔　身色金台相
細軟光沢之身波泥濁塵垢不被汚（ケカセ）、鮮潔光耀之金体
蟻虫蚊妄不飛託（ヒタク）、塵潔反飛触之無三業之垢微風
消去向之開七覚之花　細滑離塵之相
髪毛色濃毎髪筋（カミスチ）㆒放千光、紺毛右ニ旋ル毎毛孔㆒衆綵端
皆上靡（ヒ）之相ハ顕上求菩提之徳、毛孔一生之瑞示一道」（5オ）
清浄之理　紺毛一生相
身相平旦（タム）ニシテ形如満月陰相微密亦類象王尼乾五百、
徒見身相㆒ヲ帰シ正ニ、邪女八千人、依聖体㆒ニ雑染　陰相」（5ウ）
十二大願彰因行之弘遠七宝荘厳顕杲徳之能浄云々　薬師
新刻仏像㆒瑩月輪於紫摩金之尊容ニ、忽排ク梵宮（クウ）㆒移
露地於浄琉璃之刹土云々　薬師
一念之淨心宛如帝網、十方諸仏誰不影現、一刹之深信猶似
玉三世聖者何惜証見云々

「縦」「囲」声点あり
「飄」「尼」「倶」「陀」声点あり
「濃」「淡」声点あり
「貌」声点あり
二文字目の「上」声点あり
「旦」声点あり
「梵」声点あり

法身遍満奉身道場報身周遍下足仏殿云々
仏号大通トヽ人心於冥顕、法称大悲云シム物苦於存亡云々
青蓮開眼ヲ似並月輪於紫宵之中緑松分煙ヲ如列雲雁於」（6オ）　「中」「緑」「松」声点あり
横道之下云々
仰テ瞻レハ尊顔ヲ則映シテ斜日ニ忽放白毫之光、跪念悲願ヲ亦乗綵
雲ニ遥撃ク紫摩金之台ヲ菩薩聖衆之逓ニ周匝也安養界之伎楽在
眼、龍象仙侶之振弁説ヲ也霊鷲山之儀式驚情　迎講可用也
声為仏事簫笛箜篌自順法音方便、楽即法界竿絃
歌舞何隔中道一実ヲ矣
風動宝葉宮商相和シテ調於法性真如ヲ波打金渠声　「宮」「商」声点あり
音妙韻唱於四諦縁生　極楽」（6ウ）
七重宝樹行列シテ奇異ノ花果常盛、色爛ル黄金白銀ニ芬不
奈ナレトモ瞻蔔須曼ヲ、妙真珠網覆テ樹ノ上無量ノ宝蓋現ス枝ノ中、
宮商角徴之曲合響ヲ常楽我浄之風吟ス林八功ノ浴池潔ク湛テ
微妙蓮花常開ク、光耀テ青黄赤白香リ不異千且沈水ニ梵摩
尼水注注キ花間ニ金剛宝沙布池底云々
玉楼聳イテ凌ク雲ヲ宝閣高シテ挿ム天ニ玉ノ瓔珞垂露宝幡蓋
翻ル風、宝網如シテ星列リ大虚楽器如雲懸レリ空中天花如鳥

飛而乱墜テ海岸如ク雨ニ下テ而芥馥、朱楼紫殿ニハ無数天人」（7オ）

「朱」「楼」声点あり

妓楽歌詠、玉台(タイ)宝階無量聖衆経行往来棹(サホサイテ)花船ニ而遊

「台」声点あり

戯(キ)ス瑶沙池之中ニ、談テ妙法ヲ而徘(ハイ)徊(クワイ)(ナマメク) 琪(キ)樹之側ニ尽虚空界之

「琪」「樹」声点あり

荘厳見々無窮、転妙法輪之音声聞々無厭云々

長ク受相好荘厳之身ヲ恒居大乗善根之界、階道林池去々猶

遠楼殿宮室行々不窮。妓楽歌詠之曲恒調於東西南

北栴檀沈水之香普薫於遠近高低云々

鷲峯山ニハ尺尊八支聖道止声ヲ象頭山ニハ達多五法羯摩

伝籌云々　寛印」（7ウ）

無比女人ハ近テ尊容ニ加欲貪於功徳之膚ニ指鬘外道ハ振テ

利釼ヲ及ス逆心於金剛之体ニ　寛印供奉

邪見ノ鴦堀ハ聞善来言ヲ忽ニ証果ヲ放逸ノ尼揵ハ見テ慈悲儀ヲ

俄改執ヲ　有筆也」（8オ）（8ウ白）

寺塔 塔名功徳聚幢号与願印功徳聚毘盧遮那万徳之所集成与願印宝生地蔵之三昧身也

七宝飾宇ニ春花譲艶ヲ百錬琢(ミカ)ク堂ニ秋月粧ヲ云々

仏是法性尊、摂果徳於毛孔、堂復法界殿斂(オサ)ム花界於扃(クルヽキ)裏云々

露鬘交珠ニ宝鈴之音和鳴ス、花蓋裁(タツ)ル錦ヲ綵(サイ)幢之影頻リニ翻ル云々　堂荘厳

「和」「鳴」「綵」「幡」声点あり

仏樹蔭滋シ功徳林ノ秋ノ菓(コノミ) 伝テ以号欲拾ト、法林粧(ヨソオヒ)リ馥ハシ優曇花春

匂待—以号応薫シツ云々　氏寺

金容交臂(チ)ヲ如迎タルカ花蔵界之中台ヲ、月殿列ヌ扃(クルヽキ)—ヲ似移セルニ観率　「中」「台」声点あり

天之内院云々　仏堂之儀式」（9オ）

庭塵ハ朝々清凉之風箒(ハラ)フ之ヲ、燭光暮々実相之月挑之

雲螺驚天—時々転法輪之唱連々タリ梵唄応風節々讃　「雲」「螺」声点あり

仏乗之囀重々　処繁昌

八万法蔵ノ雲飛八列之中、十二分教ノ星列万国之外云々　維摩会儀式

花屋(火ラク)挿雲—自写王舎城之形勝、玉楼映日—ニ更図トス庵　「花」「形」「勝」「図」声点あり

羅薗之粧厳鴻鐘(シユウ)高響ク梵侶聴而駭(ウコカ)ス耳、妙香遠　「鐘」あり

薫ス天衆聞而降(クタ)ス跡　維摩会

嵩巌尖(スルト)ニシテ松柏鬱々タリ谷深河遠苺苔(タイ)離々東西峨々トシテ」（9ウ）　「苺」「苔」声点あり

運歩於五月弓(キウ)之内—ニ南北遠々タリ廻ラス眸(シリ)ヲ於三千界之間ニ、三春之　「五」「月」「弓」声点あり

朝ノ花色開千枝万朶(シタ)ニ、九枝之暮鳥音韻(エ)於妙管清　「暮」「鳥」「妙」「管」声点あり

歌云々　山寺

霊験之名普聞於四遠ニ冥助之誉広通於十方云々　霊験処

虚空殿之中尊容向月瑜伽壇之上仏眼開遵云々

東土挙ク首ヲ植(ウ)フ仏因於顕福寺之庭、西方継蹤—結ハム聖果於極

楽界之利云々　顕福寺修造知識

梵唄迭唱繞雁塔而成行、絃管繁聞対鷲王而奏曲、珠」（10オ）　「迭」に合点して「造」に代わり挿入
玉映於白日之霽、綺羅飄翠嵐之声、　舎利会儀式
金容垂○含二六之願鍾銅遠響滅百万之罪宝塔穿雲
亘万代結構珠殿承日経億劫殊立西南水面観実相之月
東北山頭聴清涼之風庭際衆木織錦繍之葉砌辺雑草染
朱紫之花云々　薬師等
五葉松行々木陰無草、六時鳥喈々林頭落(チラ)ス毳(ニコケ)ヲ云々　山寺
巌石峮(クキンリン)嶙(クシケマカル)トシテ如白象牙、雲霧靉靆シテ似青龍気、九折坂　「峮」「嶙」声点あり
眩目可趁雪山童子之跡、千尋峰迷肝方可模査即仙人之」（10ウ）
風、凰甍聳出含懸冥交雲、虹梁(ウツハリ)返上受雲捌一遮雨、還
龍之椽淩風玉璫赫春日鴛鴦之瓦随霧花文瞙秋月幡
蓋絃風移自在天荘沈香薫砌類海此岸芳云々　法会厳重
珠幡縟七宝一撃二童手、宝螺表六瑞一驚四衆耳、　法会厳重
幡影多翻飄彩虹於晴日香煙四起挿春柳於秋簷　中堂供養儀式也
上棟下宇遂年一傾斜、虹梁鴛瓦随日(ヒ)一ニ頽落、秋露漫　「斜」に合点して「舒」に代わり挿入
点一還如綴玉楼之光、夜月斜臨自添灯明之影、　云々　朽廃
禅林嵐寒而鳥唱苦空無我之音、法水流清波畳常楽我浄之響、　云々　処厳重」（11オ）
渓鶯囀梁之響如惜頽徳之時野鹿鳴場之音似傷荒蕪

之砌　荒廃
雪入疎隙雖散六時之花風射破壁更滅一点之灯　荒廃
四遠愍平兮鶴林之樹森然五瀛暫褰兮片月之雲朗然
東河水面実相之月朗浮西山嶺頭清凉之風鎮扇云々　熊野新宮
高升万尋以研天雲森然遠縮千里以壊大海滂池矣云々
露玉映月偏疑極楽界之晴光松風調琴自混忉利天之
楽声散花献仏之備不異曼殊沙之花色焼香供聖之薫」（11ウ）
相似栴檀香之煙雲云々
飛雲翔空以於毎触薫于五分法身烟遊水響声者任聞悟于
四唱陀南旨云々
花含殊馥色爛黄金暮春之月林皆金色云々　霊山
葛縷千條殆貫宝体之瓔珞草砌一道漸埋禅徒之旧蹤　荒廃山寺
日落西山柳垂東岸青糸嫋々遂契化松之心糸葉依々遥
期毎春之色云々　桂懸
東有長河岸菊洲蘆蕭索于竹戸之下西有嵩山峡」（12オ）
雲渓霧惨憺于茅簷之前云々　桂懸
翠嶺紅葉更留錦綾山之秋石台水閣如移蓬莱州之月　山里
纔聞者流水声鎮洗六根之塵遥見遠山之色急銷百慮之累　深山

松風高吹而林疑伝常楽之響桂月斜照而池誤浮真如之光　山寺

暮嶺懸月如多宝之誦現暁漢連星似分身集会　山寺

砂滑石尖流急瀬迅岸上無独木構渡口少一葦之便　大井川也

一戸幽閑四面寂漠青嵐撥宇仏像沽露黄葉塡階人跡若絶　荒廃」（12ウ）

宝鐸交音梵声凝韻　宝塔

尺教禅定窟穴止観之翅東西比翔顕密之輪左右双転而智海已非煮塩之浜福日豈是稼之畝是以蘿松之暗戸蘭灯（トウ）難挑薜茘之疎厨茶煙易絶　叡山衆僧

玉毫光遠似迎真容於花蔵之台金字影斜如留宝花於瑠璃之界。梵唄播声於遍法界之風幡蓋飄影於尽虚空之霽　観修寺願文

飾金之鐸待暁嵐而常鳴承露之盤非秋月以永映　雲林院塔供養願文」（13オ）

山雲之潤礎挂根朽而長苔嶺之入甍梁木腐而敗杏
叡山講堂修理牒　近江国之状

琱琢画功荘厳究義閣浮檀金之色迎朝日照耀頗梨珠之光映夜月而情明　法勝寺金堂

莓苔擁挂巌石成扃一戸蕭條四面寂莫落水高胝之

「教」の下に一字墨消あり

年々歳々之主浮雲聚散之影作朝々暮日之隣　山里
灯光也千星栖夕林香烟也百霞乱朝嶺美花也秋葉
離柯而盈積堂粧也春花泛彩而流光云々　法会厳重」（13ウ）
霊鷲山峯嵐牛頭栴檀香扇耆闍崛山谷火万陀万殊色洗云々
隔鳥黄葉遠送残声日網翠枝適落微霽云々　深山
天台山者所謂住法之霊窟也智岳高聳移蘇迷於白雲
之峯法水近澄導阿耨於青苔之砌云々
荘厳画飾諠説開莚翠苔於仙庭咸傾龍宮之蔵畳
松風於梵韻遥移鷲嶺之城法鼓高鳴穿三界而驚
聴天花遍散雨九霄而飛香大乗小乗開帙開巻禅雲
影霞彩鸞唱音仏日耀騰師子連孔云々」（14オ）
難解難入之音不断於此地無二無三之跡永留於此山云々
苦空無我之音迎三五夜難旧常楽我浄響超十万億猶新云々
築山而擬耆闍崛貯水而写功池庭花近栽手折供仏砌苔
自滑足以引僧云々
梵天心驚魔宮耳聳成就如響随喜如雲云々　法会厳重
更無俗物当人眼但有泉声洗我心　山寺
人天受楽之処衆生抜苦之庭五分法身之香煙聳七宝

「分」の下に一字墨消あり

樹之暁風六波羅密之花雨泯八功徳池之暁浪極楽縮地常□（楽）我」（14ウ）
浄之音在　兜率移天苦空無我之唱不遥　叡山常行堂
紅幡揺日鳳吹過雲香散六銖花飄五色云々
五層宝塔之上露盤増光七重行樹之間霞幡写影　天王寺法会
庭花有時而乱飛自助繖蓋之色林鶯遇境緩囀暗韻
梵唄之音池沼闊而淼范浪畳八功徳水之色松柏老蕭
颯吹七重宝樹之声　東北院
芝栖藻棁費万金以雕雋碧瑠紅軒分衆宝以厳飾
○琪樹成林風吹珊瑚之花王池達岸水湛瑠璃之浪礼月輪挙」（15オ）
手者仰引接於八十種之光明臨露池投歩者縮往詣於十
万億之刹土　平等院
薜網蘿襟向烏瑟以右繞楚琴姜笛随龍舟以高調紅
幡照耀朝陽臨兮助色宝鈴和鳴寒嵐払兮添声　平等院供養
開路前横遐睎遠貢之跡来往林池旁妙琪樹碧巌之勢幽奇　白河
尽梁紅檻之制造仮妙巧於郢人山顔水勢之幽奇伝勝趣於
楚沢云々
青苔鋪設自展七浄瑠璃之薗紅葉乱飛暗成千花錦繍之」（15ウ）
帳玉軸星羅見崑山之積玉金言流布知提河之有金　木幡供養儀式

「陽」の下の一字見せ消ち
「遐横」を転倒符により訂正

朱輪溢於路玉佩喧於席。龍象烈筵鴛鴻満席云々 聴衆厳重
大日之蓮毎旦掩影満月之桂連宵沈光咽澗泉声如恋龍宮
之旧跡触石雲色似愁応堂之虚行云々 叡山五堂焼失之由
奇樹名草之非情皆結善根於仏種渓鳥峡猿之異類自成
功徳於法音云々 叡山
東望則有煙波之眇々湖水浮真如之月西顧亦有雲峯
峨々山嵐散実智之光云々 同処金剛寿院」(16オ)
和風過樹蘭麝之甍峯開日景散花紅錦之段聳谷糸
竹八曲韻暴布之泉歌管五音混黄鶯之囀頻伽之舞
袖飄颻舟霞之中那羅之琴音寥亮碧羅之上馬騎吹
笛水中之龍自吟子晋調笙雲上之鶴刷翅然今所攀
陰山池之青蓮千葉已鮮所拾広都県之紅菓一生最希
綾羅深浅染出慈悲之色珠玉黒白瑩得証果之光 法花堂願文
青龍帯松布翠葉於苔蘿之上白虎吐水散飛泉於礌磩之庭 同処地形
翹定恵以為棟梁竪戒珠以作□(柱)石願海悪深安楽界月庭」(16ウ)
眼法水東灑般若台之雲通□念運念之輩一歩投歩
之人皆是殖万善之種莫不結九品之縁云々 天王寺
駕宝車陸行軛白牛流転之轍掉花舩水渉遥臨青

龍潜衛之庭云々　同
一実和光之霊域黄金畳山三身同塵之宝崛玄水谿深云々　金峯山」（17オ）（17ウ白）

法門

一真性海現水於万相四智円明起谷響於千品随機利見応物引接云々
四眼二智収万像森然仏眼種智収真空冥寂云々
十如帝網籠十界無外三諦頗梨亘三千流綵云々
無明忘風鼓心海易動本覚真性夢長夜難惶云々
丹丘青場忽具如来之真色万籟百泉皆唱妙法之梵音云々
弾指散花之善根遥萌応化之春花随聞一句之功徳遠望」（18オ）種智之秋月云々
円融実相之珠不嫌無明之塵開示悟入之蓮不厭生死之泥云々
玉軸連ヌ星ヲ迷ヲ天津（アマツ）之暮景ニ、彩袂（サイキ）剪錦ヲ出蜀江之春波云々　経荘厳　「暮」「景」「彩」「袂」声点あり
摩尼沈ムヌレハ泥ニ不能両宝ヲ、古鏡積ル垢（チリ）ニ焉能鑑人云々　譬在纏真如之理
三界之門無体ニ谷裏伝声、六塵之境本空鏡中写面云々　空
一翳初起繽紛而花影駢僭念纔興縦横而森羅満目云々　幻有

経王功能文々ニ有恃(タノ)ミ、仏陀誓願念々無疑云々

大乗小乗悉移青龍之閣実教権教遥慕白馬之靡云々　㊥□天仏法澆」（18ウ）

垂露之文已顕於一代尊之言葉貫花之点ハ自開於三蔵師之

羽林云々　垂露之文指法誦之事歟般若

常啼菩薩交市中ニ而疲(ツカル) 四衢道之間、玄状祖師渡波上ニ而

泥(マミル) 五天竺之途云々　般若

優曇花之文羊柱新発ラク、多羅葉之点魚網普連云々　経

般若之月ノ景宿(ケ)テ沸鑊(ヒクワク) 之中ニ破彼無明、金字之日光照剣

林之上枯彼枝葉　金泥大般若

磨黄金兮代黒一々妙文放光織青苔兮為紙軸々荘厳交」（19オ）

色懸針垂露之点併顕如来相好臨池二妙之筆勢無非分身之

尊容云々　写経

三毒四倒而非凡八解六通而非聖至宝居壊兮終不他求

霊珠在握兮応須自慶云々　染浄不二

駆四句於虚無之外珍百非於寂莫之間如那羅箭之勢

穿鉄鼓似金剛鎚擬砕邪山　理

月渚煙林常淡妙旨雲宝納尽演円音

翠羽紅鱗普現妙色之三昧霞峯霧趾同伝根本之法輪云々」（19ウ）

「文」「々」声点あり

「沸」「鑊」声点あり

智朗昏衢夢鷲長夜貧室之金蔵今□焔宅之牛車尽駕云々
染紙於紺瑠璃為抜苦与楽地散於黄金泥梨正覚之花云々
瑠璃経巻従霊鷲山暁空猶緑黄金文字従上茅城春林
猶黄云々　金泥経
経巻即自心之実相有仏無仏性相常住筆墨乃我性之真
如有点無点文理宛然云々
紺瑠璃之紙象教垂跡紫摩金之文雁行成字云々　金泥経
般若磁石吸九福鉄無相恵風松八逆塵云々　仁王経護国品」（20オ）
法雲仰青天辰宿不失度恵風払黄地君臣樽於節云々　同品
智水湛海内色藍於千反法音響大外声報於万歳
顕了之証果雖労万行於三祇之劫海真教之成覚
真超三妄於一念之阿字　真言
花雨四種三根忽驚地六種振八部俄動云々　序品
半荘花上証明之月双照六瑞光底靉靆之雲垂布云々　法花
雖五逆調達熱悩心洗於本地清涼秋池雖龍畜女人五
障雲払於恵解開発暁風云々　提婆品」（20ウ）
智積菩薩憐妙覚猶暗即身無垢之雲弥勒菩薩住阿惟□（光）明
遠寿伽耶之月云々　提婆品

法性雲床上打重柔和忍辱之衣普賢色身之膚ニ触ハウシカシテ
改邪帰正　厳王品
杖木瓦石従春雨滋罵詈誹謗従秋蟬喧　不軽品
静罵詈毀辱之唇含信伏之咲合杖木瓦石之掌低随
従之首云々　不軽品
玄宗高峯卜居首戴惣持三冬之雪法性渕底齢蘭面畳」（21オ）
智度四海之波　涌出品
大梵天王三朱衣聳開三之席尺提桓因七宝妙冠挿鷲
峯之雲　序品
曼陀羅花摩訶曼陀羅花雨下弥勒文殊宝冠増粧曼殊
沙花摩訶曼殊沙花繽紛鷲嶺草木開花云々　序品
迦葉尊者沈空尽没暗室無明霧晴光明世尊之月朗
身子多多無金灰断陸地仏性蓮花光如来之蘂鮮云々　授記品
菩薩聖衆列星居雲上分身諸仏放光樹下云々　宝塔品」（21ウ）
頗梨為地之砌尊容浮影宝樹開塔之前優美無極云々　同品
第一義空心柱持万行諸波羅密棟梁宝炬陀羅尼玉瓦耀
常寂光蒼天云々　同品
伊勢海千尋底頗梨為地粧荘古紫白山尖峯宝英

徹之砌成　同
娑婆大海之底成龍畜五障之鱗無垢法性之空示鵝王法
性之翅　提婆品
五障雲晴鷲峯之月正円九重波静龍宮之珠既潔証□□(三身)」（22オ）
於眼前更無障時備万徳於歩間已有歴劫云々　提婆品
登峯採薪苔袖果衣菓降澗汲水残辟提菜云々　同品
尽走十方専儲供養応曲四支偏為床座云々　同品
三十二相朝々杖疵八十種好夕々挙跡云々　同品
一念随喜至三点台五十伝聞得六千福云々　随喜品
信楽之衣染慚愧之色実相之珠繋真如之袂云々　弟子品
挙手礼仏速滅十悪低頭聞法永離三途云々　方便品
樹千枝万條尋根是一水百川千河尋源帰一云々　法花開会」（22ウ）
如来蔵洞裏仕平等大恵之仙人心性不動之山頂拾助道方
便之菓　提婆品
拾山菓秋朝　□指払露汲谷水冬夕輪輻之趺歩氷云々　同品
木石即法身打忍辱益厚悪口即解脱罵慈悲弥広云々　不軽品
宝鐸宝鈴合声霊鷲山暁嵐鏘々流盤宝幡流光上
茅城秋月瓏々云々　宝塔品

「応」の傍字を墨消

一四之句難聞三千之火易入受持一偈福利弘深書写一言
功超塵劫云々　同品」（23オ）
積土成廟之誠定昇地上之地聚沙為塔之戯遂為天中之天云々　方便品
更望雲嶺先赧面毎迎鶏月自低頭云々　摂念山林　保胤
不厭時々猿一叫　自然日々鳥相馴云々　寂莫無人声　保胤
蘿洞梯危雲只宿　松門扃旧月独晴云々　同題　為政
真如珠上塵厭礼忍辱衣裏石結縁云々　不軽品
聞鐘夙起出聚落唱二十四字戴星暮帰臥蘆底担思一実
相云々　同品
忍辱衣厚杖木瓦石不痛慈悲室深罵詈誹謗不聞云々　同品」（23ウ）
峯薪有煙々煙投面谷水無味々淡灑頭云々　提婆品
紺紙金文綵帙珠軸不改鷲峯之古風如披龍宮之暁浪云々
若覚路迷而難達一乗妙法当為指南若業塵略而不晴四
巻金光今在頂上云々
楽往西安養界八功徳池花聞思生東不動国七宝宮殿儲有云々　生十方仏前
杖木瓦石之下倒伏泣呼叫当得作仏悪口罵詈之前合掌
強報皆行菩薩道云々　不軽品
垂露筆端六万九千貫玉挑角紙上四千余行散花云々　禾」（24オ）

偈貫九陽之花結一実之菓字垂五色之露瑩十乗之玉云々　禾
超禅師染筆点郭不成泥黎澄李山龍唱題句延未終登金
台云々　禾　　　一点染筆大聖文殊顕筆端一軸置案普賢薩埵来案顕云々　禾
口誦法花白蓮翻舌語謗妙法鑊湯沸呑ニ云々　禾
波羅密味千載弥濃人中樹枝十方兼覆云々
焰水築堰施花池於渴鹿空花結籬捨蘭苑於野鳥　禾
帝尺属尊受法沈孤雪子指軀訪道羅刹　求法」（24ウ）

法花経要句

補処菩薩見瑞ㇾ起問、無垢大士引昔ㇾ存答、開方便門ㇾ与実相教ㇾ
排権教枢ㇾ懸真如珠、三車方便二乗所求ㇾ大白牛車小根
非聖、耳耳領解遍亘五時ㇾ如来述成広抱一代ㇾ三草牙茎
結円乗菓ニ二木枝葉開妙法花、昔厭三界証ニ涅槃、今ハ顕四徳ㇾ
得八相記、起ニ乗心ㇾ化城謂極ㇾ趣一乗道ㇾ宝扉非遠ㇾ内隠大智功
田菩薩名ㇾ外顕小行示多多身ㇾ空王之昔発心同時垂迹之今成
仏前後、空閑菴前尺尊放光ㇾ寂漠室内章句無闇、空中宝」（25オ）
塔出讃嘆音ㇾ樹下分身至問訊詞、手掘虚空ㇾ顕読誦功、□置大地ㇾ
揚書写力扣氷ㇾ汲水、報仙人恩、交林ㇾ拾薪ㇾ謝妙法徳、捨五欲昔仙
人為師唱八相今達多為怨娑婆身子疑五障人無垢龍女成八

相仏五濁難忍不訊弘経曰魔易起不能利物娑婆弘経但
惜仏道薩埵利物不受身命曰安楽行唱八相一乗聞力遂顕三
身如来告勅菩薩奔誦弥勒成疑衆会無識寂光老子服常
住薬同居若父稟還年方沙羅林中隠無余雲霊鷲山上
顕常住月本地三身過五百塵伽耶八相且遣一説聞益之告終」（25ウ）
至補処深信之輩始見実報五十転功宛同頻伽八十年福
南非譬喩清浄眼耳聞三千清浄鼻舌縁十法界清浄身
根浮鹿細色清浄意根憶内外法忍罵詈昔唱三八文戦魔
軍今備四八相罵詈之類遂階不退誹謗之輩更得□益舌
相高吐（ハク）上過六欲放光遍照広亘十方分身諸仏速還本土
多宝仏塔早閇塔婆燃難受身供養妙法焼難捨譬礼拝
舎利以観智火焼難思境以実相灯奉中道仏尺尊放光遠召
於東妙音奉命遙来於西分身十界能抜有情形垂六道受」（26オ）
施無畏薬王勇施説呪払災多聞持国起誓除難薬王薬上契
成二子妙音大士語為一姒依二子資蕩厳王執由一姒身改邪
見心寂々草菴普賢垂迹幽々茅屋尺尊摩首」（26ウ）（27オ白）（27ウ白）

菩薩

発心於四弘旧風一ニ遠扇キ薩埵之名一ヲ致念於六度彼岸一已竟（キハム）

「楽」を挿入

「界」書き損じの上に重ね書き

涅槃之道ヲ、故七茎蓮花ハ兼テ開キ授記於燃灯仏ニ、一偈唄葉ハ超テ成ル
妙果於菩提樹云々　菩薩義立義表白
菩薩願海広大無辺、慈悲心池甚深莫底、三祇百劫誰知其
辺ニ六度万行何究其底　同
日光三昧之力妙送ル云々」（28オ）
八万由旬阿鼻之獄月愛三昧之光照ス、十億仏刹極楽之国
海岸孤絶之浜曰補陀落大悲観音飾其宮殿峻　嶽五
台之頂称清涼山大聖文殊留其影像云々
忍辱衣染心随縁之色深也浅也慈悲室澄念利生之
扉広也狭也云々
曇無竭遇酔象也称名号而全二十五人之身玄宗之道
夢魚也写句偈而得百六十歳之寿。唱観字而来至世音
尽消苦患於四海揚経題而未述妙理忽増福寿於一家云々
四遠帰依如草之靡風万差合応似水之随器云々」（28ウ）
短命多病之垢洗長谷之法水貧窮賤財之塵払豊山之
恵風　長谷寺観音
弘誓海深暗動補陀落暁浪大願山遠自披耆闍崛之春空云々
向超万行之先深徹法源之底月光大士変清水於自心空蔵

高人現大虚於本体云々
一称名者乍立絶罪障之源二念力者即生裏福智之粮云々　音名
示青黄赤白姿開解脱分春花現長短方円形萌妙覚山秋月云々
垂哀憐涙滅焼燃炎火壊一子悲代砕骨苦痛云々」（29オ）
実相疑寂也練浄頗梨無疵身浄鮮白也晴大雪無雲云々　普賢偈
上求菩提智眼瞻法性月望中道花下化衆生慈眼尋抜苦
儲与楽薬云々
六春風扇覚花自開三時行積仏果已成云々
四弁澍法雨焼燃滅猛炎八音扣毒鼓魔軍靡於旌云々
観音弘誓壊刀杖於仮々之文般若威神兵戈於空々之黒□生
々々観渙被僧那於法界含議世々父母泯悲願於一子　初弘
妄想雲厚覚月難晴大悲風扇曇菩薩霧巻四十里水智」（29ウ）
□（光）軋源三有海浪慈舩裁弘　第二弘
八万四千法蔵行々相接一十六門遍学運々鑑機大千界巻
軸一念能解了微塵散六帙滞水不失渉　第三
常寂光之月智眼常瞻真常性之花定掌鎮翫等覚
転之暁垂破臣夜之睡入于妙覚之朝将覚生死之夢矣
金峯山執金剛神破盤石示忿怒相越白山神妙里権現

宝龕内顕女人形　禾
三五月顕東山得大勢至和光二八日出正中観音薩埵散影　禾」（30オ）
農夫之前降雨憐愍之涙灑心田熱苦之為扇大悲之嵐焼燃　大悲
発弘誓於八伏願群生於一子廻大願於四内紿万品於同体恵日
光遠破罪菩提闇慈雲之雨悉消苦悩之焰云々
恵日増光禅河凝流一乗之玄猷指開城聞三学之軌範遂
被人天云々　高雄寺十講口宣之文」（30ウ）（31オ白）（31ウ白）

僧

洗塵垢於三宝願海期妙果於九品蓮台云々　懺悔
口誦法花最勝之妙文雖刷八字之眉心歎妻子眷属難奇
無繋三衣於臂云々　同
煩悩家狗打而不去菩提野鹿繋而難馴屍在閻浮提
蓬下魂愁閻魔王庁前云々　同
織忍辱以為薜衣領袖構止観以為桑門枢鍵(ケム)云々　僧徳
一乗円融之嶺開顕之春花鮮五郭惣持之薗智恵秋菓盛云々」（32オ）
三観年深丹蕀旧於石龕之月四禅秋積青松老巌扃之
雲　老僧　○体如百練鎔金心似一輪孤月云々　羅漢
尽無生智之覚月赤火空無相顧之虚道品七科之花文敷禅

「生」を挿入

林八支之抄加之妄想雲晴心似一輪孤月累縛塵瑩体如百練
鎔金慈悲分高貌鳥雀来飛肩愛語聞梵声鬼神待承足 禾羅漢
瑩尸羅之戒珠増心台之恵鏡云々
息纓冕之粧結薜蘿之志出在纏之俗網入出纏之正路
或尋四山之霊砌運歩於多渓之遠或訪三覚之縁師前志」（32ウ）
於一達之提撕云々
三帰之水流七宝山五戒之珠照妙覚顮云々
山上送世興前聖之本芸樹下迎生弘後賢之末勤自利々
他之道年々無退利生々善之志歳々有企云々
運心於月輪観大日如来之秘言通神於蓮台帰金剛薩埵
之遺訓云々
蕭々蓬戸之下観孤露而致発露之勤寂々瓦牖之中清
心水而動法求之浪云々」（33オ）
口誦法花八葉蓮鎮開情念弥陀三明月自朗云々
一百八反之玉磨一字明王□（呪）返六時行道之鏡浮二大童子之
尊容故見我身者之智剣断三悪六趣之迷聞我名者之恵
風扇四生八難之炎云々 行者
観空浄侶心懸月送老高僧首剃霜云々

日喰之助松葉僅一枚夜休之儲蘿服尚万綴云々
捨竹馬而早得羊僧出蝸門以速入龍戸養命於松葉貴
身於蘿衣云々」（33ウ）
鳴鳳朝々驚有習之耳叫猿夕々寤無明之眠臥雲観月之
間眉変八字棲山巌谷之処涙校千行云々
口嘗松葉幾過日喰之蕭々身纏蘿衣計送夜衾之薄々云々
昼転一乗廻眼於白蓮之葉夜念十力交心於赤檀之蔭云々
年々所読者法花経転妙文於白日歳々所念者弥陀尊唱
宝号於黄昏云々
企九旬安居修六時難行飛鳥忽落流水返逆　験者
調八音清濁糺五音通寡孑（ケツ）然占居暗処奉音万人止鳴」（34オ）
一心峙耳云々　持経者
諳五教浅深略述一乗綱□振八音之吻惣究一代之教問答之
間秀才乃顕然決（クェツ）断之処勝劣憒閙云々
首載五仏宝冠肩荷六輪錫杖念仏穿雲勧進靡草云々　無縁上人
或衣薜網而出巌秋霧繞背或排松扃而振錫暁霜対眉云々　山僧
凝五欲於五体養子孫之口貧六塵六根飾妻妾之身。云々　懺悔
煩悩嵐厳悪業氷密不着尸羅衣無慚年傾破戒腰属不

「一」の右下に薄墨で「二」と注記

「塵」の下に挿入符、右傍に「於カ」と注記

取木叉林云々」（34ウ）
剃頭号一乗仏子勿跪冥官之前染衣称如来弟子勿歩
獄率之先云々
抛名利而求菩提者願念自通厭閻浮而慕浄刹者引摂先立云々
檻猿難繋恨四箭之不弾籠雁猶肥嗟三刀之未□云々　懺悔
誡喩剝皮豈閑蔡氏之魚網感倖折骨非仮蒙家之羊
柱鹿苑微言星羅於貫花偈鷲峯妙典雲聚於貝葉文
况転読日深般若之筏揺棹於四海誦持年久妙法之車輾
輪於心田云々　戒禁七支禅鑠四猿怖無常狼伏煩悩暗云々」（35オ）
百八玉六万念仏忝一実床三時観行穿云々
青苔洞中坐禅石不冷白雲嶺間焼香煙不止云々
慧日晶明伝心調直也被大乗衣坐正覚床飲菩提漿饗
禅悦食云々　迦旃延再誕振言葉於秋風富楼那之後身解義氷於朝日云々
毎暁懺悔之勤六根皆清連夜念仏之力九品何疑云々
袋内無糧啜土顚石飢累日食心中無貯刻葉歠露毓一身腹　修行者
寒風惟敷以為重日之座煙霞畳綾以成長夜之帳云々　同
改玉之輩空興韜光之歎挑燈之人徒倦披巻之勤云々　学生申文」（35ウ）
幽々寂室念弥陀仏荒々草庵誦法花経云々

戒珠繋衣破無明闇木叉頂首超有為坂云々
鑊湯清浄変為花池爐炭氛氳化為香蓋銅柱変色
永竪法幢鉄網改形開浄土牛頭擲刃更受三昧獄率棄
鞭還持五戒　懺悔
木非親母礼則響免千齢凡非聖僧敬則光逾万代云々
戒香永馥道樹恒春延福寿於遐齢保任持於永代八方帰
仰四部虔心列千旦之眷属掘龍象之徒衆云々　代主分」（36オ）
凝寒静夜朗月長霄独処空閑吟誦経曲云々
戒品円明与呑珠而等護□(律)儀精暁随照鏡而同欣云々
生老病死苦身貧嗔痴慢悩意愛河綿々瀑流波高宝
路遠々戒定糧乏云々　懺悔　禾
三百六十日々趁五塵六欲之境八億四千念々務三途八難業云々　懺悔禾
戒珠内鑑以禅定為室悲風外扇以忍辱為衣云々
入邪見稠林貪欲虎狼所戦遊愚痴広野嗔恚蚖虵所害　懺悔
春日照宝樹応覚花而飛眼秋風驚禅林先唄葉而落涙　比丘無常観也」（36ウ）
幻化露待光朝湿衣出門外泡沫月臨山暮焼胸離故郷　修行者
信敬懺悔風一吹六根塵悉散懺悔発露光適照三業露忽清消云々
白雲洞裏坐禅之石雖旧青苔庭前行道之跡猶新云々

定恵之眼盲以一心三観之月易陰乗戒之翅折以五味六即
之花難挙云々
自眉禅僧叉手瞻仰青蓮之眸納衣羅漢低頭聴聞貫花之
文 山寺法会 ＼青渓削跡断恋家之心白雲寄身隔望郷之眼云々 修行者
嚢枯骨於福田之衣寄遊魂於貧道之宅云々」（37オ）
煙出自頂積信力而為薪月生於心入空観共如水云々
読誦音止泉暮咽燈明影残月辰寒云々 禅室荒廃
智恵之翅遥扇名聞於紫玄之裏禅定之距高歩徳山
於鳳闕之上云々
雖受浄戒不護不持雖具諸根如聾如唖云々 懺悔
惑障水濁法性月不浮禅定林枯覚悟花不開云々 懺悔自滅
散乱風常動身樹攀縁之浪鎮驚心海云々
惑障塵上潤智水煩悩焔間及恵風云々」（37ウ）
万葉萎程知命縮千華落節識身空云々
練行涙経多年流往下必成蓮池水云々
朝読経声列風走暮念誦気巻雲登云々
破苦行肝散烟霞連瓔珞玉懸行樹云々
潤心蓮而開花瑩金性而増光真俗二諦明如水月智定二厳

具如目足処世間而如蓮在水趣菩提而似月度空云々
通嚢哲深疑開後賢未悟垂茂功於未嘗標准的
於当今云々」（38オ）
迎碧嶺之用催空門之晴引玄潤之嵐助唄葉之響云々
智恵剣利断五縛於今後世々中水月観清洗六塵於浄刹土
之際云々
林葉未萌炊爨（スイサン）之斎難備巌苔遅秀部尺之労叵続石室
煙絶而竈中灰冷草房露乏而鉢底常曝云々　山寺閑散
苦空伝音如聞命々鳥禅波澄意欲開上々蓮云々　念仏三昧
論議決択之弁懸言葉於秋風之前落思幽深々才発詞
花於春露之底　学生」（38ウ）
提木槵子於誰偽之手名渉山林之間券金剛杵於仮相
之掌身雇蘭若之扃云々
生死渕底深未開蓮花於五濁之中煩悩道寔棘難出自
車於火宅之庭云々　懺悔
真言止観之行道幽易迷三論法相之教理奥難悟於念
仏一門者所行仏名不妨行住坐臥所期極楽無嫌道俗貴
賎衆生罪重一念能滅弥陀願深十念往生云々

朝洗三業塡諸悪莫作之跡夕潔五情習諸善奉行之道」（39オ）
薬王擁護而嘗甘露於舌上尺尊加持而降苦霧於腹中云々
禅林嵐寒鳥唱苦空無常声法水浄流浪畳常楽我浄響云々
雪山寒鳥朝々喧無常、赤目大魚日々屠身鱗羽無意尚救
人厭世苟生人界不厭不欣何意哉云々　懺悔
内辞親愛外捨官栄志求無上菩提願出生死苦海所以棄
朝宗之服披福田之衣行道以報四恩徳以資三有文
欲入花色之門以攀木叉之枝又欲製福田之服以施貧
道之人云々」（39ウ）
于朝于夕所染者六欲之塵之星之霜所習者五濁之垢云々　懺悔
世上逃名人間削跡尋碧洞而長往臥白雲而不帰云々
或臥林枕石与逋容相隣或雲心塵形随流俗如混遁世不
能遁安得逃死之謀忘身不能忘只有待終之思唯恐六欲
未洗三業猶深云々　懺悔
三業難調十悪易作或迷衒買之色穢浄場或耽呑啖之香
愛朽宅若売買貿易之計斗升奉納之営諂曲多端
欺誑無数如以騎周牛馬駈丘僕従動吐嗔怒之詞曾無慈悲之心云々　懺悔」（40オ）
誦一乗経全護宝珠於頂上受五部法新写智水於瓶中云々

「流浄」を転倒符により訂正

室中念仏々弥陀窓間誦経々妙法云々

鷲峯雲晴卌八願月円王城春来十六想観花鮮月光重百練而弥陀影現花色八七宝而国界厳飾云々　聖

飛花落葉之朝厭此身生滅無常清風朗月之暮観彼仏相好光明云々

悔而猶悔已失衣裏之珠恨又恨未知門外之車矧復戒峯暁月覆無慚之黒雲教海明珠沈有○之濁浪臨流而□（泣）」（40ウ）長悲浮嚢之破向林而嗟独慙木叉之枯云々

乗戒翅折難追鷲頭鶏足之跡定恵眼盲豈翫鹿野鶴林之花　禾

観念窓中係三明之月坐禅床上眉垂八字之霜云々　鳥羽院願文

八字眉老亘四時垂霜一念心冷鑑三際係月云々　禾

四禅凝雲慮六情冥壊懸法鏡於心台朗戒珠於性海詞林捷秀将覚樹而連芳恵炬揚耀澄柱輪而合影云々　聖教序

非刀鎮敵者是無常之観非於仙薬延齢者是念仏之行云々」（41オ）

薝花全彫含四照之色蘭葉半落送十歩之芳云々　僧入俗

長途一蹟豈姑千里之行深林枯棣何薄万畂之影云々　賢者一失

角弓強（ヨク）射（セシ）切弦於恵刀金鎧肩弭替服於法衣　武出家

容似銀漢之月白象自来於空観之中心若玉壺之氷青蝿
不居於鮮潔之上
二世有馮味深法於舌上一生無苦籠極楽於胸中恩愛捨
骨肉飲食断羶腥朝喰雲母散夜吸沆瀣精　夢仙詩
一乗五律之道馳驟於心田八蔵三篋之文波濤於口海云々
松風水月未足比其清花仙露明珠詎能方其朗潤云々
出玉門而向西梵本尋文経雪山帰漢字伝語生滅之理懸
真空而明々解脱之規浮苦海而静々云々
夙標高行早出塵表泛宝舟而登彼岸捜妙道而闢
法門弘闡大猷蕩滌衆罪是故慈雲欲巻舒(之)蔭四空恵
日将昏朗之照八極云々
律梁三界汲引四生智皎心燈定凝意水非情塵之所曀
豈識浪之能驚然以道徳可居何必大花塁嶺空寂」(42オ)
可舎豈独少室重巒云々　止玄状隠居皇帝御状
聳千尋之幻質湛万頃之波瀾救溺俗為心憂匡大法為
力事云々
泥洹堅固之林降魔菩提之樹迦路崇高之塔那竭留影之山
皆躬申礼敬云々

玄状三蔵」(41ウ)

「山高」を見せ消ちにして、右傍に「崇」と訂正

固陰冴寒之山飛波激浪之壑厲毒黒風之気狻猊貙
豻之群並法顕失侶之郷智厳遺伴之地斑長之所不践章
亥之所未遊法師乃爾孤征恒然無梗云々」（42ウ）
扇唐風於八河之外揚国化於五印之間云々　已上玄奘三蔵
戒燈重明昏衢再朗響振四遠徳流八紘云々　鑑真
具修三学博達五乗外康威儀内求奥理云々　鑑真
禅林戒網密恵苑覚花豊云々　同
戒香余散馥恵炬復流風月隠帰霊山珠逃入梵宮云々　同入滅
神飛（トビ）生死表遺教法師中云々　同　入滅
禅院従今古青松遶塔新法留千才住名記万才春　同入滅
法門眉寿凉池之目足乗戒倶忽内外兼包獲満慈之宝」（43オ）
器坐空生之石室云々　朗和尚
道開日下徳邁寰中五衆仰其風規三宝資其弘
護寔含生之道首作品物之津梁云々　道宣律師
木叉所指弘法寿於千年正律欣興樹津梁於万載云々　同人
身行頭陀東西不定口諳妙法昼夜不休云々　性空
室是慈悲嚢繞座衣猶忍辱鳥飛肩云々
資糧貯得三明月産業種求一乗蓮云々

「五」を見せ消ちにして、右傍に「其」と訂正

徳行両瑩金秘質心肝自潔玉愧真云々」（43ウ）
三千界裏頭陀跡五十年前口誦声
蘿衣膚薄数帳紙寝食味疎一道泉云々　已上聖空
石床留洞嵐空払玉案抛林鳥独鳴　善主
恵燈胸懸忽破無明之迷暗法水心溢（ミチテ）自洗有執之塵垢云々　浄蔵
魔風高扇恵燈不静病患屢侵余喘不幾争今一度対
面蒙加持護念矣云々　玄照律師送浄蔵所消息也
覚月朗于三地現和光於機水之外縁法財豊于五蔵排
教薬於深奥之内庫（コ）訪法燈於東夏鑑来葉於五濁留金身」（44オ）
於南嶽期龍花入三昧○往昔承法仏之金言雖唱権誕於
湯谷之風当来資慈悲之化儀可伴出世於知足之月云々　弘法大師
渡万里滄溟渉三密教海淩万里雲路掬五智瓶水云々　同人
普賢摩已肉髻頂起身淩碧落足踏宝蘂雨不洽衣
泥不汙履鉄輪法雲階位難揣云々　南岳　在烈
南岳後身為吾儲君海香泛灧天花繽紛青龍馭漢黒駒
躡雲便知菩薩馨至芬　聖徳太子　在烈
霊山聴衆衡山後身弘経於西隣伝法於東域　聖徳太子」（44ウ）
翹定恵以為棟梁竪戒珠以作柱石願海西深安楽界之月

注記は「菅三品」の誤記か

「掬」の上、「擲」を見せ消ち

迎眼法水東灑般若台之雲通心一念運念之輩一歩投
歩之人皆是殖万善之種莫不結九品之縁　天王寺　聖徳太子
六根懺悔之時見文殊形像一夏常坐之間蒙弥勒行来百
万念仏之程耳聞梵声三千観行之間額得宝印云々
菩薩照々着于孩髫津設雀舫路築虹橋施化風靡吐鱠草
跳四十九寺遺跡蕭条　行基菩薩　在烈
智者滅来歳二百廻身生日本心在天台欲発法鍵遥乗海盃」（45オ）
伝教之謚長興山階　伝教大師　在烈
紫気不遏生聴点山庵行苦天薬庵渇披清涼雲都妙
徳月慈悲仁譲便是菩薩　慈覚大師　在烈
師於二皇近坐綺楹五智水灌三観月明暁香爐気夜念
珠声一生不臥被極楽迎　静観僧正　在烈
無相無願寂寞于三解脱之中不営不求恬憺于四威儀之
処。草庵不結枕樹根以為竟夜之栖薜衣無臭焼薪柴
以為送冬之計鉄鉢五綴之底所貯之貨何有焉錫杖六」（45ウ）
輪之外所持之物受無矣　空也聖人
信心是深豈疑九品上々蓮善根無量定期弥勒下生暁夢　千観闍梨
採五芝而偃仰遊八禅而寝恩餌松木於溪澗披薜茘於山阿　法林

眼隔脂粉而染竹之涙如雨耳闕玉音而摧樹之歎似風語留耳
底以秋月泣矣夢侵眼界以暁風咽矣巌宿冷而阿難八弁
之響隔於壁外澗水喧以慶喜千行之涙灑於床辺哀語
在耳独向秋月啼悲情染肝胸内炎増焚弾指観身所撰
結集之庭矣合眼以念仏早暁観金容焉見桂月傾西之色只」（46オ）
添傷眼之愁聞白浪咽石之音徒摧断腹之悲也今日欲暮
烏輪疾翔明日欲来兎月漸朗所催谷霞之起居以礼
十方仏陀所驚嶺嵐扇動而敬塵数賢聖所寂寥之地
山頭雲閉矣自非寒泉之咽亦無為音人也訪身単己之体
前後無友矣従暮雲暁霞亦無通者也欲出言述懐傍
無可聞之人思聞声慰悲誰人誘我焉永言語辞於舌端
而悲泣凝於胸裏孤蘿襟湿悲涙以溺於眼界之潺々通
夜勤苦殆欲至天暁之間心力疲将思臥息之時頭未至」（46ウ）
草枕忽然得羅漢果悟解之鏡朗胸而見光影於過去
来今之三世解脱之力象心以馳神通於宿住随念境界　（阿難証果時文）
○衆論岑起刹若洪流似磨鏡転明若楷金足色弁法相猶
万象之烈大虚融一実方八河而赴滄海云々　天台
陳主七徴随四請堂々乎為二国之宝[牛+先]々乎作四牽之師云々　同

「之」を挿入

拝月於讃仏乗之窓天人到自何界擎花於転法輪之砌仙
童出従誰国云々
費粮両国学植庸浅何違朝寄不実帰云々　東大寺明一罵行賀之詞也」（47オ）
魏々智龍興重雲於秋風赫々義虎解厚氷於夏日嘉祥学
海蟻螻所咲瓦官智山鳳凰所宗云々　伝教大安寺闡場妙法時儀也
春向覚花而独咲夏蔭提樹而閉睡持戒之光自照煆宅
護念之力普済昏衢　玄賓籠居之時嵯峨天皇

慈覚大師病中念仏詞々

身在病床意在如　世無遺恨室無儲　竟知此界因縁尽
唯念極楽不念余
戒為万善之因基当三乗之標首趣菩提之正道越生死之良」（47ウ）
規是仏法寿命則行人之方軌　戒
六道福田三乗因種紹降仏種興建法幢　戒
定恵之宏基賢聖之妙趾窮八正之道尽七覚之源　戒
順菩提之妙業成実相之嘉謀作六趣之舟航為三業之軌躅　戒
横宝舟於欲浪照玉浪於心源灑定水於三千薫戒香於百億　戒
五篇七聚之要門十利百行之幽鍵流雪山之薬味飲宝岳
之甘泉」（48オ）

十六羅漢讃

身雲弥布三千界　覚路横開八万門　欲頒浄福付来蒙
因勅真身長住世　賓度羅跋羅堕闍　理
目彩青蓮和露潔　眉毫白縷惹風寒　諸漏如空々亦空
十六聖中為上首　西瞿州眷属一千
出定寥々当海月　観空寂々対煙花　山水周身百網文
雪霜満頂五天貌　迦諾迦蹉代　智
高歩永抛諸有漏　浄心長別衆纏郷　共坐如来解脱床」（48ウ）
内秘普賢真実行　迦湿弥羅眷属五百
錫飛金杖和雲遠　盃泛相螺遂浪高　入天出地不労神
此界他方唯動念　迦諾迦跋釐堕闍　冥
六塵已寂慈風息　万像倶閑青目収　化火未焚空性身
稽首無余涅槃界　東勝身州眷属六百
古貌棱々清碧玉　禅衣颯々惹煙霞　動骨応聞金鎌鳴
廻眸潜覚綵光発　蘇頻陀
妄想自然通実相　修心已得至無心　六通八解脱円明」（49オ）
頂礼世間福田海　北倶盧々々六百　顕
雁蕩経行雲幕々　龍湫冥坐雪濛々　幾処分身応供来

何曾動念随縁去　諸矩羅　染
明円解満清涼果　漏尽心空自在輪　万慮倶閉万境銷
曾是霊山親記別　南瞻部々々八百
栴檀林裏凝心夜　菡萏花旁摂念時　鬼神無処識行蔵
鳥雀由知戦喧噪　跋陀羅　浄
屈臂已淤諸国界　端身不旧煙羅　恵刃無形結賊空」（49ウ）
堪受人間平等施　耽没羅州々々九百
俗鉢緩冡高瀑水　放嚢還掛古松枝　教招虎兕得惋心
誡励授獲令摂念　迦理迦　根
慈容澹々分高貌　愛語聆々聴梵音　三有従茲不潤生
無念々中心自在　僧伽荼々々一千
緑筠陰裏安禅趣　碧石床中敷坐時　不於一念起前塵
已向此生超後有　代闍羅弗多羅　境
肩稜皓彩毿々雪　頂放神光灼々霞　能洒慈波注福源」（50オ）
将此浄身常住世　鉢刺拏々　一千一百々々
花嶋触風長馥郁　石龕籠霧更清涼　眼界不随諸色生
鼻根寧遂衆香起　戎博迦　高
禅姿涼若厳松格　聖性円如海月輪　一住霊山今幾秋

名聞周遍十方界　香酔山一千二百々々
七宝房間尋貝葉　六鉢香外発浪函　玉瑩珠円了建身
菓辱蓮目端厳相　半託迦　下
馭鹿乗羊名謗設　覧珠衣宝分無偏　一法従来心不生」（50ウ）
寧於四果求円満　三十三天　一千三百々々
金欄長自龍宮献　玉鉢早従天界輸　妙相円明月正中
慈音清徹雷初発　羅睺羅　動
草門芸寶随縁起　桂殿珠楼遂願来　応念雖分無限身
安然不動威儀相　畢颶儞　一千一百々々
宝石為龕光掩映　彩雲如海影槃珊　恵刃已対三界縁
心珠不染諸塵相　那迦犀那
幽離有咸猶銜菓　猛獣何知亦献花　水精宮裏清慇懃」（51オ）
一弾指項分形去　半度波山一千二百々々　静
宴坐神移清間石　灌瓶龍譲碧潭泉　果満寧将果自物
心空不与空為縛　因掲陀　禅行
展手毎分麋鹿飯　解嚢時寄虎狼肩　無事無為単用周
長為労生作依怙　広脇山　一千三百々々
端居絶頂峯千仞　嘿対孤光月一輪　茲地清涼有鶴麟

此時心境何人識 代那婆斯 禅果
塵労不捨通諸法 虚妄寧抛了性空 莫謂中運布化城」（51ウ）
悪題従来平等賜 可住山 一千四百
世雄嘗演白蓮処 大士早棲青嶂間 瑟々嵐光映納衣
紛々彩霧籠禅定 阿氏多 好
息機山鳥来無怖 絶念驕龍見白降 五百人中受記身
遺形永作人天福 鷲峯山 一千五百々々
瞑侍厳松妄世界 静聞天籟息喧譁 練行已来無学身
端正不起最初念 注荼半託迦 醜
耳長過頂希有相 歯密如珂璨瓓光 眷属無非漏尽人」（52オ）
飛騰自在遊諸国 持軸山 一千六百々々」（52ウ）

神分

苔衣裂於智剣方揚紫摩金之膚霞帳扇於恵風連登
三明位之台云々
社樹開花以結果於成仏之脣社台興法以踏蓮於得道之趺云々
霞錦偏加増清社之威徳苔彩自触成玉殿之荘厳云々 霊社
無明夢驚長別苦海有習怨尽応謝稠林
色即是空出有執之道空不異色入無為之門繕写五薀皆

空之教文結十地究竟之果徳矣云々」（53オ）
神之来于風飄颻紙銭動繖揺神之去于風亦静香火滅盃盤冷云々
玉文飛映新増秩文権現之三明霊点開花定部母真実之十
力矣　秩父貫首修道願文
磨一乗鏡顕権現本覚繫無價珠荘厳垂跡威光云々
折七覚花之善根庭八禅林之天衆降臨汲七浄水之功徳砌
四大海之龍神影嚮云々
重五分戒香於垂跡之雲敷七覚妙花於本有之台云々　禾
色即是空之月照五衰之闇空即是色之風醒三熱之焔矣云々」（53ウ）
般若開花随蓮台於趺下恵風松雲□桂月於眉間云々　禾
尽浄虚融之月増一実和光之光畢(ヒツ)竟空寂之玉瑩三身同塵之塵云々　禾
扇三身同塵之塵於無想恵風増一実和光之光於本覚月輪云々　禾
自在大自在天王天衆本覚之月輪翫於雲上難陀跋難陀
龍王龍衆妙法之莚敷於波間云々　禾
社檀講経神力仏事相双黄金瑩点財施法施具足云々
一乗無價珠結垂緋垣(ミカキ)平等大会鏡繫粧緑帳云々
社林敷花屓結菓社頭湛水心浮月云々」（54オ）（54ウ白）
霊分

六祖八葉各証仏果三国七宗均開聖因云々
東岱霊魂並一面於弥陀尊之前北門水魄調両足於観音
等之後云々
蜎飛蠕動之万有都絶流転之因三草二木之衆生伴結
生長之菓云々　向
始自集会之一衆至于朝野之万人普霑一味之法雨等
開万端之栄花云々　向」（55オ）
千年之間並頭於東父西母之家内万紀之後随趺蓮上樹下台云々　向
神(シン)将握手導七仏之浄刹薬王摩頂授万徳之妙果断跡求離瓦
礫之穢土垂袖常遊瑠璃之宝宮云々
不隔雨露煙霞遠近不抛草樹瓦石多少皆殖仏種
併開覚花矣
五逆四重之辜三悪八難之苦荒原古今之骨東岱
前後之魂併関薫修咸証妙覚云々
転東岱之魂引西方之界尋黄泉九重之路登白蓮八葉之」（55ウ）
台云々
浮青鳬於願海投礱牙於福田同心修此旧労合身添此新
粧現世家々招息災増福之便後生人々証遠塵離垢之果云々

因此勝縁殖薝蔔芳種証彼妙果扇千旦香風
現世則冨埒陶朱寿倍商皓当生則貌写満月位登法雲矣
襲介披鱗胎卵湿化無始障悩自此銷亡有為業結因茲永　向
滅彙征兜率結三会於閻浮決滞識心砕九居之窟宅
過去六親併遊宝土現在四恩共掘於宝度云々」（56オ）
山門閉跡之侶一宴之眉自展遥結三身之妙果閭厘交会之涘
三業之罪急滅遠興二世之良因云々　向
五濁悪世中殖三菩提因八功徳池底萌一蓮花種云々　向
一念一称不為世間之利一花一香唯志往生之因内外清浄必殖　「不」を挿入
一生真実之白業信心堅固倶恃死後不退之功徳云々　向
普明無量只答蒼天之旧徳客塵可払豈煩黄金之後身云々
日域択地久移東父西母之栄月輪桂城将究蓮眼菓脣之楽
矣眼前並頭久遊薬王樹之蔭身後纉跡定蒙妙法連之益云々」（56ウ）
財是浮雲皆運仏日之空身亦泡沫兼期似月之蓮□々
閻羅宮辺暗止麋鹿之訴弥陀界上必開鸚鵡之声云々
欲入夢而通魂応台既閉欲投歩而尋跡泉路永消不如
使西土大王還彼中陰之陰一乗宝車転其五障之障仍其仏経云々
娑婆之昔対春花而雖養緑萼之艶真如之今垂暁月而

応添菓脣之光云々
玉樹七宝之林弥披恵蘂金沙八功之沼乍溢禅波云々
扉後素之妙匠写放光真容卅二相好雖不遂瞻礼於眼前」（57オ）
卌八大願定引導幽魂於身後云々
三明清路捨妙果於無漏之林五障梢雲攀覚花於惣持之苑云々
心乱魂迷不覚流年之改花開鳥囀乃驚忌景之忽来云々
本誓無疑定雖添卅二相再会難期猶恨隔十万億之刹土云々
黄鳥呼谷急告一周之来青柳（リウ）聳岸更示三春之景捧□（鶯）
毛之一財叩鴻鐘之九乳云々
三所聖霊登霞之空月満七世恩界遊水之流蓮鮮云々
弟子心緒所抽贈菩提以増飾弟子涙珠所屑□瓔珞以結因云々」（57ウ）
松蘿昔心兼百年而期偕老蓮台今飾累【九品而□往生】
擿紅桜於林門供養仏既疎拾紫蕨於山頭陀僧之儲甚乏云々
匣裏黄金不遂生前之念眼下紅涙弥添世後之哀百年諶遊
徳嶺而翫花鳥一旦長恨結悲緒而貫涙珠云々　不果存生之願歟
尋変身於東山之巓孤雲不定念往生於西方之界玉階幾重
編弘誓于為筏豈煩浮生於重波構了義于為車早取極楽
乎易路昔祝仙齢於所天令千年而猶不足今飾仏果於妙

土指満月而期尊容云々」（58オ）
幽泉難浮唯仏棹校済之筏夜台無暁是法転照臨之輪落
々涙屑珠結瑠璃飾金容悄々胸立煙熏戒香送法雲云々　禾
乗功徳而向西方不侮雲背於第洞攀善根而登上品自開
月□於蓮台
三魄離苦争蓮台於浄刹九魂捨骸構花閣於雲上云々
東岱新旧魂魄登霞之空月満北芒前後幽霊遊水之波
蓮鮮云々
燋燃大燋燃焔変宝池紅蓮大紅蓮氷□　□之類」（58ウ）
忌飢餓於道味卌億□（種）之輩除残害於□　□
変宝花三熱猛炎雲灑法水　云々

宝治元五月廿八日書之戌時許【花押】」（裏表紙見返）

（中川真弓・仁木夏実）

花鳥集

乗深房

幸祐之

寂盛」（表紙）

辻坊」（表紙見返）

花鳥集

花鳥集

第一発心

定頗梨ノ鏡ニハ浮二フ善悪一ヲ　因陀羅ノ札ニハ記二ス

罪ノ軽重一ヲ

　悪業之人難レシ出煩悩一ヲ　善業之類ハ易シ入菩提一ニ

木叉ノ桂カツラニハ生シ一乗之月一ヲ　尸羅ノ蓮スハ開ク三密ノ水ニ

　持戒之身必昇リ仏位一ニ　破戒之体定沈二ム無間一ニ」（1オ）

沃掌テクシヤウ石ハ堪タヘタリ二呑二万流一ヲ　如意珠ハ妙ヘニソ吐ハク二七宝一ヲ

五蘊焦石無レ飽（アクコト）二衆具一ヲ　四徳宝珠ハ不レ乏カラ二聖財一ニ
樹枯レヌレハ安ムル二翼（ツハサヲ）一無便リ　淵煌（ハレヌレハ）魚駐（トヽムル・マル）有リレ患（ナケキ）一
仏樹枝枯レテ生身失フレ便一ヲ　法水流澆（カワキヌレハ・ツキテ）恵命難レ続一キ
浮波（ニ）一蓮花ハ無シレ沈コト底　戯フル、風一木葉ハ不レ帰（ス）ラ枝一ニ
善根之人ハ離二煩悩ノ底一ヲ　悪業之者ハ無レ到ルコト二菩提一ニ
岸風吹（フケハ）レ海一ヲ奥（ヲキ）不寂（スシツカナラ）一　鏡ニ眉（マユ）浮メハ空ノ月不遠（ス）一カラ」（1ウ）
身ニ作二レハ悪業一ヲ地獄加レフ迫一ヲ　心ニ凝（コラセハ）観行一ヲ仏果不遠一
砂（コ）ヲ名テ金一ト而少（コシ）放レ光一ヲ　石号レテ玉一ト而希（マレニ）為ス財一ト
不信之人ハ仏果甚タ遐（トヲシ）　懈怠者ハ菩提然阻（ヘタテタリキ）
氷与レ波一色同ク名異ナリ　月与桂一異ニシテ影一ナリ
人体雖レモ同シト善悪人異也　善悪雖モ異一成仏惟レ同シ
経滑（ケイキ）河半ハ濁リ半ハ清　薫蘭草（スメリクンラン）ハ一ハ苦（ニカク）一ハ芳ハシ（アマシ）
衆生界ノ中チニ善悪ノ人分タリ　有情類ノ間ニ浄穢性異ナリ」（2オ）
恒河砂ハ更ニ不交ヘ金一ヲ　麗水ノ金又不レ交ヘ沙一ヲ
悪業之世ハ無発二コト道心一ヲ　善根之人ハ更匪（ス）レ作（ツクラ）レ罪一ヲ
随テ月一ニ桂ラハ衰栄（キヤウシ）　遂レテ風一ニ波ミ去来アリ
受生昇沈ハ仗リ戒ノ持毀一ニ　見仏ノ有無ハ任二タリ乗ノ緩（クワン）急一ニ
少鐘響キハ匪（アラス）レ天ニ　薄炬（ハクコ）光不厚一ラ

少声ノ念仏ハ不見大仏一ヲ　徴(テウ)心ノ作善ハ弗(ス)レ邇(チカツカ)二　深位一ニ
峯ノ松ハ若シテ無シレ老一コト　谷ノ巌ハ臥テ不起一
善根之人ハ鳥瑟ノ頭ヘ緑(ミトリナリ)　悪業之徒(トモカラハ)　罪障ノ体タ重(ヲモシ)」（2ウ）
向二テ空ノ明一ニ月上　指(サシテ)滄海一ヲ流下タリ
善根之翅(ハネハカケリ)翔　畢竟ノ空一ニ　悪業之漪浠(キハイタル)　無間海一ニ
石ノ船ハ不レ浮二水一ニ　木ノ馬ハ弗(ス)レ歩レ陸(ユマクカニ)一
期(コスレハ)於往生一ヲ　作(ノシテ)レ悪一ヲ難レシ届(イタリ)
望メハ於仏果一ヲ　犯罪易(ヤスシヘタテ)隔一

第二観心

花ハ可レ求二枝与露ノ中一ニ　月ハ可レ待(マツ)二池与(トノ)波一間一ニ
煩悩ノ露ノ中ニ生二シ菩提花一ヲ　悪業ノ波(ナミノ)上ニ浮仏果ノ月一ヲ」（3オ）
雲ハ隠トモ月一猶出テ　波ハ埋レメトモ蓮一ヲ亦浮フ
輪廻ノ雲ハ走(ハシレトモ)　法性ノ月ハ明ナリ
流転ノ波ハ起(タツトモ)　真如ノ蓮ハ鮮(アサヤカナリ)
池ハ一トモ蓮ノ茎ハ万(ヨロツナリ)　苑(ソノ)ハ同トモ華ノ色ハ異ナリ
一心ノ池ニハ生二ス万徳蓮一ヲ　合掌之苑(ソノニハ)　開二ク三身花一ヲ
月ノ満虧(ミチカケハ)有レ空(ソコニ)(ソラニカ)一　水ノ清濁(スミリ)ハ無定(サタマ)一リ
三身之月満虧青天ニ

四徳之水ハ澄二濁心地一

石灰(タム)ハ研(ミカキ)二鷹鏡一ヲ　金沙穿二ツ水精一ヲ」（3ウ）

機縁時(キ)至リテ　磨(ミカキ)三身ノ鏡一ヲ

咸応道交シテ　瑩二ク四徳ノ□一ヲ

財ハ求二ヨ金剛山一ニ　薬ハ尋ヨ忍辱ノ草一ヲ

三身之財ハ　求ヨ妙覚ノ山一ニ

四智之薬ハ　尋二法雲地一ニ

如意珠ハ鳥ノ肝　醍醐味ハ牛脳(ナツキ)

仏性之珠ハ　有リ衆生ノ胸一ニ

妙法之味ハ　処ス有性ノ心一ニ」（4オ）

玉ノ容(スカタハ)　九天ノ星シ　揚ノ眉ハ三日ノ月

定恵之星ハ　現二ス発心ノ虚一ニ

尸羅之月ハ　出二ス修行ノ雲一ニ

苑ノ花ハ得テレ露ヲ開ク　樹ノ葉ハ得テ露一ヲ彫(シホム)

仏性之花ハ　開二知識ノ露一ニ

菩提之葉ハ　彫二ム煩悩ノ霜一ニ

花開レハ露廼(スナハチ)落(ヲツ)　雨降レハ雲亦散ス

善業之花開レハ悪業之露落ツ

正見之雨降レハ邪見ノ之雲散ス」一（4ウ）

鳥ノ肝ハ変二シキ龍ノ玉一ト　人ノ眼ハ成ル空ノ月一ト

煩悩ノ之肝ハ反二菩提玉一ト　生死之眼ハ成涅槃ノ月一ト

月ノ光リ明シテ沙金(コ)ナリ　蓮花鮮シテ水紅ナリ

智恵ノ光明ハ　照悪業ノ暗一ヲ

尸羅ノ蓮ス鮮ラ　払フ罪障ノ塵一ヲ

酌(クム)流一ヲ者討(タツネ)源一ヲ　折花一ヲ人ハ惜ム種一ネヲ

預テ法性ノ流一ニ　悟一リ仏陀ノ慈一ヲ

攀(ヨチ)テ心樹ノ花一ヲ　彰(アラハス)性徳ノ胤一ヲ

破ハ巌(イワヲ)一ヲ金剛ノ槌　阡(トクハ)凍一リヲ日輪ノ光リ」（5オ）

破無明ノ巌一ヲ智恵力

阡ハ煩悩ノ凍ヲ菩提之光リ

鏡ノ中ニ不レ陰レ像一チ　花ノ間ニ無レ惜レ勾(コトニホイヲ)一

大円鏡ノ上ニ浮ヘ那落ノ影一ヲ

心樹花ノ中ニ現二ス仏世尊一ヲ

第三善業

山高トモ玉ノ葉ハ越テ頂一ヲ行一ク　海深(レトモ)　金ノ沙ハ践テ底一ヲ立

微心之勤ハ越煩悩山一ヲ

少善之身ハ浮悪業海ニ」（5ウ）
伽レ枝ニ露内外ノ白玉 開ル苑ニ花ハ表裏黄金ナリ
写経ノ一字ヲ 招ニ瓔珞ノ荘一
顕仏種相一 得ニ黄金膚一ヘヲ
香花号ニシ薝蔔優曇一ヲ 宝玉ハ称ス摩尼如意一ト
衆生ノ中ニハ 善人為本一ト
善人ノ中ニハ 信者為勝一ト
栴檀ハ枯トモ名誉猶ヲ芳ハシ 摩尼ハ破後直尚重
雖不信人一功徳薫身ニ」（6オ）
雖破戒ノ者ト戒力無失一
鴛鴦ハ阻波ヲ有浮期一 蘭菊ハ異籬ヲ同ニ開ル時一
結レ契一不レ誤一生ス一仏土ニ 宿縁不朽ス成レハ同仏名一ト
宿ル草ニ露ハ相ヒ似タリ珠玉ニ 浮池一氷ハ応言ニ月鏡一ト
勤善根ヲ人ハ成仏不久一
携仏法ニ輩ハ豈異如来ニ
降ル空雨ハ宜増水ノ蓋ヲ 吹海ニ風ハ堪レ織ニ波文ヲ」（6ウ）
有善性一人ハ易催功徳一
修功徳一者ハ疾得菩提ヲ

千年ノ氷ハ成二水精ノ珠一ト　万劫ノ卵(カイコハ)　成金翅鳥一ト

流伝之身モ値(チ)二過(クシ)一乗一　結縁之劫可備三身一ヲ

離雲一ヲ不レ覔レメ雨一ヲ　避(ハナレテ)レ池一不尋蓮一ヲ

叶二フ仏位一ニ計コト無レ離(コト)二　道心一ヲ

取菩提一ヲ芸(ヲキテ)　有レ勤二善根一ヲ

奥(ヲキノ)　波ハ泊(イソニ)　運塩一ヲ　峯ノ雲ハ谷ニ致(ス)レ雨一ヲ」（7オ）

雖後世計(コトアリト)一　善根ノ前ニ顕(ハル)

雖成世営一リト功用兼タリ現一ヲ

攀花一ニ袖テ湿(ヌル)　露(ニ)一　掘(トル)　炬(ヒヲ)一手照掌一ヲ

来レハ法会一ニ者得二後世ノ便一ヲ

酌(クム)功徳一人ハ招(ク)二将来之益一ヲ

収(ムル)　鏡一ヲ篋ハ待ツ期一ヲ　埋ム蓮一ヲ池ハ期レス夏一ヲ

瑩二テ大円鏡一ヲ待二発心ノ初一ヲ

開テ心ノ蓮台一ヲ期二仏道ノ終一ヲ」（7ウ）

山高トモ不レ厭塵一ヲ　海深トモ無レ嫌露一ヲ

一念之善ハ必納ム霊(リヤウ)　山一　発心之勤(ノ)ハ空ク帰二ス仏海一ニ

塵上テ山ノ頂高シ　露下テ淵底深シ

善根塵積(テ)　菩提山高シ　功徳露添(ソウテ)　仏果底(ソコ)深シ

月出ヌレハ星ノ光少シ　灯挑ツレハ蛍火暗シ
　得紫磨ノ粧一ヲ　天人威滅ス
　備テ瑠璃ノ膚一ヲ　輪王ノ勢軽シ」（8オ）
明ナル光リハ出ツ玉ノ門一ヨリ　香シキ風ハ通二ス花道一ニ
　営ム二仏法一ヲ人ハ招往生ノ果一ヲ　期菩提一ヲ輩ハ待仏果ノ迎一ヲ
篋ノ中ニ有白玉キタマ一本是荊山玉ナリ
道場崇ル像ハ　極楽ノ能化
　供養ノ人往生二ス九品一ニ
倉ノ内ニ有黄金一源ト則麗水ノ金ナリ
宝台ニ置ク経ハ霊山所説
尊重之輩ラ彰顕二三輪一ヲ」（8ウ）
月ノ光ハ照二シ晴ノ庭一ヲ　苑ノ色ハ荘二レリ錦ノ池一ヲ
　造二仏身像一ヲ　亦書二ク経巻一ヲ
　写経ノ功徳　重テ行一ヲ且ツ度ス
谷ノ風ハ払二ヒ峯ノ雲一ヲ　奥ヲキノ波ハ洗スヽク泊イソノ沙コヲ一
　以一心ノ善一ヲ　除ク二辺業一ヲ
　以無二勤一ヲ　滅ス恒沙罪一ヲ
玉ハ仗テ研一ニ倍レシ光一リヲ　鏡ハ随テ磨一浮フ像一ヲ」（9オ）

善根作励一ヲ　如来前ニ現ス
功徳ハ尽レハ志一ヲ　世尊眼ニ見ユ

第四悪業

種不レハ殖春ノ花無レ開一コト　雲不レハレ晴一秋月不明一
不勤善根一ヲ　何ナンソ開覚花一ヲ
不修功徳一ヲ　豈備仏果一ヲ
池氷鏡レトモ不為簞ノ財一ト　空雪花レトモ無レ結二枝菓一」（9ウ）
簞中燿鏡クトモ非大円鏡一ニ　身上倫ヘニレトモ栄一ヲ無レ結二仏果一ヲ
非レハ露二無開花一ヲ　非霜二無染コト葉一ヲ
不順知識一ニ　無離穢土一ヲ
不覔経巻一ヲ　無到コト浄土一ニ
雲不レハ晴一月隠カクレ　氷不解水失ウ
不厭生死一ヲ　難証涅槃一ヲ
不除ノソカ煩悩一ヲ　叵レ得二菩提一ヲ
無水一蓮不生一　無桂一月難満一チ」（10オ）
無菩提之水一　交悪業泥一ニ
無功徳之桂一　暗シ法性ノ月一
月納桂ノ蔭薄シ　蓮頂ケハ花ノ蕊湿スイウルフ

「納」の左に傍点を付し、欄眉に「綢イ」とある。

善根身少ハ　薄仏果ノ縁一
菩提心浅ケレハ　湿フ煩悩ノ水ニ
花色不染メ眼ヲ一　灯光不握レトラ手ニ
染ムレハ二心ニ栄花ヲ一　弗見ル仏ニ謀コト一
照セハ身ノ威勢ヲ一　匪アラス聞法便リニ一」（10ウ）
谷ニ朽ル木変シト蛍一　淵ニ濁ル水ッ成ル紅一ト
趺下ノ死虫ハ　返ル将来ノ仇一アタト
心中念栄エイハ　成後世ノ障一リト
風寒シテ木葉散ス　霜下ハ梧桐枯ル
心作悪業ヲ一　散ス六情ノ衢ニ一
身招罪業ヲ一　迯タシナム三途ノ郷ニ一

第五経教

虎ノ風ハ調韻ヲ一松ノ控ヒク琴ヲ一
龍ノ雨搓ニ糸ヲ一擂タル二綸□テノ綾ヲ一」（11オ）
円乗ノ玄風ハ泊ヒロク扇ク法界ニ一
書写ノ法雨普ク灑ニク大会ニ一
崐崘山ニハ以レ玉為石一ト　麗水ノ河ニハ以金ニヲ為沙一ト
善根之山ハ拾ヒ仏乗ノ玉ヲ一　功徳之河ハ取妙法ノ金ヲ一

堅固林ノ花ハ風ニ無落一コト　忍辱池ノ草ハ霜ニ無枯一コト

念仏之功徳ハ染心二ニ不損一スルコト　聞法之善根ハ薫身一無失一コト

散ハ峯ニ黄葉一ヲ谷ニ敷錦一ヲ　起ハ奥ニ白波一伯イソニ帖ム文一ヲ

仗一人ノ善一ニ得往生ノ便一ヲ　如二知識綱一ヲキテヲ決定菩提一レハ

知レハカ

第六知識」（11ウ）

一樹開千花一ヲ　四海抜ヲサム万流一ヲ

一人功徳多人ニ結縁一ヲ

檀那善根　諸衆成仏ス

宿二テ月池一ニ底明シ　帯二シテ風林一ニ蔭涼スヽシ

催二シテ他功徳一利益遍ク自一ニ　勧人善根一ヲ他功帰レ己一レニ

欽ナケタレト煙一玉ノ光リ焼ケ　无花一香烟芳シ

雖不拊仏有助成馮　雖不写経作蹄仗嘉

第七輪廻」（12オ）

転空一ニ月ノ車ハ度ル海一ヲ船ネ　分雲星輿ホシノコシハ浮浪一筏タ

到三途一ニ日ハ罪人ノ形　来人天一ニ時ハ善根之質ミナリ

入西一ニ月ハ出東一ニ　還北一ニ雁ハ来南一ニ

六趣仗身譬如月輪一ノ　三有果報ハ家似リ鳥翔一ニ

旋ル峯一ニ雲ハ連ル足(フモトニ)一　沈ム奥一ニ鳥ハ浮フ泊二ニ」（12ウ）
　没(イル)二天上人ハ去ル二於地獄一ニ　作那落一ヲ輩ハ来二於人天(ニ)一
月走(レトモ)　空一ニ無跡一　風樹無翼一サ
　走(トモ)　輪廻郷(ニ)一無仏道跡　扇生死郷一ヲ無発心翼一ネ

第八無常

隠雲一ニ月ハ不覿(ミ)其光一ヲ　顕鏡一ニ像ハ不交其語(ノ)一ヲ
　伴(レハ)　青天霞一ニ不見貴容(キ)一ヲモ　蛍黄地訪一無聞(コト)芳談(ヲ)二」（13オ）
別ノ雲浮テ峯一ニ涙(タノ)　雨降(フル)　悲風吹谷一愁(ニ)ノ烟(ホノヲ)　起ル
二眼之涙流テ眉ニ成淵一ト　一身之觴(ウシニ)　焼肝(ヲ)一倍ス炎(ヲ)一
雲路斜(ニナヽメニ)　月車亦迴　漢河ハ駿(ハヤケレトモ)　星(ノ)筏ハ急ニ渡ル
　浮雲不定一　誰期千年
世間無常　焉募(ツノラム)　万歳一ヲ
遊フ雲一ニ鶴ハ恨二満テ缺(カクル)　月一ヲ
宿林一ニ鳥ハ惜二ム栄テ衰(シホム)　花一ヲ」（13ウ）
　遊慈悲ノ懐　遥ニ得生長一ヲ
　迴二(シテ)　照憚ノ眸(マナシリヲ)一　何不惜(ソサン)別(マ)一ヲ
涙水流二憂(レ)陀羅河(ト)一　骨(ノ)薪(キ)積(ル)二毘富羅山一ト
　惜レ別一ヲ之涙ハ譬(ヘハ)　如湛(タヽヘタルカ)レ　淵一ヲ

捨野一ニ之骸(カハネハ)　宛モ似重山一ニ
娑婆人水沫難駐(シトヽマリ)　閻浮命焼光鳥競(キヲ□□)一
諸法無常取譬ヲ応知二」（14オ）
世間不定以例不解
恋ノ炎　焼(ヲハヤキ)肝肉一ヲ　涙ノ潭(フチハタ□ス)　漲(ミナキル)　眼中一
伴青天ノ煙為二焦(コカス)レ胸ヲ因一ヲ
流黄泉術(ナカレニ)一　作二咽(ムセフ)レ心ヲ縁一ヲ
月隠レハ桂モ共ニ失シテ　草落ヌ□□葉同散
世尊滅度ハ仏弟子隠レ
如来涅槃ハ賢聖衆滅ス
過林風悤(トク)往ク捨池早隠ル
年齢稍傾□(セム)崅(アヘキ)　気早止」（14ウ）
運命更尽老体死陰
流駛(ハヤケレトモ)(ハ)　沙不居(シツカナラ)一　月行ハ桂モ無唱(ヤスキ)一
無常ノ責(メ)駛シテ移二ル黄泉一ニ
浮雲命浪去於他界
月眉不眄眼一　鏡ノ友(トモ)　不交談(カタライヲ)一
離二タル眼前一ヲ人永不見形一ヲ

浮フ二他界ニ一者再(ヒ)不交語ヲ一

降峯ニ一雨至(ル)谷ニ一　立ツ奥ニ一波来ル伯(イソニ)二」（15オ）

見テ二他老耄ヲ一　悟ヘシ二自(ラ)衰老ヲ一

以テ年齢傾ヲ一　知余ノ命促(ツヽマル)一

愛(モ)花ヲ一人ハ営苑ヲ一　好鏡ヲ一徒ハ惜ム篚ヲ

年語之者　恋フ於其主ヲ一

交語之者　慕フ於其友ヲ一

未ニ開ル花ハ散シ本トニ一　峯ニ吹ク音ヘ答谷一

受ル生ヲ之者　必ス帰ス死道ニ一

告シレ別ヲ一之人　定順ニ別ノ旅ニ二」（15ウ）

樹ノ蔭(カケハ)　期シ千年ヲ一　泉ノ水募(ツノル)　万劫ヲ一

娑婆之契　須臾間ニ戒

人界之會(ムツヒ)　刹那程敗

眉間ニ係ケ珂月ヲ一　口辺ニ布頻婆ヲ一

婋娟(カンケンノ)　之唇ハ眼閉レハ伴露ニ一

絳骸(カウコハ)之頬(スカタ)　気上レリ交座ニ一

三荊嗟(ケイナケキイタル)　臻身ニ一　四鳥ノ悲砕ク心ヲ一

呂尚甫齢ヒ類シ大霊煙ニ二」（16オ）

園司徒粧（エンシトカ）ヲヒ　痛（イタミ）ニ遷他別一ヲ
金陵帝主州紅布伴麗地一ニ
薦山薬難治死一ヲ請苦一ヲ
尋菊檀芳不去老憂
朝伴ニ青天霞一ニ　暮蹄黄泉流一ニ
世栄不久　誰人留心一ヲ
運命易尽　何者遁之一ヲ
山吹ク　千年風一ヲ　海ハ響カス万歳ノ浪一ヲ
募（ツノレトモ）　齢ヲ松柏一ニ　伴フ邪吹ノ風一ニ」（16ウ）
期トモ命亀鶴一ニ　順フ磨滅ノ流一ニ
長契リ結ヒ二松竹一ニ　久斉（キムツヒツノル）募　鏡玉一
草菴ニ閉眼一ヲ捨テ野一ニ逃遷（ニケサル）　胸間気止ニ送テ塚一早還ル
第九時節
九山紅同染レメ錦一　三五ノ月円ニシテ　鐲（ミカケル）　鏡
白花競テ時一ヲ　山林荘ル艶一ロヲ　艶イロヲ
恒（クワンコ）娥和光一ヲ　大応払フ暗一ヲ
森々タル柳キ随テ風一ニ始ム舞一ヲ　欝々タル松遂テ吹一ニ調フ琴一ヲ
天地和合シテ盛応道交ス」（17オ）

諸会荘厳　不レ調ルニ自然ナリ
瀧口流テ水一洗ヒ苔鬢一ヲ　樹斯求風梳ケツル　柳髪一ヲ
時盛奇枯シテ現明王城一ヲ　処加荘厳一招大会儀一
第十利益
行コトハ雲路一ヲ不過二日月一ニ　狎ナルヽコトハ波道一ヲ不及魚龍一ニ
引コトハ於仏道一ヲ　弥陀ノ誓ヒ勝レ
浮於苦海一ニ　観音助ケ妙ナリ
晴天ノ明月無隠　光コト一ヲ　芳地ノ栴檀ハ有レ送リ　穆ヲクルコトカホリヲ一
弥陀ノ誓願ハ速ニ兼ヌ法界一ヲ」（17ウ）
観音ノ慈悲遐トヲク　取二十方一ヲ
朝日遅々シテ光リ烏岳ノヲカ一　暮月光々シテ係カヽル二兎峯一ニ
観音ノ利益誘コシラフ　悪業ノ衆ヲ
勢至悲願ハ導煩悩ノ強一ヲ
桂不離月一ヲ如シ〓ヒトノ影一ノ　蓮不去水一ヲ似篋ノ鏡一ニ
菩薩不断不離如来一ヲ
引接無惓ウムコト一　不去衆生一ヲ
風〓雲一ヲ〓キタル山一ニ　水運テ流一ヲ添海一ヲ
弥陀慈雲聳ソビキ　三有山二ニ」（18オ）

「斯」の左に傍点を付し、欄眉に「頓トンカ」とある。

（以下二丁欠）

華鳥集畢

永和弐年丙辰正月廿七日書写了

於但州出石郡曼陀羅寺辻坊東部屋如斯

主寂盛」（18ウ）

（後藤昭雄）

解題

第二巻「因縁・教化」概要

本書『天野山金剛寺善本叢刊』第二巻は、天野山金剛寺所蔵の聖教類善本の中から、教化・因縁に関連する書物を集めて、影印、翻刻、解題を付し、広く学術的な供覧に資せんとするものである。収録書目は『教児伝』（三七函三九番）、『天台伝南岳心要』（三七函三五番）、『聖徳太子伝記』（四三函一六番）、〔佚名孝養説話集〕（六函三一番）、〔左近兵衛子女高野往生物語〕（三九函五六番）、〔無名仏教摘句抄〕（一一函一〇四番）、『花鳥集』（三七函一七番）の七点である。いずれも仏教の唱導に関わる文献である。後述するように、その内容を概観すれば、説話的資料、中古天台関係資料、作文に関する要句集という、三つの分野に相渉る。こうした仏教的言説に関わる文献は、古代・中世文学の基盤をなす重要な沃土として、ここ半世紀の研究史が発掘・開拓し、めざましい成果を挙げてきたジャンルである。その結果、日本古典文学総体のスキームとパラダイムが決定的に転換したことも、すでに常識に属する。

本書にも、新資料や全文公開が初めてとなるテクストが含まれる。この刊行を契機として多面的な読解が進めば、さらに新たな文学世界を切り開き解明する契機となることが期待される。

以下、簡単に、それぞれの概略を記しておく。

【1】教児伝

中世仏伝資料である。後藤昭雄「教児伝――一天台僧の書いた仏伝」（新井栄蔵・渡辺貞麿・寺川真知夫編『叡山の和歌と説話』世界思想社、一九九一年）で初めて紹介され、その概要と特徴が論じられた新出資料である。全巻にわたる影印・翻刻は今回が初めてである。書誌的事項と内容、また特色については後掲の個別解題で詳述するが、金剛寺僧圓尒写本である本資料には、天台への関心が窺われ、また外典や禅語などへの言及が付記される。金剛寺学僧の活動の一面を垣間見る上でも重要な資料である。

【2】天台伝南岳心要

はやく日本思想大系『天台本覚論』（岩波書店、一九七三年）に、参考資料として翻刻が付される。南岳大師慧思の口伝を伝えるものとして伝承されてきた書物であるが、その内容は『摩訶止観』の抜粋「合成」を主とするものである（池田魯参「抄略文からみた『天台南岳心要』」（『駒澤大学仏教学部論集』二八号、一九九七年十月など）。金剛寺本は、奥書に、河内国法明寺の覚遍による「正安元年（一二九九）五月十二日」という書写の行為と年時が明示されている。これまで古写本として知られていた称名寺蔵金沢文庫保管本を上回る、もっとも古い写本であり、この書の流布の拡がりにも示唆的である。また金剛寺本には、他本にはない「依止観略類集」という注記があり、本書の内実と成立の考究にも最重要な視点を提供する伝本である。本資料は、後藤昭雄「『天台伝南岳心要』付（翻刻）」『天台伝南岳心要』金剛寺本」（吉原浩人・王勇編『海を渡る天台文化』勉誠出版、二〇〇八年）によって、初めて紹介と分析がなされたものである。なお、本資料の後半部分には『坐禅用心』が書かれている。本巻では『天台伝南岳心要』の研究として解題を付すが、金剛寺本の全体を示すために、影印と翻刻については『坐禅用心』を含む全文を掲載した。

【3】聖徳太子伝記

従来は『聖徳太子伝宝物集』という名のもとに分類されてきた聖徳太子伝の一本であるが、独自本文も多く、中世太子伝の考察上、重要な要素を有する。零本一冊。藤原猶雪編『聖徳太子全集』第三巻（太子伝下）（龍吟社、一九四二年、臨川書店復刻、一九八八年）に翻刻がある。阿部隆一「室町以前成立聖徳太子伝記類書誌」（慶應義塾大学附属研究所斯道文庫編『阿部隆一遺稿集　第三巻　解題篇二』汲古書院、一九八五年、同編『中世聖徳太子伝集成』巻二巻真名本下「解題」に関連部分補訂版、勉誠出版、二〇〇五年）は鎌倉期写本としつつも、原本未見、大倉精神文化研究所に影写本ありとして記述する。本叢刊では南北朝期写とみなすのが穏当と考え、解題を誌した。

【4】佚名孝養説話集

全体像は不明だが、残欠本として伝来した中世期以前の説話集で、現存部は、特異な孝子の前生譚を採録する。その出典には日本選述の偽経も想定され、中世説話の生成環境の解明にも資するところが大きい。箕浦尚美「偽経と説話――金剛寺蔵佚名孝養説話集をめぐって――」（『説話文学研究』四四号、二〇〇九年）、同「金剛寺蔵〈佚名孝養説話集抄〉翻刻」（『伝承文学研究』五八号、二〇〇九年）など参照。

【5】左近兵衛子女高野往生物語

首尾欠の断簡だが、新出の説話資料である。高野山に出家・遁世した父と、その子女との再会そして往生を記す内容から、仮に題号を付した。文体に語りの面影を残し、中世の語り物や御伽草子と相通じる世界を有する。和文の説話資料が少ない金剛寺経蔵の中で、重要な意味を持つ小品であると考えられる。新資料のため、その要諦は本書解題に就かれたい。

【6】無名仏教摘句抄

後藤昭雄によって発見され、研究が進められた佚名の仏教要句集である。奥書（裏表紙見返）に宝治元年（一二四七）の記述があり、鎌倉中期の古写本である。平安朝の漢文学研究に資する逸文も含まれる。後藤「〈無名仏教摘句抄〉について」（『平安朝漢文文献の研究』吉川弘文館、一九九三年所収）参照。

【7】花鳥集

山岸徳平によって存在が指摘された、唱導関係の要句集である。十一世紀成立とおぼしい白居易仮託の『仲文章』という教訓書（幼学の会『諸本集成仲文章注解』勉誠社、一九九三年）の初期受容例としても注目される。今日までの研究状況については、後藤昭雄『本朝漢詩文資料論』Ⅱ「『花鳥集』金剛寺蔵『花鳥集』翻刻」（勉誠出版、二〇一二年）に詳述される。

こうしてこの第二巻は、金剛寺聖教類のうち、大きく分けて三種類ほどの書物を収録していることになる。一つには説話的資料で、仏伝（『教児伝』）、聖徳太子伝（『聖徳太子伝記』）といった伝記類、偽経を受容して特異な前生譚を記述する古説話集（「佚名孝養説話集」）、新出の説話資料（「左近兵衛子女高野往生物語」）が相当する。二つには中古天台関係資料（『天台伝南岳心要』）。三には、願文や表白を中心とする、作文に関する要句集（『無名仏教摘句抄』『花鳥集』）である。

また右の分類とは別に、本巻所収資料が提起する問題は、天台系資料の所在である。金剛寺には『円珍和尚伝』（本叢刊第一巻所収）や『捌釈』（本叢刊第四巻所収予定）などという、伝記や注釈など、天台に関わる善本を他にも所蔵する。だが、とりわけ本巻所収の『天台伝南岳心要』は、中古天台の古写資料であると同時に、『坐禅用心』という禅関係資料が附載されて写されていることに注目される。というのは、本巻で解題を誌す『教児伝』も、金剛寺無量寿院の僧である圓尒の書写手沢のものでありながら、天台の視点から記述された仏伝であり、しかもその末尾には、やはり禅宗と関わる唐音の用語集が付されている。『教児伝』の場合は、そのいずれも初学に資するものであるが、興味深いのはその時代性である。『坐禅用心』を付す金剛寺本『天台伝南岳心要』が写された十三世紀末年から、『教児伝』成立の下限である十四世紀後半という時間軸は、あたかも、東福寺開山円爾の教説を標的にして、天台側から、密教も含めた旧仏教としての禅宗批判を展開する、光宗（一二七六—一三五〇）編『渓嵐拾葉集』巻九「禅宗教家同異事」を挟み込む。そのことには、相応に思想史的な問題が潜在する可能性もあるだろう。

このように、本巻によって、個別の史料論とともに、文学や思想の面から、天野山金剛寺という寺院が保有する仏教文化の拡がりの一端を実感してもらえることと思う。個別の文献に関する、研究状況や書物としての内容の詳細は、各篇の解題を参照されたい。

（荒木　浩）

教児伝

本書『教児伝』(三七函三九番)は、その名の通り、幼童に仏教を教え知らせる書物である。その教うべき内容は、仏教の根幹としての釈迦如来の伝記である。伝本は今日、金剛寺本と公益財団法人阪本龍門文庫所蔵本の二本が知られている。書写年代は、応永九年(一四〇二)の奥書を有する龍門文庫本が先んじており、応永二十八年書写の金剛寺本は、それより二十年近く遅れる写本である。しかし金剛寺本には、永徳三年(一三八三)に写されたことを示す本奥書があり、『教児伝』成立の下限が知られる点に大きな意義がある。

というのは、この年時が明記されることで、『教児伝』は、日本でまとめられた中世期以前の単行の仏伝資料として、現在知られるところでは最古のもの、ということになるからである。それは、近年、真福寺や片岡山華蔵寺の伝本が相次いで紹介された『釈迦如来八相次第』という仏伝に関する研究によって、あらためて確認された。すなわち湯谷祐三は、『釈迦如来八相次第』華蔵寺本の「本奥書には康応元年(一三八九)の年号を有し」、「一貫して叙述された仏伝としては、金剛寺蔵『教児伝』と並び、現在伝残する最古のものと考えられる」(湯谷祐三「華蔵寺蔵『釈迦如来八相次第』解題――日本中世説話文学と仏伝資料――」『真福寺善本叢刊 中世仏伝集』臨川書店、二〇〇一年所収)と、日本中世の仏伝史を考察するのである。

一　金剛寺本『教児伝』書誌

『教児伝』という書の内容と意義については、本巻概要に先述したごとく、後藤昭雄「教児伝――一天台僧の書いた仏伝」（『叡山の和歌と説話』世界思想社、一九九一年）に要を得た解説がある。できるだけ重複は避けて記述しているが、本稿総体も、後藤論文に多くを負っている。

法量は、現在の測定では、縦二四・四cm、横一六・二cm。写本一冊。表紙中央上に「教兒傳」、右下に「圓尒之」と手沢を示す直書きがある。装丁は袋綴で、紙縒による仮綴である。表紙は本文共紙。本文全二十一丁。見返から初丁の見開きに朱で「天野山／金剛寺」（／は改行を示す）の割り印がある。

内題も「教兒傳」である。『天野行宮金剛寺古記』（一九三五年）は、「第三　其他経疏秘鈔類奥書等」に、

七二　教兒傳　（一五八頁）

本云

永徳三年癸亥十月廿九日、於悲田院、令書写了　慈照之判

応永廿八年辛丑八月廿八日、於無量寿院、令書写了　金剛寺圓尒之

と誌し、頭注に悲田院、慈照、圓尒を掲げている。悲田院は当時、安居院泉涌寺の末寺であった。慈照についてはは詳細をつまびらかにしないが、伝来は明確である。永徳三年（一三八三）が『教児伝』成立の下限を示す本奥書であり、金剛寺本は、書写識語のとおり、応永二十八年（一四二一）、金剛寺の塔頭無量寿院の圓尒の書写にか

かる。

金剛寺聖教類の識語・奥書等によれば、圓尒には、少なくとも明徳二年（一三九一）～文安二年（一四四五）に及ぶ書写や伝授活動が知られる。圓尒書写の聖教からは、その師資相承が確認できる。二六函五九八番の佚名聖教には、建徳二年（一三七一）照海→康応元年（一三八九）快恵→明徳四年（一三九三）圓尒の相伝が記される。その他にも、九函一四番の〔伝法灌頂作法〕では、文中二年（一三七三）覚什→文中三年快恵→明徳四年圓尒の相伝がある。年次不明の一六函一五二番『血脈〈壺坂伝〉』にも、快恵→圓尒の相伝がある。

一方、圓尒からの伝授としては、三三函五二番『印信〈許可／中院〉』、三三函六六番『金剛王院秘密灌頂』、三七函一〇三番『大転法輪印信』、三七函一〇四番『高野中院印信〈根来五坊〉中院流』、三七函一二〇函『高野中院流血脈〈五坊〉』では、永享四年（一四三二）に圓尒→舜恵の伝授が誌される。四三函二六番『三代別記大御　二ー内』は、応永七年（一四〇〇）快賢写であるが、文安二年の圓尒の追記がある。現在判明する圓尒のもっとも最後の記録である。三七函一〇七番『金剛王院灌頂印信　伝法許可灌頂印信』には、同じ永享四年、快賢→圓尒→舜恵の伝授が誌される。三七函一〇八、一〇九番の『孝賢法印初トノ灌頂』には、ともに文安元年（一四四四）、圓尒→孝賢の伝授があり、三七函一一一番〔伝法八印〕（印信）では、同じ文安元年に圓尒→覚祐の伝授がある。そして、後代のものであるが、文明十二年（一四八〇）興誉写の『後夜念誦作法』（三九函一一六番）には、良殿→禅恵→圓尒→舜恵→頼乗→興誉という系譜が見えるのは興味深い。禅恵からの直授が記されるからである。なお四八函八四番の『御血脈』は圓尒までを記し留める。

『教児伝』に近接する圓尒の書写活動としては、応永二十九年（一四二二）の『重深抄』（三七函二六番）、応永三十四年（一四二七）の『秘鈔伝受注文』（二函三二番）などが残る。まとまった本の書写としては、無量寿院において『大疏竪横新抄』を永享七年（一四三五）から永享九年にかけて書写している。いずれにせよ、現存する書写活動の殆どは、印信や灌頂など伝授関係を中心とする、真言密教の教学に関する文献である。その中で『教児伝』という書物の書写は目を引いて特異である。

また本文の後、同筆で天台山の別名のメモがあり、「法明抄」、「楞伽経」、「帝範」、「雪賦」、「老子経」、「文選」などの名を挙げた抄出があった後、禅語に関する唐音の注記（付声点）がある。なお、裏表紙見返には、別筆で「無常之句云」として四言四句の引用書き付けがある。この書が幼童向けの仏伝を記し、天台への関心を示して、外典や禅語などに言及するのは、金剛寺学僧の活動の一面を垣間見る上でも重要なものであろう。

二　『教児伝』の内容と意義

書名と同様、序文にも「少児の幼心を勧めんことを欲ふ」（後藤論文の訓読）と記され、その対象と方法とを明示する。そして序文には「一円宗」「台嶺」などの句があり、本書が天台僧の作物であることがわかる」（後藤論文）。室町物語『釈迦の本地』の伝本群などに集約される「中世仏伝」（その特徴については、黒部通善『日本仏伝文学の研究』和泉書院、一九八九年、『真福寺善本叢刊　中世仏伝集』小峯和明解題など参照）の先駆けである。

中世仏伝の常套として、本書も『仏本行集経』（本書では「仏本行経」などとして所引）を主要な根拠経典とし、『過去現在因果経』（本書では「因果経」として所引）他を参照して、可能な範囲で、幼童に示すべく偏頗のない記述が心がけられている。中世仏伝の古い姿を考察するための数少ない、そして現存最古の資料として、本書の持つ意味は大きい。たとえば重要な中世仏伝の一つ『釈迦如来八相次第』だが、その真福寺本は上巻のみの零本で奥書等はなく、華蔵寺本『釈迦如来八相次第』の書写は天文二十一年（一五五二）と降る。『教児伝』には、応永九年（一四〇二）、同二十八年という複数の古写本が備わる点でも、資料価値は高いであろう。

たとえば『教児伝』が捉える、釈迦出家前後の耶輸陀羅との関わりと羅睺羅懐妊、そしてその後の耶輸陀羅不貞疑惑の事情や釈迦・羅睺羅親子見あらわしの逸話などについて、説話文学的素材としても興味深い記述を含んでいる。このことについては、拙稿「出家譚と妻と子と――仏伝の日本化と中世説話の形象をめぐって――」（小峯和明編『東アジアの仏伝文学』（仮）、勉誠出版、二〇一七年刊行予定）において関連のことを記した。参照を乞いたい。

三　龍門文庫本との差異など

既述した如く、公益財団法人阪本龍門文庫に金剛寺本の書写をさかのぼる古写本が蔵せられる。後藤論文を参照しつつ、龍門文庫本の書誌を示しておく。

同本は、写本一冊。縦二〇・〇cm、横一四・一cm。袋綴。本文二八丁。毎半葉七行。表紙右肩に「教兒伝応永九年写」（題簽）、右下に「金資宥蔵」。帙のうらに「戒学院旧蔵なり」と墨書がある。奥書には、「応永九年〈壬丑〉三月十七日　バザラ（梵字、金剛）宥蔵／一交畢／奥州岩瀬郡保土原大賀入道崛内般若堂書写了　後見人々／御訪候者畏入候」とある。

両本の関係は、後藤論文に「龍門文庫本と金剛寺本とを比較してみると、それぞれに他本の誤写、誤脱を相補う箇所があり、また漢文体が崩れて、より和文化している所も相互に存するが、金剛寺本には大きな脱文が二箇所ある」。「なお、龍門文庫本には二箇所に異本注記があるが、それは金剛寺本とは一致しない。更なる別系統の本の存したことが推定される」と纏められている。その対校は、細かな表記の違いを拾うことになり、煩瑣になる面があるのをおそれて控え、以下、本稿の最後として、金剛寺本が有する大きな脱文と、比較的大きな本文異同のみを龍門文庫本によって注記しておく。なお耶輸陀羅の羅睺羅懐妊の場面をめぐって両本に存する興味深い微差の読解については、前掲拙稿「出家譚と妻と子と——仏伝の日本化と中世説話の形象をめぐって——」で分析した。

A　脱文1

金剛寺本では一五丁オ「…然趣テ鹿野苑一為五人一説給フ様汝等カ所学ノ法門ハ招生死之苦報一也先五見ト云身見辺見邪見々取戒禁取見ヲ好習也」という部分に続けて、龍門文庫本では、以下の長文が付される。区切りで最小限の改行を施して引用する。

一身見者大自在天云処常住目出処也思願彼也其佛説給様彼欲界第六天也
一万六千歳命尽堕三悪道也然身見不可好説経也
二辺見者此有二人断見人也執着無見也上六欲天下八大地獄外処無云也
又一人宣常見世間常住有無色界非想天八万劫久常住処也
計願彼也其佛非想天八万劫命終落那落迦也不可願之説給也是六十二見有之依煩不住之
三邪見者諸法無因無果我等無因無主又無母思也此佛人間持五戒生上依十善生色界修四禅定生無色界修四空定
生教給也

四見取見者此起前三見此真目出清浄法門思見取見云也佛是僻事也此輪廻生死業非出世无漏報説給也
五戒禁取見者一人過去八万劫ノ間ヲ見ニ
鶏ニ生レテ有リシ之ノ者（モノ）其ノ後チ生二ト天上一ニ見ル天ニ生レントハ思ハヽ鶏ノマネヲシテ夜ノ三更ニ過カケコト鳴クマネヲ
スル也
又有外道過去八万劫間ヲ見ニ生タリシ犬者天上ニ生ルトテ犬ノマネヲシテ吠ェ汗穢ヲ食スル也是レ得ㇾ通外ㇾ道知二ル過
去八万劫事一ヲ也
仍カヽル見起也見非ㇾ因計ㇾ因ヲ名二ク戒禁取見一ト又筭ヲ能ク知ル一切ノ物ノ数ヲ知ルヲ真智恵ト思テ外道有レリ之
此非道計道ヲ名二ク戒禁取見一ト此ヲ佛説給様此天生犬鶏堅生也故ニ先ノ族業ニ被レテ引生犬鶏一ニ後ニ生レル天ニ也
然ハ依テ過去ノ十善戒ニ生二ル天上一ニハ也鶏ミナ生レテ天ニ非レ之此レ僻事ノ故ニ成二テ悪業ノ因一ト必堕二シテ三悪道一ニ難キ
出二事生死無常果報也ト説給
或堕テ一百三十六地獄一ニ猛火ニ被レ焦カサ身一ヲ鐵枝劔薬林ニ貫（ヌカル）
或ハ寒レノ氷ニ割（サク）二身肉一ヲ苦難レシ堪ヘ餓鬼道一ニテ一万五千歳飢餲苦難レシ忍ヒ畜生道ニテ牙ㇾ相ニ噉食ル、難忍
又凡三十四億衆ノ畜生道ノ異類何ソ無レラン安事修羅ノ闘諍合戦ノ畏テ人間ノ四苦八苦悲想天上ノ五衰退没ノ憂ヒ惣
シテ何ノ所何境（サカイ）離レン憂一ト免レル、苦ヲ処更ニ無シ之六道能々可レ厭也

そして「依此諸見一深着虚妄ノ法二不知真実ノ道一…」の当該部へと続く。

B　脱文2

金剛寺本では、一七丁ウ冒頭「…真如平等ノ理也然断善闡提敗種ノ二乗五逆ノ調達五障ノ女人倶ニ平等法身ノ躰故開佛ノ知見一ヲ是故ニ名諸仏出世之本懐一ト也」と始まるところ、一部異同を含んで次の脱文がある。先と同様に龍門文庫を引用する。

…真如平等之理也然断善闡提敗種二乗五逆調達五障龍女邪見厳王倶平等法身躰故同開佛知見
凡一切有情非情皆成佛道説給此経三世諸佛出世本懐一切衆生成佛直道也
一経有二十八品十四品迹門後十四品本門也
迹門明開権顕実謂十方佛土中唯有一乗法無二亦無三也
然衆生直不可聞一乗於一佛乗分別説三給也加様説給
彼鹿苑証果声聞初万声聞衆皆開悟若干(ソコハク)衆生授(サツケテ)皆成佛道記莂佛化一切衆生皆令入佛道喜給
本門明開近顕遠旨、令経至涌出品釈尊伽耶始成佛思然涌出品ノ時此三千大千世界大地破裂六万恒沙等諸菩薩忽自然涌出給
其菩薩盗テ権智一ヲ還、年之齢ヒ早ク傾ケ無垢三昧之腰一ヲ已ニ曲二ケ三徳秘蔵ノ肉団一ヲ普賢色身ノ髪ミ速ニ白シ
爰ニ霊山ノ衆会奉問佛ニ是従二リ何レノ処一来リ以何ノ因縁一ヲ故ニ集レル問ヒ給佛答給フ様
是悉ク我カ弟子也時ニ衆会弥懐キ疑惑一ヲ佛於菩提樹下ニシテ成シ等正覚一ヲ給事是レ近シ争カ是‐等ノ所化成就給ハン
父ハ少サク而子ハ老タリ師弟ノ義其ノ旨不二相‐順一セ疑ヒ弥勒菩薩ヲ為レ首ト皆懐ク此ノ疑惑一ヲ
此時佛説キ玉フ様実ニ五百塵点劫ノ初當(ソノカミ)成佛スル也

然ニ引二導カ一切衆生ヲ一假(カリニ)故ニ始テ坐道場示ス也ト宣給也

そして「次涅槃経名捃(クム)拾ノ教ト又云醍醐味…」当該部へと続く。

C　異本注記や注目すべき微差など

・金剛寺本三丁オ二行目では「作妙妓楽一貫日精一見入ト我右脇二」とある部分、龍門文庫本では「作二妙妓楽一ヲ神中記云冠二ヲキテ日(ニチ)精一ノ見レル入一ルト我右ノ脇二」と「神中記」という書目を引く。

・耶輪陀羅懐妊の場面で、金剛寺本五丁オ五～六行目「后御腹書捜(サクリ)給今夜令懐妊給意安寝給ト昵語給后眠入給ヌ」とあるところ、龍門文庫本では「后ノ御腹ヲ摩(ナテ、サクリ)捜給今夜令メ懐妊一セ給シ意安寝(イネ)給ヘト昵(ムツモノカタリシ)語給フ后キ寝入リ給ヌ」とある。

・金剛寺本九丁オ末尾「宮中騒(サウ)動時モ我子也トハ不シ被仰一不如三シ羅睺ラヲ」とある部分、龍門文庫本では「宮中ノ騒(サハキ)シ時モ無レク疑以二テ我カ指一ヲ殊更ニ指シ當テ胎一ニ孕ミタル我カ子一ヲ也トハ何トハ不レシ被レ仰羅睺羅ヲハ」とある。

・金剛寺本一〇丁オ三行目「爰ニ堤婆達多ハ斛飯王ノ御子師子頬王ノ子孫也」とある部分、龍門文庫本では「爰(コヽニ)射二ル三ノ鼓一ヲ堤婆達多斛飯王ノ御子息師子頬王ノ子孫也佛ニハ従父(イトコヲトヽ)弟阿難ニハ兄(コノカミ)也」とある。

・金剛寺本一一丁ウ末尾相当「調達第三禅ノ楽許リ思也」を龍門文庫本は「調達第三禅楽計ト思也ト」と記し、「イ本ニハ　我之若如大三千楽答ト云々」と注記する。

・金剛寺本一七丁ウ「説所ハ倶尸那国倶尸那城沙羅双樹…」とあるところ、龍門文庫本は、「説処ハ倶尸那国倶尸那城沙羅双樹又云鶴林也」とする。

・金剛寺本一八丁オ「悲満胸ニ菩薩聖衆無端（アチキ）愁涙染袂四弁八音ノ所説ハ常リモ染心肝ニ毎詞哀也僧伽梨衣脱却テ黄金師子胸出シ我身ハ無量…」とある部分、龍門文庫本は「悲ノ炎満チ胸ニ菩薩聖衆愁涙（ルイ）染袂（タモト）ヲ四弁八音ノ所説常ニ染ミ心肝ニ毎レ詞（コハ）哀レ也七宝荘厳ノ床ノ上ニ舒（ノヘ）百福荘厳臂ヲ給脱キ僧伽梨衣ヲ出シ黄金師子ノ胸ヲ我身無量…」とある。

・金剛寺本一九丁ウ冒頭「有教行無証末法時ハ有教無行証自尺尊滅後至慈尊出世ノ時分ニ五十六億七千万歳也又説五十七倶胝六十百千年也云々佛滅後過一千年後振旦国ニ佛法始テ来ル漢ノ永平七年甲子歳漢ノ明帝夜ノ夢ニ」とあるところ、龍門文庫本では、「教行証ノ三有リ共ニ像法ノ時有教行無シ証末法ノ時有レ教無行証自リ釈尊滅後至テ于慈尊ノ出世之時分ニ五十六億七千万歳也佛滅後過テ正法千年畢テ入テ像法ニ経テ一千三年ヲ晨旦国ニ佛法始テ来リ漢土ニ承平七年甲子歳漢ノ名帝夜ノ夢ニ」とある。

（荒木　浩）

天台伝南岳心要

『天台伝南岳心要(てんだいでんなんがくしんよう)』は日本の中世における天台本覚思想を形成する口伝の一つとされる書である。内容はほぼ『摩訶止観』の抜粋であるが、中国の南岳大師慧思の口伝を伝えるものとされ、『法華略義』『法華略文』と共に三部の書でセットをなす。

本書にはかなりの伝本がある。従来の紹介[(1)]に私見によるものを加えて挙げると以下のとおりである。

写本

1　称名寺蔵金沢文庫保管　心慶手沢本

2　叡山文庫無動寺蔵　享和四年（一八〇四）亮周写

3　叡山文庫無動寺蔵　文政十年（一八二七）豪実写

刊本

4　叡山文庫金台院蔵　承応三年（一六五四）刊

5　叡山文庫薬樹院蔵　寛文三年（一六六三）刊

6　東洋大学図書館蔵　寛文九年（一六六九）刊　井上円了旧蔵書

7　叡山文庫池田蔵　刊年不明
8　叡山文庫真如蔵蔵　刊年不明
9　高野山大学図書館蔵

これらの諸本はほとんどが近世の写本、刊本であるが、そのなかにあって、金沢文庫本は唯一中世にまで遡る伝本である。本書は、奥書は「一点了有異点云々。可再読也」とあるのみで、書写年次の記載はないが、表紙に「心慶」と書かれており、心慶の手沢本である。心慶は一三〇七年から一三三六年頃にかけて活動したことが知られるので、『天台伝南岳心要』もこの頃に書写されたということになる。(2) これまでに伝存が明らかにされている伝本の内の最古写本である。

従来の研究による『天台伝南岳心要』の諸本の伝存状況は以上のとおりであるが、金剛寺本はこれに新たに加えられるべき伝本である。かつ、それに止まらず、重要な意義を有している。

金剛寺本『天台伝南岳心要』（三七函三五番）は列帖装一冊であるが、後半には『坐禅用心』を付す。縦二〇・七cm、横一四・四cm。墨付一八丁で、一一丁表の一行目までが『心要』で、一二丁以下は『坐禅用心』である。そのあと、一八丁表から裏にかけて後掲の奥書があり、さらに三丁の遊紙がある。表紙中央に「天台伝南岳心要幷坐禅用心」の外題があり、左下に「覚遍」とある。毎半葉七行で、一行一五字。かなり詳細な訓点を付す。所々に他本との校異を注記する。後半は虫損を受けていて、文字が失われている所もある。

次のような奥書がある。

本云
正元々年五月八日、被書進仙洞草本也。
即此一本書写之処、弘長三年夏比、
自　仙洞俄儀有御尋。不及別書写進
入愚本畢。
正安元年五月十二日、於河内国
八上郡中村法明寺書写了。
不審多以他本可為校合也。　僧覚遍

これによって、金剛寺本は正安元年（一二九九）五月十二日、河内国八上郡中村の法明寺で覚遍が書写したものであることが知られる。
本奥書があり、この本の来歴の一端が明らかになる。もう一度訓読して挙げる。
正元元年五月八日、仙洞に書き進めらるる草本なり。即ち此の一本書写の処、弘長三年夏の比、仙洞より俄かの儀にて御尋ね有り。別に書写するに及ばずして愚本を進め入れ畢んぬ。
この『天台伝南岳心要』は二度にわたって院に奉献されている。一度目は正元元年（一二五九）五月八日である。「仙洞」は後嵯峨院である。また四年後の弘長三年（一二六三）夏にも院からの求めに応えて奉呈している。

これまでに知られていた『天台伝南岳心要』の伝本で最も古いものは金沢文庫本であるが、先に述べたように書写年次を記した奥書はなく、心慶の手沢本であることから、この本の書写も彼の活動時期である十四世紀初めから二〇年代の頃と推定されてきた。これに対し、金剛寺本は書写奥書を有し、それによって十三世紀の最末期の書写本であることが明らかである。すなわち、金剛寺本は『天台伝南岳心要』の伝本として最も古い写本である。加えて本奥書があり、それによって『天台伝南岳心要』が正元元年には確かに存在していたことが知られるのであるが、このことも貴重である。本書の成立をいつ頃と考えるかについての議論に関して指摘されているが、(3)従来『天台伝南岳心要』の名を挙げる最も古い文献として指摘されているのは慶深の『一心三観行法抄』であり、内題の下に「文永元年六月二十六日　沙門慶深」とある。文永元年は一二六四年、したがって金剛寺本の本奥書は、わずかではあるが、これより遡り、『天台伝南岳心要』の存在を明示する最も古い記録ということになる。

金剛寺本が他の諸本に勝る点は他にもある。金剛寺本には内題の下に「依止観略類集」という注記があるが、このことである。従来知られていた諸本には、この記載のあるものはない。しかし、『天台伝南岳心要』の注釈書『天台伝南岳心要抄』はこの注記の存する本があることを述べ、このことについて論じているが、注記のない本が本来のかたちであるという。しかし、近年の研究では、逆に注記があるのが原形であるとされている。(4)この説によれば、金剛寺本はその形をもった唯一の伝本ということになる。

以上のように、金剛寺本は、書写奥書があって書写年次が明白であること、そうしてそれは現存本のうち最も古いものであること、また、本奥書から本書の来歴が明らかになること、さらに当初の形と思われる注記があることなどの諸点から、『天台伝南岳心要』の諸本のうちで最も重要な本ということになる。

注

（1）日本思想大系『天台本覚論』（岩波書店、一九七三年）所収「『漢光類聚』解説」（大久保良順）、末木文美士「偽書の形成――伝南岳三部書と伝忠尋釈書」（『鎌倉仏教形成論』法蔵館、一九九八年）

（2）高橋秀栄「心慶手沢・稀覯本天台典籍本文並びに解題」（『金沢文庫研究紀要』第九号、一九七二年）

（3）前掲注1「『漢光類聚』解説」。

（4）前掲注1末木論文。

参考文献

後藤昭雄「『天台伝南岳心要』」（吉原浩人・王勇編『海を渡る天台文化』勉誠出版、二〇〇八年）

（後藤昭雄）

聖徳太子伝記

本書『聖徳太子伝記』一帖（四三函一六番）は、書名の記す通り、聖徳太子伝の一種である。太子出生前後記の後、太子二歳条から六歳条までを記し、余白に後世の別筆で、十六歳時の天王寺建立、四十二歳での廟所確定、五十歳での薨去を簡略に記して終わっている。七歳条以下を欠くことが惜しまれるが、本書が綴葉装であることを考えると、残存部分以下の綴葉部分がまとめて失われた経緯を想定することができそうである。

中世の聖徳太子伝の多くは、『聖徳太子伝暦』からの展開の諸相として捉えることができ、本書もそうした系譜に発生した一書と位置づけられる。後補箇所ながら、太子の五十歳薨去説も、『聖徳太子伝暦』と一致している。伝の内容は、『聖徳太子伝暦』の記事配列に依拠しつつも、記事内容は『聖徳太子宝物集』・『聖徳太子伝拾遺抄』等と近しい関係にある。しかしながら、それらと同文的に一致するわけではなく、仏教史的言説の付加等が認められる一方で、『聖徳太子伝拾遺抄』等に見える記事が存在しないなど、双方に独自な記事を有する関係にある。また、『正法輪蔵』の展開として位置づけられる異文の豊富な系統としての性格を、金剛寺本は有している。

後述するように、本書の書写時期が南北朝時代にまでさかのぼることを考えると、『聖徳太子伝暦』からの中世太子伝の豊かな展開や語り換えの実態を示すものとして、また、『聖徳太子伝拾遺抄』等との対比関係の点からも、重要な意義を有する資料である。

一　書誌

金剛寺聖教調査における整理番号、四三函一六番。写本、南北朝時代写。綴葉装一帖（現状は紙縒り綴じ）。楮紙。法量、縦二五・六㎝、横一六・三㎝。紙数、二十四丁。蔵書印、「春」（双郭朱方印一顆・第一丁右下）、寸法、縦一・九㎝、横一・九㎝。

外題は原装の無地素紙表紙に直書で「太子伝記」、内題は「聖徳太子伝記」とする。本文は、漢字片仮名交じり文。太子出生前後記、太子二歳条から六歳条を記す。余白に十六歳条、四十二歳条、五十歳条の内容を覚書風に記し、末丁余白には、伝記とは別内容の覚書が見えるが、これらは後世に補われたものである。

本書の残存部分には、太子六歳条までしか記されておらず、以下を欠いている。原装表紙に記される、本文と同時期と思われる外題および内題には、上・下等の記事は見えないことから、完本は一帖であった可能性が想定される。

二　内容と特徴

本書は、『聖徳太子伝宝物集』の系統に属する太子伝と見なされるが、本文に関しては独自部分も多く、中世太子伝の展開を考える上でも重要な内容を有している。

以下、本書に関する先行研究を踏まえつつ、その点について確認を進める。

金剛寺本「聖徳太子伝記」に関しては、阿部隆一氏「室町以前成立聖徳太子伝記類書誌」(1)において、「聖徳太子伝暦」・「伝暦注釈書類」・「伝記類」と分類するうちの「伝記類」中、「聖徳太子伝宝物集十二巻」の伝本解説に、以下のような解説・言及がなされている。

巻頭に我が国の神代から仏教伝来に至る由来、釈尊の誕生から勝曼夫人の転生、仏教東漸、思禅師の七代の転生を連結叙述して、伝記に入る。準漢文体と仮名交り文とが混合。文保本太子伝と結構を同じくし、記事内容はより簡略であるが、唐・天竺・本朝の故事説話を更に広く集めて太子に附会する傾向がある。零本ながら鎌倉末南北朝初間の写本が残っているから、鎌倉時代の成立と思われる。〇金剛寺蔵〔鎌倉〕写本零巻一冊（未見）。鎌倉時代の写と言う。大倉精神文化研究所にその影写本あり。「聖徳太子伝記」と題し、宝物集とは署していないが、内容は宝物集と一致し、現存巻は巻二の中途の、太子伝記本文の冒頭から、巻四の途中の六歳までを存し、以下を佚した零残。「聖徳太子全集」巻三に「聖徳太子伝記」と題して翻印。

先行研究では鎌倉時代写とされてきた金剛寺本「聖徳太子伝記」については、字体等から判断して南北朝時代写とするのが穏当と思われ、本系統の太子伝で鎌倉時代にさかのぼる可能性のある写本は、富山県光久寺蔵『聖徳太子伝宝物集』〔鎌倉末南北朝初間〕写零本（存巻四本末）二冊のみとなる。光久寺蔵本は、本書と共通する条を欠くため、本文比較はできないが、『聖徳太子伝宝物集』には、同系統の『聖徳太子伝拾遺抄』が存している。『聖徳太子伝拾遺抄』に関して、前掲書阿部隆一氏解説は、「概ね伝暦の文を踏襲刪補して掲げ、和漢天竺の故事説話や古歌物語を引いて附会し、結構宝物集に似た準漢文体に近い文体。伝暦の遺を拾う意であろう。前掲宝物集と関聯があり、文章が殆ど一致する箇所が少くない」として、内閣文庫蔵、近世初写本（巻一欠）三冊を掲げている。『聖徳太子伝宝物集』と『聖徳太子伝拾遺抄』には完本が少ないが、慶應義塾大学附属研究所斯道文庫編『中世聖徳太子伝集成』第二巻・真名本（下）「解題」[2]は、両書を同系統の書物と見なしたうえで、内閣文庫蔵『聖徳太子伝拾遺抄』について、巻二の中央に大きな破損箇所があり、朱書書入も数次にわたるものの、現在判明している「拾遺抄」のすべてが本書を底本として書写されたものであることを説いている。

以下、金剛寺本の本文について、内閣文庫蔵『聖徳太子伝拾遺抄』との比較を通じて、その性格を確認する。金剛寺本の巻頭部分は以下のようである。

夫、聖徳太子ノ本地ヲ尋奉レハ、救世観音之垂迹也、然ハ、衆多ノ身ヲ受テ、衆生ヲ化度シ給ニ、我朝ニ、聖徳太子ト顕レ給シ先ノ生ニハ、晨旦国衡州衡山ト云所ニ恵思禅師ト申シケリ、彼ノ衡山ニ五岳アリ、一ニハ般若峯、二ニハ柱栝峯、三慧日峯、四嘱融峯、五紫蓋峯也、爰ニ、思禅師ハ、彼第一ノ般若峯ニ住給ヘリ、于時、隋（ママ）ノ文帝大和八年丁未、天竺ヨリ達磨大子ト云テ貴キ上人来テ、禅師ヲ勧メテ云ク、自レ是東海ニ国アリ、其名ヲ日本ト云、彼コニ佛法イマタイタラス、

太子の救世観音垂迹説から始められ、前生が晨旦国衡山の恵思禅師であったこと、衡山における恵思禅師の住処に続き、達磨による仏教東漸の勧誘が記される。太子各歳条に先立つ本文であるが、これに対応する本文を『聖徳太子伝拾遺抄』は有しておらず、この一点を以てしても、本書を単純に『聖徳太子伝宝物集』系統と分類することは躊躇される。この部分に、太子託胎をめぐる金人話も見えるが、『聖徳太子伝拾遺抄』が、

明年辛卯正月一日甲子日夜、王子与(ト)后妃一（破損）妃ノ夢ニ、有金人、枕側ニ立テ謂テレ妃曰、吾ニ救世ノ願有リ、願ハ暫ク妃腹ニ宿ラン、爰ニ妃恠テ問曰、誰人ノ自何ノ方一来リ玉テ、如斯ノ玉哉、金人答言ク、吾ハ是レ救世ノ菩薩也、常ノ住所ハ西方ニ有リ、妃答言ク、妾カ腹ハ垢穢也、不浄也、何以テ、宿サン貴人ヲ、(3)

と、『聖徳太子伝暦』に依拠したと考えられる記事を綴る箇所を、金剛寺本は、

正月一日ノ夜、欽明天皇第四ノ皇子ノ后キ、去年庚寅御ヨメイリアリケルカ、皇子橘ノ豊日ノ尊ノ后キ穴太部(アナフトヘ)ノ間(ハシ)人(ヒト)ノ皇女、二人御寝(シン)アル所ニ、金色ノ僧夢ノ枕ニ来テ、妃(キサキ)ニ示シテ云、吾ニ救世ノ願アリ、妃ノ胎(ハラ)ニ宿ラン、妃答テ曰ハク、妾カ胎内ハ汚穢不浄也、何テカ貴人ヲハ宿シ奉ラント、

のように記しており、同文的に一致するわけではなく、和文化に際しての語り換えの痕を認めることができる。こうした事例は、太子各歳条にも見いだすことができる。一方、太子二歳条以下の記事にも近似した本文が見られ、この系統にしか見られない要素を共有する箇所もあるので、系統の近さは十分窺われる。こうした近似性と同時に、独自記事も数多く見いだされるのが両者の関係である。

金剛寺本冒頭の展開にむしろ近似するのは、愛知県瀬戸市にある浄土真宗高田派万徳寺に蔵される『聖徳太子伝』の系統である。

夫、聖徳太子者云ハ、救世観音之垂迹トシテ、佛体ニシテ、而モ現二人体一ヲ、(4)

との記述に始まり、前世の恵思禅師の晨旦国衡山における住処や、隋の文帝の御世における達磨の来訪と仏教東漸の勧誘等を綴る内容は、金剛寺本の展開と一致する。ただし、引用部からも窺われるように、ここでも同文的一致が認められるわけではない。

万徳寺蔵『聖徳太子伝』は、寛正三年（一四六二）沙弥元泰の奥書を有し、これによれば、親本は「芹田坊之秘伝也」とされ、「於四天王寺東門村蓮華蔵院護摩堂書写之」のように、四天王寺蓮華蔵院における書写の所産と知られる。(5)

この万徳寺本は、阿部泰郎氏によって、『正法輪蔵』とその展開を示す諸伝本中の丁類として分類され、(6)伝本として、養寿寺蔵文明十五年（一四八三）写本、神宮文庫蔵明応九年（一五〇〇）写本、および零本として、慶應義塾大学図書館蔵近世初期写本、同斯道文庫蔵元禄十四年（一七〇一）写本の存在が知られている。また、その位置づけは、『正法輪蔵』本文と「共通する本文を含むが大幅に異文記事を交える伝本である」とされる。

金剛寺本の位置づけに関しては、『聖徳太子伝宝物集』の系統のみならず、万徳寺本の系統を視野に入れた分析が必要となってくるであろう。また、現在確認される万徳寺本系統の書写年代で最もさかのぼるものが、万徳寺本の寛正三年（一四六二）であることを考えれば、南北朝時代の書写になる金剛寺本の存在は、この系統の成立を考える上にも重要な意義を有するであろう。

同時に、金剛寺本は、『聖徳太子伝宝物集』・『聖徳太子伝拾遺抄』にしたがって記事が展開する性格も有しているが、仏教史的記述に関しては、概ね金剛寺本のほうが、より詳細であるということができる。

中世の太子伝の多くが、『聖徳太子伝暦』を淵源としながら、(7)『正法輪蔵』における「伝」としてのさまざまな展開の様相のうちに位置づけられるように、金剛寺本もまた、そのなかに定位していかなければならない。上記のような諸系統との関係を踏まえつつ、金剛寺本の各部の記事の分析は深められるべき状況であると思われる。

注

（1）『聖徳太子論集』（平楽寺書店、一九七一年）。『阿部隆一遺稿集』第三巻・解題篇二（汲古書院、一九八五年）に再録、慶應義塾大学附属研究所斯道文庫編『中世聖徳太子伝集成』第二巻・真名本（下）（勉誠出版、二〇〇五年）「解題」に、牧野和夫氏による新出伝本を追加した補訂版がある。先行する金剛寺本の翻刻として、藤原猶雪編『聖徳太子全集』第三巻（龍吟社、一九四二年、臨川書店復刻、一九八八年）がある。

（2）前掲注1に同じ。

（3）引用は、前掲注1『中世聖徳太子伝集成』第五巻所収の影印による。

（4）引用は、前掲注3書の影印による。

（5）本書については、小島恵昭氏・渡辺信和氏「『万徳寺蔵『聖徳太子伝』翻刻」（『同朋学園大学仏教文化研究所紀要』第二号、一九八〇年）に、翻刻と解題がある。

（6）真福寺善本叢刊〈第二期〉『聖徳太子伝集』（臨川書店、二〇〇六年）所収解題。

（7）金剛寺本末尾に記される覚書が、太子の薨じた年齢を五十歳とする点は、『聖徳太子伝暦』と一致している。太子薨去の歳に関する認識は、その伝の当初から一定していたわけではなく、たとえば『上宮聖徳太子伝補闕記』や『三宝絵』法宝第一話が四十九歳とするなど、『聖徳太子伝暦』が規範となる以前の状況も確認されるから、本覚書の薨去説は『聖徳太子伝暦』以降の系譜に連なるものである。

（近本謙介）

佚名孝養説話集

金剛寺蔵『佚名孝養説話集（いつめいきょうようせつわしゅう）』（仮題・六函三一番）は、幼くして親を亡くした天竺の子どもの物語を集めた説話集で、いずれの話も釈迦とその家族や弟子の前世の物語として描かれている。各話には、典拠とされる経典名が記されているものの、印度中国撰述経典にはその典拠が確認できないという特徴を持つ。

本解題では、書誌と概略を述べるに留めるが、具体的検討については、以下の拙稿を参照されたい。「金剛寺蔵〈佚名孝養説話集抄〉について」（平成一五～一八年度科学研究費補助金基盤研究（研究代表者落合俊典）研究成果報告書『金剛寺一切経の総合的研究と金剛寺聖教の基礎的研究』第一分冊、二〇〇七年三月）、「偽経と説話――金剛寺蔵佚名孝養説話集をめぐって――」（『説話文学研究』四四、二〇〇九年七月）、「早離・速離（観音・勢至）の菩薩行――初期本地物を考えるために――」（『語文』一〇〇・一〇一輯、二〇一三年一二月）。

一　書誌

本書の書誌は以下の通りである。

首欠。一二丁。袋綴（紙縒による仮綴）。一冊。縦二五・九cm、横二一・五cm。一面一〇～一一行。無界。漉きむらのある薄い楮紙。題名、奥書等無し。一二丁裏左下に、「天野山金剛寺」の朱方印あり。

書写年代については、奥書がないため判断が難しい。前掲拙稿の一部には、一二世紀末期書写とも記したが、その後、金剛寺聖教の共同調査（原本調査）において複数のメンバーに意見を仰いだところ、室町時代が妥当ではないかとの見解を得た。判断に迷うのは、「ツ」（第三画が、点、または、ごく短い線）、「シ」（「之」の字形に似て、終画が右下がり）、「ル」「レ」（終画は鋭角でなく水平に近い）など、古体を示す字体が多い点である。他にも、「数々（シハく）」（二丁裏）、「垂（イマく）」（四丁裏）などの踊り字は、一筆書で下字の仮名の右肩から起筆しており、これは鎌倉時代初期の書き方とされる。[1]「垂（イマく）」の字訓は、大坪併治「「垂」の古訓「いまいま」をめぐって」（『国語史論集　下』風間書房、一九九八年）によれば、平安時代初期に見られる特殊な訓法という。書体には勢いがあり、わざと古めかして書いたようには見えないが、料紙の質は悪く、[2]本全体の持つ雰囲気は新しい。これらの点について、古い時代の本を、後代によく慣れた人が写したことによるものだろうという教示を得た。現時点では、室町時代初期書写と考えておきたい。

とはいえ、その原本はやはり古いものと思われる。本書は原本からの抄出本であり、錯簡もあるが、他書に見られる関連説話との比較により、その内容については、平安時代末期と考えても差し支えないように思われる。

二　錯簡

一二丁から成る本書には、本文の錯簡が見られる。第一一丁表は、二行目で話を終えた後、白紙となっており、ここが本来の本文末尾と考えられる。第一一丁裏第一行から第一二丁表にかけての一五行は、第五丁表第六行第一字「面」と第二字「利」の字の間に入るべき内容である。補入を示す符号はないが他と同筆であり、書き落とした分を末尾に加えたと考えられる。補入文の末尾は、第一二丁表第五行である。続く第六行の「父十三母二十七」は、本文ではない。本書に関わる人物の父母没後の経過年数だろうか。以下は大きく破損しているが、七行目が空行であることから、恐らく文字はなかったと思われる。また、裏面に当たる第一二丁裏も上方が大きく破損しているが、「以七尺為一搩手半」等と、仏像の大きさに関わる語句が記されている。これも本文とは直接的には関係しない。供養の法会など、説話の享受に関わるものと思われる。

三　所収説話

本書は説話集の抄出本である。各説話の見出しと、原本の巻の移り目に記される巻頭目録とによって、原本巻一～三のうち、一一話を数えることができる。以下、それを①～⑪の番号で示す。

①巻一　（本文末尾のみ現存。本文中に、「往生仏土経」とあり。）
②　好花女遅母謁悲伝　第四　吉祥天本縁　集功徳本記経説
③　要婆忍婆二人遅母伝　第七　十二遊経説
④　金珠孝子尋父伝　第八　釈迦縁修造破壊精舎因縁　往生仏土経説
⑤巻二　教嘆孝子遅父母伝　第一（目録のみ、本文なし）
⑥　常利孝子□（独カ）父母恋　第二（目録のみ、本文なし）

⑦　自然童子遅母伝　第三（目録のみ、本文なし）

⑧　花天宝蓋遅父母伝　第四　信順決義□（頌カ）宿経説

⑨　長尊長善恋父母伝　第五　起啼成仏経説（本文後半省略）

⑩巻三　早離速離二人恋父伝　第五　観音勢至本縁也　往生仏土経説

⑪　教体遅父母伝　第六　悔罪生天経説

本文全体が現存するのは**ゴシック体**で示した**②③④⑧⑩⑪**の六話であり、そのすべてに出典経典名が記されている。各説話の見出しは、「父母に遅るる伝」「父母を恋ふる伝」などの形に統一されており（「遅」字の用法は日本的である）、親を亡くした子どもの話を集めたという編者の意識が読み取れる（これにより、本書の仮題を「孝養説話集」とした）。⑨「長尊・長善、父母を恋ふる伝」の末尾には、「此下ハ如上伝中、不知行方之下、但至墓所之。長尊参来父、長善参来。或母ト申モ、皆亦、如上因縁、但人名異也。余因縁不書也。」とあり、続く本文は省略されているが、それほどまでに類似した話が集められていたことが分かる。

四　経典とのかかわり

出典として示される経典名のうち、中国の経典、経録、類書等に確認できるのは、③の『十二遊経』のみである。しかし、東晋の迦留陀伽訳『十二遊経』は釈迦の伝記であり、③の阿難と羅睺羅の前世として描かれた要婆と忍婆の姉妹の話を挿入する余地はない。

所収説話の内容から経典を探すと、日本撰述とされる『観世音菩薩往生浄土本縁経』の話が⑩と一致する。幼くして母と死別した早離と速離という兄弟の悲話が、観音菩薩と勢至菩薩の本地譚として記されたものであり、『平家物語』などへの引用もあるよく知られていた話である。これが本書では、「往生仏土経説」として示されている。「往生仏土経」は伝存しない経典であるが、①④にもその名が見られる。真源（一〇六四―一一三六）撰『往生要集裏書』（名古屋市真福寺蔵・鎌倉時代書写）にも「往生仏土経」としてこの話が引用されているが、⑩は、『観世音菩薩往生浄土本縁経』よりもその引用文に近い。また、本説話の最初期の例である『宝物集』は簡略ながらも「往生浄土経」の系統と判断される内容である。留意すべきであろう。

次に、作文の方法について、④を例に述べる。④の一部は、『仏本行集経』巻三十八「娑毘耶出家品」の文辞を利用している。また、父（大工）が死に臨んで子に遺言する場面には、以下のように記されている。

大工沈重病、其命将死。是時大工、喚近其子摩頂、悲涙満目唱云、（略）尓時童子、見父死已悶絶躃地。
有人以冷水注其面身。良久乃蘇。懊悩啼哭作是言。

傍線部のような表現は、

・尓時大王及与夫人。思是苦已。失声大哭。王悲悶絶挙身躃地。良久醒悟。復自思惟。不設方便。三人併命不離此死。我今何不殺於夫人。以活我身幷続子命。

（『大方便仏報恩経』巻一孝養品、『大正蔵』三、一二九頁上段）

・王聞是語。悶絶躃地。諸臣左右。冷水灑面。良久乃蘇。垂泣而言。
（『賢愚経』巻四出家功徳尸利苾提品、『大正蔵』四、三七九頁中段）

のように経典にある。気を失う時の定型句とも言えるが、本書においては、②③⑧⑨⑩⑪にもある。また、「摩頂」は、仏典においては授記に際して頭を摩でるという重要な行為であるが、本書では、③④は「悲涙満眼」、⑨⑩⑪は「流涙」という語句に接続し、親が子の頭を摩でて涙を流すという感情的な表現ばかりに用いられている。過剰に用いられるこれらの類似表現は、経典を真似て作文したためと推測される。

五　中世説話との比較

④⑧⑩の話は、静嘉堂文庫蔵『孝行集』にも見られる。『孝行集』では、子から親への、個人的、直接的な孝行（在世時の孝行や法会などの供養）の話として記されており、孝行説話への変容をうかがうことができる。それに対し、本書には、いわゆる孝行はほとんど記されていない。親は話の冒頭ですぐに亡くなり、子が菩薩行を行って命を終え、仏などに転生するという本生譚である。各説話の見出しの下にも、②「吉祥天本縁」、④「釈迦縁修造破壊精舎因縁」、⑩「観音勢至本縁」などとある。

釈迦やその家族の前世の物語は、本生経、生経などと呼ばれ、『六度集経』『撰集百縁経』『賢愚経』などの経典の他、『経律異相』『法苑珠林』などの仏教類書にも多く収録されている。また、『法華経』『金光明経』『悲華経』などの大乗仏典には、初期仏教とはやや異なる趣を持った長編の前生譚が見られ、それらは、単に釈迦や周りの人物の前世の繰り返しを描くのではなく、菩薩自身の前世を描いたり、菩薩の過酷な捨身的行為を強調したりする傾向がある。②や⑩で、子が死に臨んで行う利他の誓願もこれに似ている。しかし、より類似した経典としては、前掲の⑩にかかわる『観世音菩薩往生浄土本縁経』や、同様に平安期に作られたとされる『大乗毘沙門功徳経』(3)がある。後者は、毘沙門天を含む四天王の前世物語であるが、親に先立たれる場面、その悲しみ、遺体の処理、その後の人生、衆生を救う誓願が、それぞれの人物に対して繰り返し描かれている。特に、その善生品第二は、『今昔物語集』巻五第二十二「東城国皇子善生人、通二阿就頭女一語」やお伽草子『阿弥陀の本地』の典拠として知られている。本書は、こうした和製の本縁譚が、父母の追善供養という視点で集められたものと考えられる。日本の疑経や本地物を考えるための貴重な資料と言えるだろう。

（箕浦尚美）

注

（1） 小林芳規「中世片仮名文の国語史的研究」（『広島大学文学部紀要』特集号三、一九七一年三月）

（2） 料紙は良質とは言えない。龍谷大学古典籍デジタルアーカイブ研究センターの坂本昭二氏・江南和幸氏の測定によれば、紙厚は約〇・〇八㎜、簀の目は一㎝あたり五・七本であり、楮の他に補助原料として稲藁と思われる繊維が用いられている。両氏「天野山金剛寺所蔵古写本の科学分析」（国際仏教学大学院大学学術フロンティア『いとくら』四号、二〇〇八年一二月）参照。

（3） 齊藤隆信「『大乗毘沙門功徳経』解題」（七寺古逸経典研究叢書四『中国日本撰述経典（其之四）・漢訳経典』大東出版社、一九九九年）、同「青蓮院門跡吉水蔵『大乗毘沙門功徳経』解題」（七寺古逸経典研究叢書五『中国日本撰述経典（其之五）・撰述書』大東出版社、二〇〇〇年）、牧野和夫「「本地物」の四周――「拡がり」の方向性からの提案――」（『仏教文学』二七、二〇〇三年三月）

左近兵衛子女高野往生物語

本書『〔左近兵衛子女高野往生物語〕』断簡（仮題・三九函五六番）は、首尾欠であることが惜しまれるが、高野山に出家・遁世した父とその子女との再会・往生を記し、「候」が多用される語り物としての痕跡を残す点等からも、意義深い資料である。これまで金剛寺聖教として紹介されたことはなく、新出の説話資料となる。

金剛寺には、和文の説話資料をあまり見いだすことはできないだけに、金剛寺経蔵の全体像を考える上で、本聖教の有する価値は小さくはない。本聖教は、後述するように、高野山を舞台とする遁世聖とその子との再会を軸に展開する話柄である点から、中世の語り物や御伽草子と地平を同じくしている。一方、その内容が天野に関わるものである点は、金剛寺に本聖教が伝わる意義を窺わせるものであり、さらに、高野山を舞台とする父子再会物語の話型から逸脱する要素も有している点等は、語り物の形式と内容とが中世という時代を経過する間に展開する様相をものがたって興味深い。

一　書誌

写本、折本四折、一帖。楮紙。

室町時代後期写。首尾欠のため、外題・内題・尾題・奥書等は確認できず、書名は断簡の内容から判断して、仮題を付したものである。

法量は、縦一四・五cm、横一一・五cm。三紙を継いでおり、各紙の横の法量は以下の通り。

（第一紙）四一・三cm　（第二紙）四一・二cm　（第三紙）四一・二cm

漢字片仮名交じり文。文の区切れを示す○印の記号、合点あり。訓点は数箇所に見えるが、全編にわたって付されるものではなく、墨消、ミセケチ、補入による本文の改訂箇所が数箇所見られる。

二　内容

本書の残存部分に記される内容の概要は、以下の通り。

ア、三国浦の北の方と若君・姫宮は、忍んで京へ上り、左近兵衛の二親の墓所に詣でたが、人が詣でた痕跡はあるものの、誰とも会うことはなかった。

イ、左近兵衛の高野への志が深かったことを思い、北の方と若姫の母子三人は、泣々秋の末に京を発ち、十二月初めに高野の麓天野にたどり着く。

ウ、旅の疲れと寒風によって北の方は体を壊し、幼い子らを残して三日後に亡くなってしまう。

エ、幼い子どもたちは母の亡骸に寄り添って嘆き悲しむが、縁ひとつない地で、助けの手をさしのべる人となく、亡き母を荼毘に付すことすら叶わない。

オ、用途五十文を取らせて人を雇い、母をシフ谷へ泣々送ろうとするも、道行きは漆黒の闇に加え、折節雪の夜の山風も激しく、暁方になんとか兄妹は、谷にたどり着く。
カ、兄妹は帰る道とて覚えず、薄い衣に体は冷え果て、雪嵐の中で、もはや死を待つばかりの状況となる。
キ、そこへ、誰とも知れない御房たち二、三十人が通りかかり、そのなかの六十歳ほどの老僧が幼い子らを哀れみ、彼らの首を温かな手でかき撫でたところ、彼らは少し生気を取り戻す。
ク、御房たちは、薪を手に手に持って死人を荼毘に付し、経を誦し、念佛を申して夜のうちに立ち去ったので、兄妹は悦ぶことこの上なかった。
ケ、老僧が兄妹に仰せになることには、火が消えたのち骨を拾い、高野に籠めて念佛申せば、母の後生も助かり、兄妹も父に会え、彼らの後生も救われるであろうから、「南無阿弥陀佛」の六字の名号を怠ることなく申せ、と教えなさると見て夜が明けた。
コ、兄弟は泣々骨を広い、兄の若君は七歳の心に、姫を高野の麓に留めて、母の骨を籠めるため高野山に登ろうとするが、姫は兄の後を慕って離れることがなく、どうしようもない状況のところに、三人の人が通りかかり、兄妹を哀れんで、骨を高野に籠めてくれた。
サ、折節、覚阿ミが遁世して住む坊に、先の三人が宿を取り、その夜の物語に子らの話を聞いて、覚阿ミはそれが自分の子らであることを確信し、夜が明けるやいなや天野へ下っていく。
シ、天野へ下ってみると、兄妹は天野の里の湯屋の火をたく処で、あさましい姿で暖を取っており、覚阿ミは子らを見捨てて一旦は高野へ登るものの、心ここにあらざる心境で、ふたたび下り、会うも会わぬも悲しとの思いを募らせる。

ス、覚阿ミは、笠を着、頬被りし、声を訛らせて、子らの素性を問うが、子らは骨を取り念仏申しているこ
　とだけを答える。
セ、覚阿ミが、姿はともかく子らの物言う様子からすると侍の子であろうと言うと、自分たちはただの乞食
　であり、そちらこそ何者でどうしてそのようなことを尋ねるのかと、子らから反問される。
ソ、覚阿ミは、反問されて、致し方なく遠国の者とだけ答え、子らの生国をあながちに尋ねると、子らは、
　自らの生国を名乗らず、乞食に生国を問う不信を述べると共に、知っていたとしても言う気はなく、増し
　て乞食には生国も父母もないと答えて、寒さに耐えながら念佛して泣くばかりである。
タ、覚阿ミは、自分にも情があるので、子らを哀れに思っており、自分が物を乞うて兄妹を養う故、都へ連
　れて上ろうと言うが、兄妹は、乞食はどこででも物を乞えばよいので、都へ上る必要はないと断る。そこ
　で、覚阿ミが、都へ上らなくとも、住吉・天王寺などの貴い名所へ参って心慰めるのが良かろうと言うと、
　兄妹は喜んで同行することとなる。
チ、天王寺で兄妹に金剛を作り、一足は履かせ、一足は持たせて、渡邊の橋のたもとで自分を待つよう、覚
　阿ミは兄妹に指示し、自分は天王寺で物を乞うて走り付くことを約束し、隠れつつ跡を追う。
ツ、兄妹は、橋のたもとで覚阿ミを待っていたが、待ちかねて若君が姫宮に申すことには、都に上ると自分
　たちを見知っている者もいるかもしれず、誰それの子が勅勘を蒙って乞食をしているなどと言う甲斐なく
　思われては、父の顔に泥を塗ることになり、我等の生涯の恥辱である。浮世に長らえているとそのような
　ことにもなり、思えば、生きていても仕方がないので、一緒に河に身を投げようと言うと、姫もそのよう
　に思い、手に手を取り合って、身を投げる。

テ、これを見た覚阿ミは、悲しみのうちに、自分こそ父の左近兵衛であるといって、頰被りを取りのけ、袖に裹んでいた米をも棄てて、手を指し挙げて走るも間に合わず、河の水は雪解け水に濁って底も見えず、子らを呼び歎いても甲斐もない。

ト、しばらくして、河の汀の柳の陰を見ると、紫の雲が聳き、光明赫奕たる阿弥陀如来三尊の影向を目の当たりにする。さては、兄妹が、この間に申し上げた念佛の甲斐あって、如来に迎えられ申し上げたのであると思い、河を下り柳の陰を見ると、兄妹が手に手を取って、柳の根元に流れ留っていた。

ナ、兄妹の亡骸を取上げた覚阿ミは、着ている衣を薪に替えて、橋の本で荼毘に付す。兄妹が暫時の念仏により、生身の阿弥陀如来の来迎に預った姿を目のあたりにした覚阿ミは、自らの遁世と高野に住した目的が仏になることであったことを思い起こし、深甚の信心による念仏を申す。

ニ、念仏を法界に廻向した覚阿ミは、河へ身を投げる。人々が哀れんで覚阿ミの亡骸を取上げ、兄妹と一つ火の中で荼毘に付したところ、三人の骨が悉く舎利と変じた。

首尾の欠落部分の内容は推定するしかないが、首欠部分には、北の方と幼い若君・姫宮を捨てての、左近兵衛の出家と、覚阿弥陀仏としての高野への入山が語られていたことは想像に難くない。尾欠部分の分量はさして多くはないことが予想されるが、子らの西方極楽浄土への往生を見届けた覚阿弥陀仏の阿弥陀信仰と念仏への専心、その結果としての自らの往生が、三人の骨が舎利と変ずることによって示される末尾近くの構造からは、この物語が親子相互の善知識としての意味合いを意図していたことを窺わせる。

せるものであり、刈萱が石童丸に自らが父であることを名乗ろうとしない点などとの共通性を指摘することもできるが、その一方で、本資料の独自性もまた際立っている。

本資料の語る父の出家と高野への入山、そのあとを慕って訪ねる子のモチーフは、刈萱道心の話柄等を想起させるものであり、刈萱が石童丸に自らが父であることを名乗ろうとしない点などとの共通性を指摘することもできるが、その一方で、本資料の独自性もまた際立っている。

たとえば、父を訪ねる子が兄妹二人である点には、特色を認めることができるであろう。母が高野の麓まで同行し、そこで亡くなる点も刈萱と共通するが、本話では天野という場が強調され、さらに子として姫宮が登場した上、兄妹の母を供養する念佛が機縁となって、兄妹共に往生を遂げる話柄となっており、女人高野天野と女人往生との主題が、刈萱に比して前景化する構造となっている。そうした話柄を語る唱導資料が、同じく女人高野と称された金剛寺に伝来する意義は小さからぬものがあろう。

兄妹が天王寺参詣ののちに往生を遂げる展開には、高野・天野と、浄土信仰の拠点であった天王寺との連接が意図されているように思われる。高野や天王寺と結びついた女人信仰との結びつきの淵源には、北面の武士（侍）佐藤兵衛義清の出家と、その妻子の天野での修行と往生を語る西行伝承までもが明滅するように感じられる。

本話は、こうした中世の語り物や唱導文芸の発展と展開のうちに位置づけられるべきものと考えられる。兄妹を哀れんだ三人の僧侶が骨を高野へ運び、その夜の三人による物語が父覚阿弥陀仏が子らの天野への来訪を知る機縁となる点などは、『高野物語』における高野山僧たちの語りや、『沙石集』巻九に見え、御伽草子『三人法師』や『女人往生聞書』（存覚）・近世の勧化本『女人往生聞書鼓吹』（南溟）へと展開していく、いわゆる荒五郎型説話の系譜とも隣接したところにある。また、これは、『高野山通念集』や『蓮華谷誓願院縁起』等にも展開する話柄であるから、高野における出家僧たちの語りの物語の系譜上に位置するものでもある。

ただし、上述の系譜が、妻（女人）を機縁または善知識とする高野への出家遁世話として成り立つのに対して、本話には首欠ながらその要素は見えず、父子の再会を中心に物語が展開するといった相違点がある。

このように、本話は、いくつかの典型的な高野山を舞台とする出家遁世僧とその妻子・子女をめぐる唱導文芸の構造を横断的に有していると見なすことができるであろう。

さらには、ここに指摘する唱導文芸としての特色を、本資料の表現と文体の特徴から見据えることもできそうである。

本資料には、「糸惜キ若姫ヲ棄テ、、三日ト申スニ、死テ候」や、「チト生期シテ候、サ候程ニ」等の箇所から窺われるように、語りの文体と痕跡を確認することができる。それは、「覚阿ミ、笠ヲ着テ、ホウカフテ、声ヲナマラカシテ申様、サテモ、我等ハ何ノ人ゾ、何ナル人ノ子ゾ、ト問タ」や、その問いに対する兄妹からの「サテ、御身ハ何ノ人ニテ御渡リ候ゾト、ヨニヲトナシヤカニ、帰テ問タ」の問答の末尾「問タ」のような、抄物を彷彿とさせる口語的な表現にも指摘することができる。

こうした文体的特徴をすべて語りに結びつけて論ずることには慎重であるべきかと思われるが、本資料中には、「合モ悲シ、、合ハヌモ悲シ、」といった、室町期以降の口語的表現も散見されるので、語りを意識した文体によって記される点は認めても良いであろう。高野をめぐる語りの内容や構造、文体や表現の双方に本資料の特色を認めつつ、意義を分析していくことが肝要であると思われる。

（近本謙介）

無名仏教摘句抄

一　書誌

『〔無名仏教摘句抄〕』（仮題・一一函一〇四番）は、「経文、願文、表白、仏教関係の伝、詩、序、讃、消息などの要句を抜萃して類聚」した、仏教詩文を制作するための例文集と考えられるものである。(1) 外題・内題等がなく、本書を金剛寺蔵書内に見出した後藤昭雄氏によって紹介される際に、その内容から仮称として「無名仏教摘句抄」と名付けられた。以下に書誌を示す。(2)

本文六〇丁からなる綴帖装一冊。半葉八行書き。すべて一筆。縦二六・一cm、横一六・一cm。表紙本文共紙、用紙は厚手の楮紙。押界。界高二三・〇cm、界幅一・八cm。界線の様子から、二行ごとに押したと見られる。表紙右下に「源円」の署名がある。表紙見返には「讃仏　寺塔　法門　菩薩　僧　神分　霊分」と記されており、これは本文の内容を示した標目と考えられる。また、「天野山／金剛寺」の双郭方朱印が押されている。本文は、一部返り点、送り仮名、傍訓が付せられている。また声点が見られるが、これは「讃仏」を中心とする前半に集中している。

先述したように、本書には外題・内題・尾題ともに書名が記されていない。保存状態がおおむね良好であることから、書名はもとから記されていなかったと推測される。裏表紙見返に以下の書写奥書があり、宝治元年（一二四七）五月の書写であることが分かる。

宝治元年五月二十八日書之戊時許（花押）

本文最終部分から少し空白をおいて書写奥書が見られる様子、そして表紙見返の標目と本文の内容とが完全に対応することから、本書は完本であると判断される。

二　内容

表紙見返に、合点を付して「讃仏　寺塔　法門　菩薩　僧　神分　霊分」とある通り、本文は、讃仏（1オ～8オ）、寺塔（9オ～17オ）、法門（18オ～26オ）、菩薩（28オ～30オ）、僧（32オ～52オ）、神分（53オ～54オ）、霊分（55オ～裏表紙見返）の七部に分けて構成されている。

摘句には、注記が示されているものがある。それらは、(1)内容を示すもの、(2)出典を示すものに大きく分けられる。注記のほとんどは、(1)の内容を示すもので、「氏寺」「山寺」「荒廃」「懺悔」などのような一般名詞的注記である。一方、讃仏部には「白毫相」「面輪端正相」「眼精紺青相」など仏の相に関わる摘句が連続して見える。また、法門部には、『法華経』二十八品の品題が挙げられている。(2)の出典を示すものに関しては多くはないが、そのなかには、すでに後藤氏によって指摘された、勧学会における作と目される慶滋保胤、同為政らの経句題詩（法門部23ウ）、性空上人を慕う僧俗による詩（僧部43ウ〜44オ）、橘在列「延暦寺東塔法華堂壁画賛」の抄録（44ウ〜46オ）など、平安朝漢文学の研究において注目すべき佚文がいくつか含まれている。(3)

寺塔部は、「顕福寺修造知識」（10オ）、「中堂供養儀式」（11オ）、「熊野新宮」（11ウ）、「観修寺願文」「雲林院塔供養願文」（ともに13オ）、「叡山講堂修理牒　近江国之状」「法勝寺金堂」（13ウ）、「天王寺法会」「東北院」（15オ）、「平等院」（15ウ）、「木幡供養儀式」（16オ）、「金峯山」（17オ）等、比較的出典を示した注記が多く見られ、編者の採集範囲の広さを示している。なお、本文中の標目「寺塔」（9オ）に付せられた割注「塔名功徳聚幢号与願印功徳聚毘盧遮那万徳之所集成与願印宝生地蔵之三昧身也」は、『弘法大師御伝』巻上に引かれる「為奉造東寺塔勧進人夫曳運材木奏状」の文言と一致する。

法門部には、「法華経」二十八品の品題を注記するものが多く含まれる。先述した勧学会での作と考えられる詩句もここに納められ、平安時代から鎌倉時代にかけての法華経信仰について豊かな資料を提供するものであろう。

菩薩部は、観音や普賢に関わる文章からの摘句が主と見られる。ここでも「長谷寺観音」（29オ）や「高雄寺十講口宣之文」（30ウ）という注記が見え、寺塔部同様、編者が当時実際に用いられていた文章に触れる機会を持ち、本書にそれらを取り入れようとしていたことをうかがうことができる。

僧部は、注記に「僧徳」「羅漢」「行者」「験者」「持経者」「無縁上人」「山僧」「修行者」などの僧侶に関連する語句が並び、中国および日本の祖師高僧たちの名も多く見える。引用されている摘句の出典は多様であり、先に挙げた「延暦寺東塔法華堂壁画賛」の抜萃をはじめ注目すべき点が多い。僧部末尾には、「十六羅漢讃」（48ウ〜52ウ）と題された賛の一群が引き写されている。まとまった引用は、独立した資料としても注目される。

神分部ならびに霊分部には、神分・霊分に関わる文が収められている。神分は、法会等の際に神々に法施をおこなう儀のこと、また霊分は、祖師等の尊霊に加護を願って文を奉る儀のことである。

以上、『〔無名仏教摘句抄〕』の注記について検討してきたが、前半の「讃仏、寺塔、法門、菩薩、僧」部の摘句は、注記をインデックスとして利用して、表白などを作成する便としたもの、後半の「神分、霊分」部は、法会の神分・霊分を作成する際に参考としたものと考えられる。

次に、具体的に『〔無名仏教摘句抄〕』の摘句の方法について、いくつか例を挙げたい。

『〔無名仏教摘句抄〕』法門部（23ウ）

＊①更望雲嶺先赧面　毎迎鶏月自低頭云々　〈摂念山林　保胤〉
②不厭時々猿一叫　自然日々鳥相馴云々　〈寂莫無人声　保胤〉
＊③蘿洞梯危雲只宿　松門扃旧月独晴云々　〈同題　為政〉
④真如珠上塵厭礼　忍辱衣裏石結縁云々　〈不軽品〉

法門部に連続する詩四聯は、いずれも『法華経』の文句にもとづく経句題である。このうち、②は『新撰朗詠集』巻下・仏事、『擲金抄』中・経句題に引かれている。句題は「法師品」による。また④は、同じく『新撰朗詠集』巻下・仏事に引かれており、そこからこの詩句が大江以言の作であることが知られる。(4) 一方、①と③は、本書によって初めて知られた句である。①の慶滋保胤の詩は、『本朝文粋』巻中・二七八「暮春勧学会聴講法華経同賦摂念山林」という紀斉名の詩序に見える句題と一致していることから、同じ勧学会における作であったことが、後藤氏によって明らかにされている。このように、本書は、平安朝漢文学史に新たな資料を提供するものである。

①『〔無名仏教摘句抄〕』僧部（46オ）
採五芝而偃仰、遊八禅而寝息、餌松木於溪澗、披薜茘於山阿　〈法林〉

②『破邪論』巻上　唐　法琳撰
法琳法師者。俗姓陳。穎川人。晋司空群之後也。…迴搆巖崖則蔽虧日月。空飛戸牖則吐納風雲。其間採五芝而偃仰。遊八禅而寝息。餌松朮於溪澗。披薜茘於山阿。皆合掌帰依摩頂問道。

右は、経典類からの引用の一例である。『〔無名仏教摘句抄〕』の摘句に付せられた注記に見られる「法林」とは、『破邪論』の作者である法琳を指す。当該句は、彼の事蹟を語る部分から引用されている。

次に載せる例は、史書を典拠とするもので、後藤氏が指摘された摘句である。

A①『〔無名仏教摘句抄〕』僧部（47オ）
費粮両国、学植庸浅、何違朝寄、不実帰云々　〈東大寺明一罵行賀之詞〉

②『類聚国史』巻百四十七・文部下・撰書
廿二年三月己未、大僧都伝燈大法師位行賀卒云々。法師生年廿五、被充入唐留学。々唯識法華両宗、住唐卅一年。帰来之日、歴試身才。東大寺僧明一難問宗義、頗有所塞。即罵曰、費粮両国、学植膚浅、何違*

朝寄、不実帰乎。法師大愧、涕泣滂沱。久在他郷、粗忘言話。　　（＊底本「庸」）

B①『〔無名仏教摘句抄〕』僧部（47ウ）

春向覚花而独咲、夏蔭提樹而閉睡、持戒之光自照煅宅、護念之力普済昏衢　〈玄賓籠居之時、嵯峨天皇〉

②『類聚国史』巻百八十六・施仏僧、嵯峨天皇弘仁七年五月条

七年五月庚午。賜玄賓法師書曰。賓上人。凝思練耶。晦跡石室。春向覚花而独咲。夏蔭提樹而閉眠。持戒之光自照煅宅。護念之力普済民衢。比来炎熱。禅居何如。朕機慮之間。不忘寤寐。地遠心近。一念即到。錦繍綺羅不是得意之物。白布卅端用助頭陀之資。到乃領之。約文申意。不労多及。○十月癸卯。施玄賓法師綿百屯。

また、『〔無名仏教摘句抄〕』の典拠については、明らかになっていないものが多いが、注記には「願文」を出典とすることを示すものがいくつか存在する。具体的には、「観修寺願文」「雲林院塔供養願文」「法花堂願文」「鳥羽院願文」などである。そのうちの一つを次に取り上げる。

願文資料からの引用

①『〔無名仏教摘句抄〕』僧部（41オ）

観念窓中、係三明之月、坐禅床上、眉垂八字之霜云々　〈鳥羽院願文〉

②『本朝続文粋』巻十二・願文上・修善・「白河法皇八幡一切経供養願文」藤原敦光

然間観念窓中。心繋三明之月。坐禅床上。眉垂八字之霜。継嗣益広。以承皇統。暦数各長。以撫黎元。

③『鳩嶺集』僧〈付古寺〉　藤原敦光朝臣

観念窓中　心繋三明之月　坐禅床上　眉垂八字之霜〈白河院一切経供養御願文〉

①に掲げた『〔無名仏教摘句抄〕』の摘句は、②の『本朝続文粋』所収の願文を典拠とする。同じ摘句は、鎌倉時代の永仁三年（一二九五）の序を有する『鳩嶺集』にも採られている。これまでに取り上げてきた用例と同様に、典拠とした資料の本文によって、脱字と誤字を訂正することができる。右に掲げた『〔無名仏教摘句抄〕』の用例は、注記に「鳥羽院願文」とあるが、典拠となった『本朝続文粋』所収願文を見ると、本来の題名は「白河法皇八幡一切経供養願文」となっている。『〔無名仏教摘句抄〕』の誤記の理由は不明であるが、成立時期についての観点から見ると、本書が少なくとも鳥羽院政期以降の成立であることを示すものとして注目される。

三　書写者「源円」について

冒頭で触れたように、裏表紙見返には以下の書写奥書がある。

宝治元年五月二十八日書之戌時許（花押）

表紙右袖の署名と同筆と認められることから、本書が「源円」という人物によって、宝治元年（一二四七）五月に書写されたことが知られる。興味深いことに、金剛寺一切経には、この「源円」と同一人物によって書写されたと見られる経典が存在する。

①『成唯識論』巻第五（金剛寺一切経・七三四A—五 奥書、図1）

文永十年〈癸酉〉潤五月廿一日依南都修南院法印御房御本加交点畢定為証本取当寺〈金剛寺〉一切経之内依老耄雖不見仮名字唯以志許僅加点願順次生必値□（遇カ）仏法永離悪趣沙門源円（花押）

文永十年（一二七三）〈癸酉〉潤五月廿一日、南都修南院法印御房の御本に依りて点を加え交へ畢んぬ。定めて証本と為し、当寺〈金剛寺〉一切経の内に取る。老耄に依り仮名字見えずと雖も、唯だ志許りを以て僅かに点を加ふなり。願はくは順次生において必ず仏法に値□（遇カ）し、永く悪趣を離れむことを。沙門源円（花押）

図1

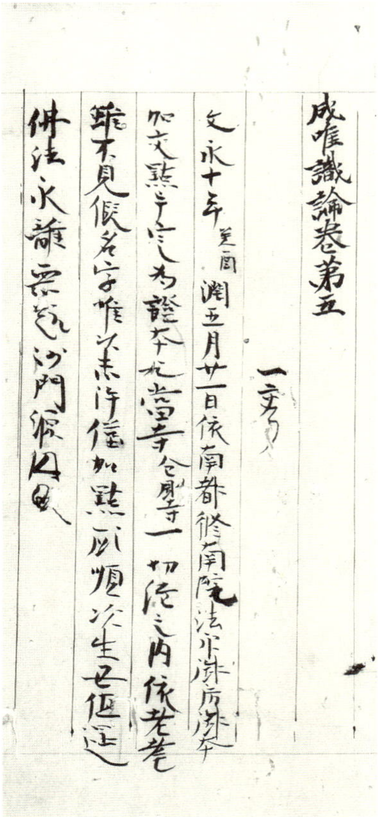

②『成唯識論』巻第六（金剛寺一切経・七三四―六 奥書、図2）

金剛寺安置一切経之内未加点之間南都□（修）南院法印御房
御本被下仕仍加点而納寺未来之学徒□読学之
去愚昧而已于時文永十年〈壬酉〉六月一日加点沙門
源□（円）（花押）

金剛寺安置一切経の内、未だ点を加へざる間、南都□（修）南院法印御房の御本下し仕らる。仍て点を加へ寺に納む。未来の学徒、□之を読み学びて愚昧を去るのみ。時に文永十年（一二七三）〈癸酉〉六月一日、点を加ふ。沙門源□（円）（花押）

図2

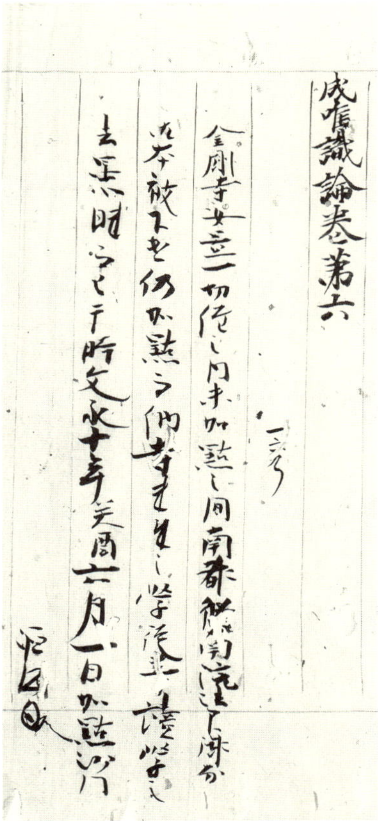

③『解脱道論』巻第八（金剛寺一切経・一〇八八 奥書、図3）

嘉禎三年〈□酉〉三月十五日於極楽院書写畢偏為舎兄将
□□後生　　源円（花押）

嘉禎三年（一二三七）〈□酉〉（丁）三月十五日、極楽院に於いて書写し畢んぬ。偏へに舎兄将□□の後生
の為　　源円（花押）

図3

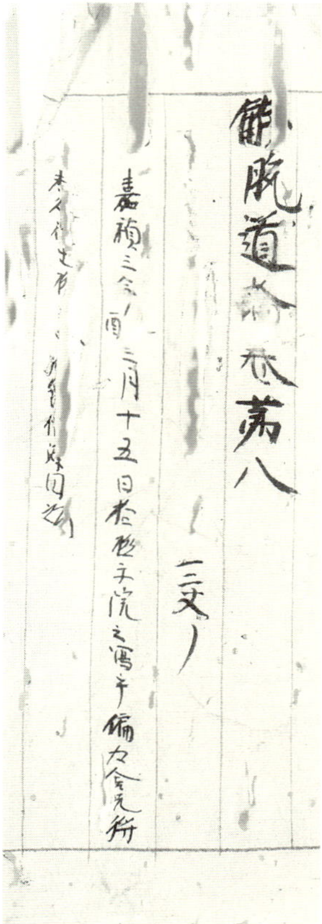

これらと本書とを比較してみると、本書本文の文字は、『成唯識論』巻第五の文字ときわめて近似しており、同筆と認められる。それに対し『解脱道論』巻第八の文字との近似度はそこまで高いとは言えず、判断を保留したい。しかし、これらはいずれも鎌倉中期から後期にかけての時期の資料であり、ひとつ金剛寺という場で見出されることからも、相互に参考資料として留意すべきものと言えよう。なお、三本にはすべて花押が記されているが、これらはそれぞれ異なるもののようである。

『成唯識論』巻第五（金剛寺一切経七三四A—五）は、その奥書によれば、文永十年（一二七三）に「源円」によって書写されており、「南都修南院法印御房」の所持本によって加点し、金剛寺一切経の中に「証本」として取り入れたという。文中、「当寺」に金剛寺と注記していることからも、「源円」が金剛寺の人物であったことは確定される。『〔無名仏教摘句抄〕』の書写から二十六年後のことである。『成唯識論』巻第五・奥書には、「老耄に依り仮名字見えずと雖も」とあることから、「源円」が老齢に至っていたことが知られる。

また、源円が本を借りたという「南都修南院法印御房」は、興福寺修南院法印実寛という人物に比定される。京都の東寺に伝えられた中世の古文書群「東寺百合文書」には、「法印実寛」がやりとりした書状群が資料として収められている。[5] その一つは、端裏書に「修南院法印返状〈平野殿煩被停止之／文永十一年（一二七四）三月五日〉」とあり、大和国平群郡の荘園に関する書状である。『成唯識論』巻第五（金剛寺一切経七三四A―五）とは年次が接しており、「南都修南院法印御房」が「法印実寛」である可能性は非常に高いと考えられる。

興福寺の関連史料を見ると、建長五年（一二五三）と正嘉元年（一二五七）に、実寛が法華会の問者を勤めていることが確認できる。[6] また、叡尊による『金剛仏子叡尊感身学正記』中に名前が見える。[7]

弘長元年（一二六一）…自廿一日至十一月十八日、廿七ケ日、表無表章談義、興福寺実寛法印于時律師、列聴衆中、問答決疑、…

唐の窺基撰の『大乗法苑義林章』七巻のうち、巻第三表無表章の談義をおこなった際、当時律師であった実寛が聴衆の中にいて問答をおこなったという。

『[無名仏教摘句抄]』の書写者である「源円」については、残念ながら詳細は不明である。しかし、「南都修南院法印御房」すなわち興福寺修南院法印実寛の所持本を見ることができ、それを金剛寺一切経の中に取り込むことができた人物という「源円」の横顔が浮かび上がってくる。金剛寺一切経と書写者が共通する本書の存在は、中世前期における金剛寺を考える上でも重要であろう。

中世において、対句表現を中心に名句・明句・妙句・秀句・佳句を収集した文例・模範集は、法儀の場のために作成される文章に利用しうる簡便なテキストして生み出されていった。金剛寺では、これまでに『明句肝要』(8)や『花鳥集』(9)等、中世の唱導との関わりが想定される資料が数点発見されている。その中で、書写年代の確定する本書の意義は大きい。金剛寺一切経と本書の書写者が一致することは、金剛寺における修学活動について考える上でも重要な材料であり、金剛寺聖教の重層性を示す一例であると考える。

注

(1) 後藤昭雄「〈無名仏教摘句抄〉について」(『平安朝漢文文献の研究』吉川弘文館、一九九三年。初出は『仏教文学』一四、一九九〇年三月)、後藤昭雄『天台仏教と平安朝文人』(吉川弘文館、二〇〇二年)

(2) 本解題は、仁木夏実・中川真弓「金剛寺蔵『無名仏教摘句抄』——解題と影印・翻刻」(後藤昭雄編『真言密教寺院に伝わる典籍の学際的調査・研究——金剛寺本を中心に——』科学研究費補助金基盤研究(B)19320037(代表者・後藤昭雄)成果報告書、二〇一一年)を礎稿とする。

(3) 前掲注1参照。

(4) 『江談抄』巻四・九四はこの句を取り上げ、語句の意味を論議する。その中に、「我不敢軽於汝等」という句題が見える。

(5) 京都府立総合資料館蔵「東寺百合文書」ネ函二~五号。

(6) 林文子「鎌倉期における興福寺学衆の法会出仕——『故廻請之写』をめぐって——」(佐藤道子編『中世寺院と法会』法藏館、一九九四年)

(7) 細川涼一『感身学正記一——西大寺叡尊の自伝』(東洋文庫、平凡社、一九九九年)の注釈では、「興福寺僧実寛 興福寺僧。伝未詳。」とされている。

(8) 本叢刊第一巻所収。後藤昭雄・中川真弓・仁木夏実「金剛寺蔵『明句肝要』——解題と影印・翻刻」(『金剛寺一切経の総合的研究と金剛寺聖教の基礎的研究 研究報告書　第一分冊』科学研究費補助金基盤研究（A）15202002（研究代表者・落合俊典）成果報告書、二〇〇七年）

（9）　本書所収。後藤昭雄「花鳥集」（『本朝漢詩文史料論』勉誠出版、二〇一二年。初出は『語文』六六、一九九六年）

（中川真弓・仁木夏実）

花鳥集

『花鳥集（かちょうしゅう）』は仏教の教理を比喩を交えつつ平易に説いた、対句仕立ての漢文体の教訓書である。これまでに七本の存在が明らかにされている。いずれも写本。

金剛寺本
東大寺図書館蔵A本
東大寺図書館蔵B本
実践女子大学図書館蔵山岸文庫本
高野山持明院本（高野山大学図書館寄託）
成菩提院本（滋賀県米原市）(1)

金剛寺本は列帖装一冊（三七函一七番）。縦二二・一㎝、横一三・八㎝。本文二一丁、別に表紙がある。今は綴糸も失われ、各葉が分離して末尾の一九・二〇の二丁を欠く。表紙は厚手の楮紙、本文は薄様に書く。各丁のノドに「花鳥集二丁」のように丁付けがある。

次の書写奥書がある。

永和弐年丙辰正月廿七日書写了
於但州出石郡曼陀羅寺辻坊東部屋如斯
主寂盛

永和二年は南北朝時代、北朝の年号で、一三七六年。この奥書によって本書は永和二年、但馬国出石郡の曼陀羅寺の僧寂盛の手で書写されたことが知られる。

金剛寺本にはないが、序文を持つものがある。東大寺本（A本）はそうである。その序文には次のようなことが書かれている。

序の日付けは寛治七年（一〇九三）七月である。これによれば、『花鳥集』の成立はこの時となる。作者は若年の頃に学問に志し、その後は地方の某国にあって仏道修行に勤めてきたが、今は死期の近いことを覚悟している。

以上であり、『花鳥集』の執筆意図、内容などには触れることがない。

東大寺本には序の後に本書の標目が挙げられている。

第一発心、第二勧心、第三善業、第四悪業、第五経教、第六知識、第七輪廻、第八無常、第九時節、第十利養、第十一孝養、第十二不孝養

金剛寺本にはこの標目の一括表示はないが、本文中にそれぞれの個所に記されている。なお、東大寺本は本文にはこの表示がないので、どこからがたとえば「勧心」であるかが不明確である。金剛寺本はまた、第二は「観心」、第十は「利益」となっている。第十一・十二がないが、これは失われた一九・二〇丁にあったのであろう。これによって『花鳥集』の大体の内容が理解できるが、この標目のもとに対句の形にした本文が挙げられている。金剛寺本は影印に見るように、本文の書き方に特徴がある。句頭を上下させ、また隔句対をなす文句は句頭を揃えるなどして、文章の構成が一見して理解できるように工夫されている。教育的配慮であろう。

文章は平俗で、対句を基調としてこれを連ねていく形である点に特徴がある。ほかに目に付く点を挙げると、相前後する文句で、前句を比喩として後句が導かれる形が多い。

氷与レ波色同名異、月与レ桂異影一。
人体雖レ同善悪人異也。善悪雖レ異成仏惟同。（2オ）

このような形が全体を通して頻繁に用いられている。さらにこの前後の関係を分かりやすくするために、同じ語句が尻取り式に繰り返される例も少なくない。

財求二金剛山一、薬尋二忍辱草一。
三身之財求二妙覚山一、四智之薬尋二法雲地一。（4オ）

はその一例である。また、たとえば「善根」と「悪業」との対語を繰り返すなど、安易な表現も目につく。

本書の表現において注目されるのは『仲文章』と関連があると見られることである。

『仲文章』は平安時代後期、十一世紀（一〇七二年以前）の成立と考えられる教訓書である。今はほとんど注目されることもないが、伝本として八本があり、『宝物集』や延慶本『平家物語』、また中世の辞書（『温故知新書』）に受容の跡が見られる書である。この書は孝養、学業、農業、貴賤、吏民、礼法、金友の七篇からなっている。『花鳥集』が仏教に特化したものであるのに対し、『仲文章』はこのように、より広く人倫全般にわたる教訓書である。(2)

まずは漢文体の教訓書であるという基本的性格において『花鳥集』と『仲文章』は類似するが、対句仕立ての章句を連ねていくという表現上の基本形も共通する。さらに具体的な例として、『仲文章』の伝本の多くは傍訓が付されているが、それには特殊な訓詁を好んで用いる傾向がある。『仲文章』の用語が『温故知新書』に採録された理由の一端もここにあろうが、『花鳥集』にも同様のことを指摘できる。その若干を挙げると、「取二菩提一芸（ヲキテ）」（7オ）、「沙不レ居（シツカナラ）」（15オ）（以上「金剛寺本」）、「芸色（モミチ）」、「花蕊湿（シホム）」、「沃（オサム）二万流一」、「降艶之頻（クチヒル）」（以上東大寺A本）などがある。また、「孝養」「不孝養」の項（金剛寺本に欠く。東大寺本に拠る）の挙例に、孝行者、不幸者として例示する人物の組み合わせ、取り上げるそれぞれの故事、表現措辞にわたって、同一性、類似性を指摘できるものがあるが、そこに次のような表現がある。

盛熱々夏、慈悲願冷、厳寒々冬、哀愍懐温（花鳥集）

極熱之夏、慈紅猶冷、至寒之冬、悲懐既温（仲文章）

人物、その故事の一致だけならば、共通する典拠に基づくものと考えることもできようが、このような措辞の類似は直接的な受容を思わせるものである。

『花鳥集』は、たとえば『本朝文粋』所収の作品に見るような正統的な漢詩文とは異質の、実用的目的のもとに平易で破格の文体で書かれた作品であり、『仲文章』などと共に、平安朝の漢字文化圏にもう一つの漢文の世界があったことをものがたる作品である。

（後藤昭雄）

注

（1）大島薫「成菩提院所蔵の説法資料について」（『仏教文学』第三〇号、二〇〇六年）参照。

（2）幼学の会『諸本集成　仲文章注解』（勉誠社、一九九三年）参照。

参考文献

後藤昭雄「『花鳥集』」（『平安朝漢詩文資料論』（勉誠出版、二〇一二年）

後記

『本朝文粋』『注好撰』といった金剛寺に所蔵される貴重な古典籍を調査させていただいた御礼にと、幾度かの調査と整理を経てなお全体を見渡すことが可能な状態になかった一切経と聖教の整理を後藤昭雄先生が企画されたのは一九九五年のことだったと記憶する。毎月一度金剛寺に伺い調査を進め、その後も多くの賛同者が調査に加わり、研究資金の助成も得ることができたが、一切経二蔵と一万点弱の聖教の整理には二十年ほどの年月が必要であった。現時点においても僚巻を見出すことができていない断簡類も多く残るが、棒目が整い総体が概観されるとともに、個別の典籍の位置や意義、他の寺院との学問の交流なども見えるようになってきた。本叢刊の企画は右記のような状況から生まれてきた。本叢刊の刊行を機に、金剛寺をはじめとした中世寺院の学問の交渉の実際や中古・中世の学問のあり方の解明、学問寺院としての金剛寺の歴史が明らかになることを期待したい。

末尾ではございますが、天野山金剛寺座主堀智真師におかれましては、伝来の古典籍・古文書の調査の継続をお許しいただき、この度の善本叢刊の企画におきましても、ご快諾を賜るのみならず、巻頭言をお寄せ下さいましたこと、深く御礼申し上げます。二〇一四年に遷化されました天野山金剛寺の前の座主、真言宗御室派元管長・総本山仁和寺第四七世門跡であられました故堀智範猊下には、ながきに亘って調査を見守っていただきました。また、金剛寺の皆様には資料の出納や調査場所の調整をはじめ様々にお世話になりました。改めまして深く御礼申し上げます。

＊　＊　＊

本叢刊は、「金剛寺聖教・文書類を基盤とした社寺ネットワークの解明とその蔵書史的研究」（科学研究費補助金基盤研究（B）課題番号15H03186、期間二〇一五年―二〇一八年、代表者 海野圭介［国文学研究資料館］）による成果の一部を、日本学術振興会の平成二八年度科学研究費補助金研究成果公開促進費（課題番号16HP504、代表者 後藤昭雄［成城大学］）による助成を受けて刊行するものであるが、それに前接する、「金剛寺一切経の総合的研究と金剛寺聖教の基礎的研究」（科学研究費補助金基盤研究（A）、課題番号15202002、期間二〇〇三年―二〇〇六年、代表者 落合俊典［国際仏教学大学院大学］）、「真言密教寺院に伝わる典籍の学際的調査・研究――金剛寺本を中心に」（科学研究費補助金基盤研究（B）、課題番号19320037、期間二〇〇七年―二〇一〇年、代表者 後藤昭雄［成城大学］）、「金剛寺所蔵典籍の集約的調査と研究――聖教の形成と伝播把握を基軸として」（科学研究費補助金基盤研究（B）、課題番号23320054、期間二〇一一年―二〇一五年、代表者 後藤昭雄［成城大学］）による成果の一部を継承している。

海野圭介

執筆者一覧

後藤昭雄（ごとう・あきお）
大阪大学・名誉教授、成城大学・元教授

荒木　浩（あらき・ひろし）
国際日本文化研究センター・教授、総合研究大学院大学・教授

近本謙介（ちかもと・けんすけ）
名古屋大学・准教授

中川真弓（なかがわ・まゆみ）
大阪大学大学院・招へい研究員

仁木夏実（にき・なつみ）
明石工業高等専門学校・准教授

箕浦尚美（みのうら・なおみ）
同朋大学・講師

米田真理子（よねだ・まりこ）
神戸学院大学・准教授

天野山金剛寺善本叢刊（あまのさんこんごうじぜんぽんそうかん）　第一期
第二巻　因縁・教化
（平成二十八年度日本学術振興会科学研究費補助金「研究成果公開促進費」助成出版）

監　修　後藤昭雄
編　者　荒木　浩　近本謙介
発行者　池嶋洋次
発行所　勉誠出版㈱
〒101-0051 東京都千代田区神田神保町三―一〇―二
電話　〇三―五二一五―九〇二一㈹

二〇一七年二月二十五日　初版発行

印刷　太平印刷社
製本　若林製本工場

【二冊揃】　ISBN978-4-585-21211-9　C3015

徒然草への途
中世びとの心とことば

中世びとの「心」をめぐる意識を和歌そして仏教の世界にたどり、『源氏物語』『枕草子』などの古典散文との照応から、〈やまとことば〉による表現史を描きだす。

荒木浩 著・本体七〇〇〇円（＋税）

説話集の構想と意匠
今昔物語集の成立と前後

〈今は昔〉の文学史――〈いま〉と〈むかし〉が交錯し、物語世界の連環が揺れ動く。〈和語〉による伝承物語（＝説話）文学の起源と達成を解明する。

荒木浩 著・本体一二〇〇〇円（＋税）

夢と表象
眠りとこころの比較文化史

「夢」に関することばや解釈の歴史を包括的に分析、文学や美術さらには脳科学等の多角的な視点から、夢をめぐる豊饒な文化体系を明らかにする。

荒木浩 編・本体八〇〇〇円（＋税）

デジタル人文学のすすめ

デジタルアーカイブや電子図書館など、変化し続けるデジタル人文学の環境を、実際の現場から捉え直し、人文学の未来を考える立ち位置と思考の拠り所を提供する。

楊暁捷・小松和彦・荒木浩 編・本体二五〇〇円（＋税）

金剛寺本『三宝感応要略録』の研究

最も古い写本である金剛寺所蔵『三宝感応要略録』。その古鈔本を影印・翻刻、代表的なテキスト二本との校異を附し、関係論考などと合わせて紹介する。

後藤昭雄 監修・本体一六〇〇〇円（＋税）

守覚法親王と仁和寺御流の文献学的研究

仁和寺蔵御流聖教（全2冊）

後白河皇子守覚は密教法流「御流」を大成、当代の文芸にも関心を抱き、多面的な活動を行い膨大な著作を残した。論文篇・資料篇に加え、カラー図版を付載。

阿部泰郎・山崎誠 編・本体四二〇〇〇円（＋税）

改訂版 守覚法親王と仁和寺御流の文献学的研究

金沢文庫蔵御流聖教

仁和寺において守覚法親王が生涯を費やして創り上げた「御流」の一大体系が鎌倉時代末期には関東に移転している様相とその背景を、金沢文庫古文書を通じ解明。

阿部泰郎・山崎誠・福島金治 編・本体一七六〇〇円（＋税）

守覚法親王の儀礼世界

仁和寺蔵紺表紙小双紙の研究

後白河院皇子守覚法親王編纂の仏事法会の全記録、仁和寺蔵「紺表紙小双紙」の資料集。広く真言宗学史、仏教史学、国史学、国文学等に利用されるべき基本的資料。

仁和寺紺表紙小双紙研究会 編・本体八五〇〇〇円（＋税）

東洋文庫善本叢書 3
重要文化財 **楽善録** 宋版・円爾旧蔵

南宋・四川眉山の人李昌齢が著した、所謂「善書」の一つで、古今の典籍や伝聞から勧善懲悪・因果応報を説いた逸話を収録。全五冊（原装三冊）、一八〇丁。

公益財団法人 東洋文庫 監修／會谷佳光 解題・本体七〇〇〇〇円（＋税）

東洋文庫善本叢書 5
国宝 **毛詩**／重要文化財 **礼記正義** 巻第五残巻

『毛詩』は儒教の基本経典のひとつで、東洋文庫本は唐の初頭に書写されたと考えられる。『礼記正義』は平安中期の日本仏教学の一面を伝える貴重資料である。

公益財団法人 東洋文庫 監修／石塚晴通・小助川貞次・會谷佳光 解題・本体二六〇〇〇〇円（＋税）

東洋文庫善本叢書 6
梵語千字文／胎蔵界真言

『梵語千字文』は『千字文』にならって著された梵語辞典。古訓点資料として大変貴重。『胎蔵界真言』は高山寺旧蔵本。平安中期書写のものと推定される。

公益財団法人 東洋文庫 監修／石塚晴通・小助川貞次 解題・本体二五〇〇〇〇円（＋税）

国宝 西大寺本
金光明最勝王経
天平宝字六年百済豊虫願経

天平写経の最優品、国宝「金光明最勝王経（天平宝字六年百済豊虫願経）」（西大寺所蔵）の全編を原寸・原色で影印。本経巻のフルカラー全編公開は史上初。

総本山西大寺 編／佐伯俊源・月本雅幸・野尻忠 解題・本体一〇〇〇〇〇〇円（＋税）